故纸温暖

老广告里的风情素韵

由国庆◎著

GUZHI
WENNUAN

中国文史出版社

图书在版编目（CIP）数据

故纸温暖：老广告里的风情素韵 / 由国庆著. —北京：中国文史出版社，2023.7
ISBN 978-7-5205-4180-0

Ⅰ. ①故… Ⅱ. ①由… Ⅲ. ①广告—中国—民国—图集 Ⅳ. ①J524.3

中国国家版本馆CIP数据核字（2023）第132752号

责任编辑：金 硕

出版发行：中国文史出版社
地　　址：北京市海淀区西八里庄路69号　　邮编：100142
电　　话：010－81136606 / 6602 / 6603 / 6642（发行部）
传　　真：010－81136655
印　　装：廊坊市海涛印刷有限公司
经　　销：全国新华书店
开　　本：787mm×1092mm　1/16
印　　张：20.75
字　　数：249千字
版　　次：2024年1月北京第1版
印　　次：2024年1月第1次印刷
定　　价：76.00元

序

故纸里的滋味

收藏，虽然不能说是男人的专利，但在古往今来的长长收藏家队伍中，女人终归是凤毛麟角。这就出现一个问题，男人为了收藏如醉如痴，家中的女人如何看待和处理呢？在夫权为主体的古代社会，我想这个问题也不成其为问题，但现代则不然了，男女日益平权，夫妻在收藏问题上如果不能志同道合，产生冲突乃势所必然。

与家中领导正面对抗，这当然是最不明智的选择。可放弃收藏嗜好，恐怕也是绝大多数藏者所不情愿的。随之而来，就有个收藏策略问题。玩古董，不但费银钱，而且还占地儿，非大力者不敢问津。藏书呢？天长日久泛滥成灾，势必要争夺生活空间，处理不当后果也很严重。吾友由国庆兄，则选择了一条隐蔽路线——藏故纸。

国庆兄钟情的故纸，大多是单张或者折页。其优点就是价格便宜（自然是说当年），而且对空间所需极低，不容易被发现。或者有朝一日败露，这故纸已成优势资源。当然，国庆兄的收藏未必真有这样的经历，只是我深谙其苦而以己度人。

单纯收藏故纸，未必不能成家。但要允为大家，我想必要与赏鉴、研究、撰述扯在一起。国庆兄之故纸收藏，就是明确方向，咬定不放，终于在原本不大被人关注的领域，闯出一条特色收藏之路。对于这些故纸，国庆兄不但当“保管员”，精心整理收存，而且还当上“研究员”，仔细研读生发，写出文章，教化大众。国庆兄在报刊所开专栏之多，在当代天津学人中恐怕无出其右者。虽然学术不能单纯以篇数计，但国庆兄之勤劬洵可窥得一斑。国庆兄的很多专栏，随之又分类增补结集，从此著作也一本接着一本，大有要“等身”之势。当然，国庆兄身材偏于高大，真要实现“等身”目标，显然要付出比我等更多的努力。此外，国庆兄还可说是宣传员。他的研究成果太多，让人想不关注都难，这些年累积的结果，就是天津书商和藏家，没有不认识国庆兄的，而原本不太受人待见的各种故纸，价格则不断地往高处爬，国庆兄使自己所藏不断升值的同时，也断掉了早期收藏故纸捡漏的可能。津门故纸价格上扬，虽然不能说是国庆兄的责任，但他的贡献率肯定是最高的。

国庆兄咂摸故纸味道，探询故纸故事，又通过报刊成批量地兜售给读者，如此二十多年下来，想不成为专家，真个是难上加难！国庆兄所藏故纸，一般避开档案、信札、书画之类，而是钟情于广告、商标、招贴等项，衣食住行，吃喝拉撒，生老病死，像日子一样近于琐屑。不过恰是这些边角碎料，让琐屑的日子变得有滋有味，吐露着生活的情趣，记录着时代的变迁，彰显着历史的厚重。国庆兄的收藏，其实非纸也，实乃社会史、生活史、风俗史也。故纸百年滋味长，这厚味中自然也会夹杂着甘苦，对此国庆兄的自我总结是：“捡漏”的窃喜，“打眼”的沮丧，“瞎买”的茫然，“中病”的五味，以及失之交臂的“遗憾”……这可真个是五味杂陈了！

读着国庆兄五色杂陈的故纸，我觉得自己的日子也似乎更加地有滋味起来！

天津师范大学教授 王振良

目录

第三章　岁月旧踪

第四章　广告与书

第五章　淘宝手记

第六章　民生岁月

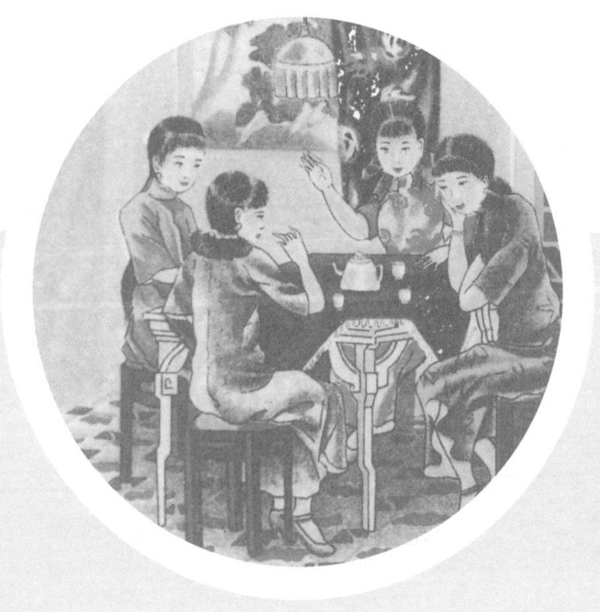

第一章

时尚闲娱

月份牌画：海派摩登的范本

月份牌广告画海报是中国近现代年画艺术与商业美术的精彩华章，百多年来一直为人喜闻乐见。它的诞生源于中西文化交融，它的发展凸显了以老上海为代表的沿海城市生活的时尚先锋。

俗话说，放鞭不如点蜡，点蜡不如挂画。民间年画素具大众文化基础，画面上附加月历及节气的年画形式在清代早期就已出现，为上海月份牌海报的产生奠定了基础。

从《沪景开彩图》说起

近代中国“五口通商”以来，洋商洋货纷纷跨海而至。清光绪二十二年（1896年），上海鸿福来票行（彩票专销店）发行了《沪景开彩图》，这是目前所见第一幅正式标明“月份牌”字样的广告画海报。传统农历（阴历）纪年法在民间根深蒂固，最初的月份牌上多采用农历与西历（公历）并行的方式。孙中山先生倡导“步武泰西，参行新法”，力主采用西历。1912年元旦，孙中山就任中华民国临时大总统，随即，中国图书公司发行了一幅《中华民国元年月份牌》，画上的孙中山肖像居中，惟妙惟肖。当年春

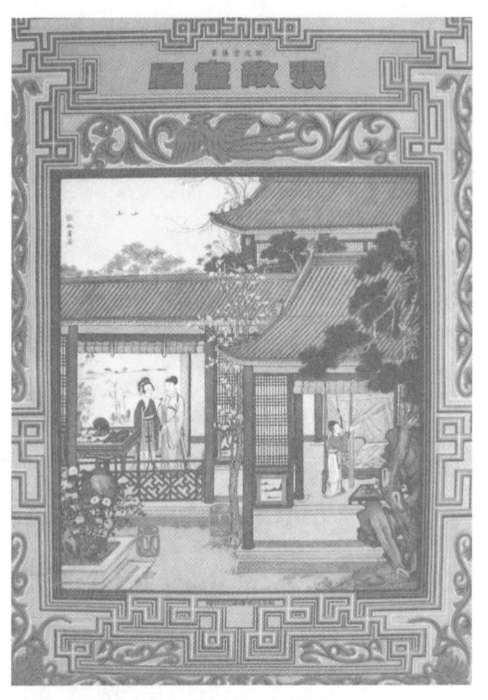
南洋兄弟烟草公司的《张敞画眉》

节前夕此画散行民间，公历与月份牌逐渐推广。

十里洋场大上海是外商淘金的乐园，忽如一夜春风来的月份牌广告以新奇的视觉效果和消费诱导力在华洋商界迅速萌发。

郑曼陀是开创月份牌新派画法的一代宗师，其擦笔水彩技法影响至深。郑曼陀自幼命运坎坷，然勤学上进，20世纪初，年仅20岁上下就显露出过人的才气。他在杭州一家照相馆开设了人像写真画室，将中国传统人物画技法与西方水彩技法融合，逐渐形成一种新法——擦笔水彩法。如此，传统线描人物的线条被淡化，用炭精粉擦染出人物的明暗，再以水彩层层渲染。后来，郑曼陀到上海谋生，在街头鬻画时被富商看中，其作品被中法大药房率先以月份牌海报推出，获得成功，郑曼陀所绘的月份牌从此声名鹊起，红极一时。郑氏画风特别突出东方女性肌肤的白皙与娇嫩，柔情万千的大美人跃然纸上，广告感染力空前。

《女子读〈天演论〉》是郑曼陀的代表作之一。物竞天择，适者生存，这一理念让画中少女陷入沉思。她身后窗外，海天一线，远远的西行洋轮或许承载着她的某种心绪。20年代，郑曼陀还画过一幅《女学生》，坐在花墙上的她穿着洋裙、高跟鞋，掩卷轻托下颌，那本书的内容或许不是唐诗宋词，而是在传播新知识。正逢其时，曼陀画风势头很盛，商业美术界也由此形成了以擦笔技法作为主要风格的月份牌创作群体，人才辈出，享誉四方。

阴丹士林广告范例

漂亮的月份牌广告画海报惹人注目，中外商人仿佛顿然寻到了宣传推销的突破口与平台。广告画家们应中外商人需求，不断将企业名号、广告语、商品等巧妙地安排在年画中，相映成趣，雅俗共赏。

每逢岁末，一些烟草商、药商、日用百货公司、保险公司等纷纷专门印送海报，赠予顾客。1921 年 1 月 31 日的《申报》上，南洋兄弟烟草公司“奉送精美月份牌”的广告格外抢眼。烟商意在推销新品大双喜牌香烟，广告说：“现特备精美月份牌多种，藉酬惠顾诸君雅意。如存大双喜空包五十个，可换取月份牌一张，敬希各界注意。”再看 1930 年

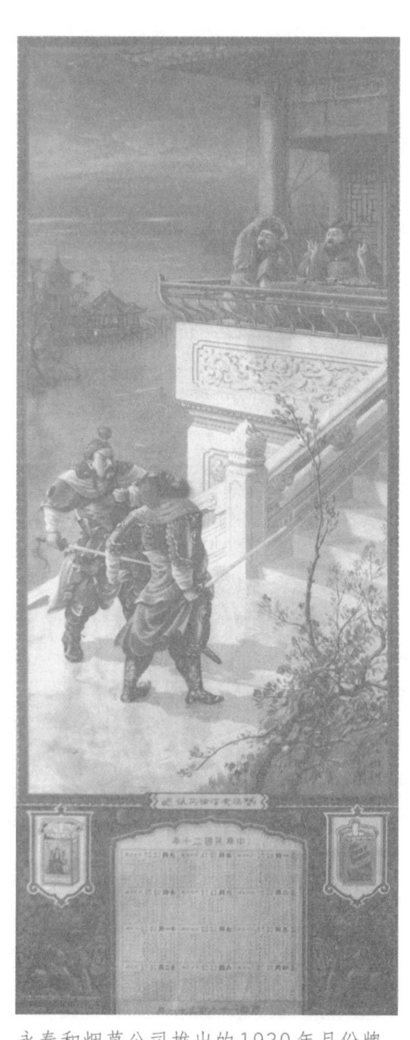

永泰和烟草公司推出的1930年月份牌

12月4日的《北洋画报》，其上刊有先施化妆品公司销售商品赠月份牌的信息。此外，英美烟草公司、广生行化妆品公司、启东烟草公司、英商亚细亚火油公司、日商三井洋行也热衷此术，在各地发送了不少此类赠品。

旧年，阴丹士林色布给人留下了深刻印象，其广告无孔不入，月份牌及各种印刷品层出不穷，尺幅大至全开，小至32开，可谓铺天盖地。注重生活细节的关爱与亲和，是阴丹士林月份牌内容的一大特色。1935年末，阴丹士林发行一种条幅式新年月份牌，画面分上中下三部分，主画面表现了身着阴丹士林粉红色布改良旗袍的王夫人仪态大方地坐在一家商号的布料柜台前，站在柜台后的职员正与她交谈。

画面中加注了二人对话，职员问：很奇怪，何以顾客只选购每码布边有金印晴雨商标印记的阴丹士林色布，而不买其他各种色布。王夫人要否试试别种花布呢？王夫人答：不！不！我只信仰阴丹士林色布，因为我自小学生时代即已采用，确乎炎日暴晒及经久皂洗颜色绝对不变，不愧是世上驰誉最久的不褪色布。看来，王夫人对阴丹士林布深爱已久，堪称最忠实的顾客，相形之下，画面特加“请仿效王夫人的聪明榜样”诱导式广告语。

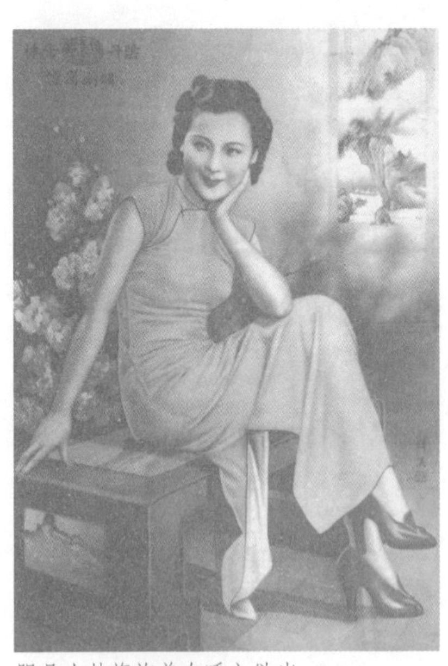
阴丹士林旗袍美女呼之欲出

月份牌中部是工整的通讯录空白表格，月份牌下部为1936年年历。这样一幅精美的月份牌张挂在居室，既可欣赏生动有趣的画面，又可明了阳历、阴历、二十四节气，同时可记录亲朋好友的姓名、地址、电话等，确实很实用。

画风与时俱进

时风徐徐。因月份牌广告画海报上印行年历，发行起来自然会受时间性限制，所以后来一些月份牌索性去掉了年历，且逐渐演变成为纯粹的广告海报，但总体风格无大改变，表现风格更趋多样化，人们照例仍称之为“月份牌”。

可以说，人见人爱的月份牌是近现代海派生活时尚的镜子，甚至成为人们追逐摩登的范本。

其实，初期的月份牌受工笔人物画、传统年画的影响很深，画中人物以古典纤纤仕女为主，她们身体清瘦，服饰保守，除了花容月貌之外再无半点“显山露水”，完全遵循传统的审美风格。后来也出现了以京剧扮相入画的形式，倒也惟妙惟肖，风行一时。

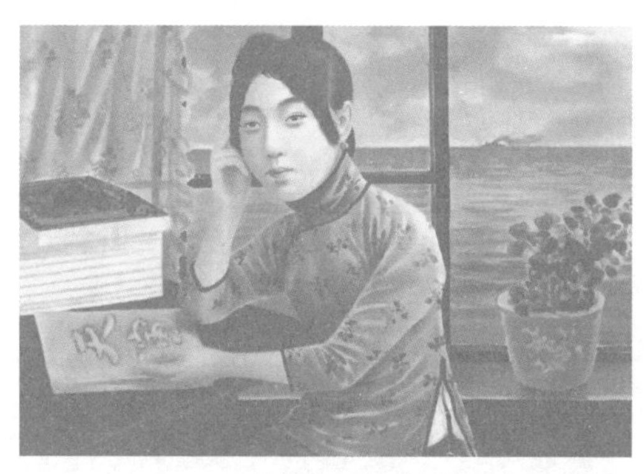

开创擦笔画技法新风的女子读书图

辛亥革命之风为城市女性带来了崭新的生活，五四运动前后，以《女子读〈天演论〉》一画为代表，画中女子在“身体语言”层面有了一定的突破。1920 年丁云先为南洋兄弟烟草公司绘制了

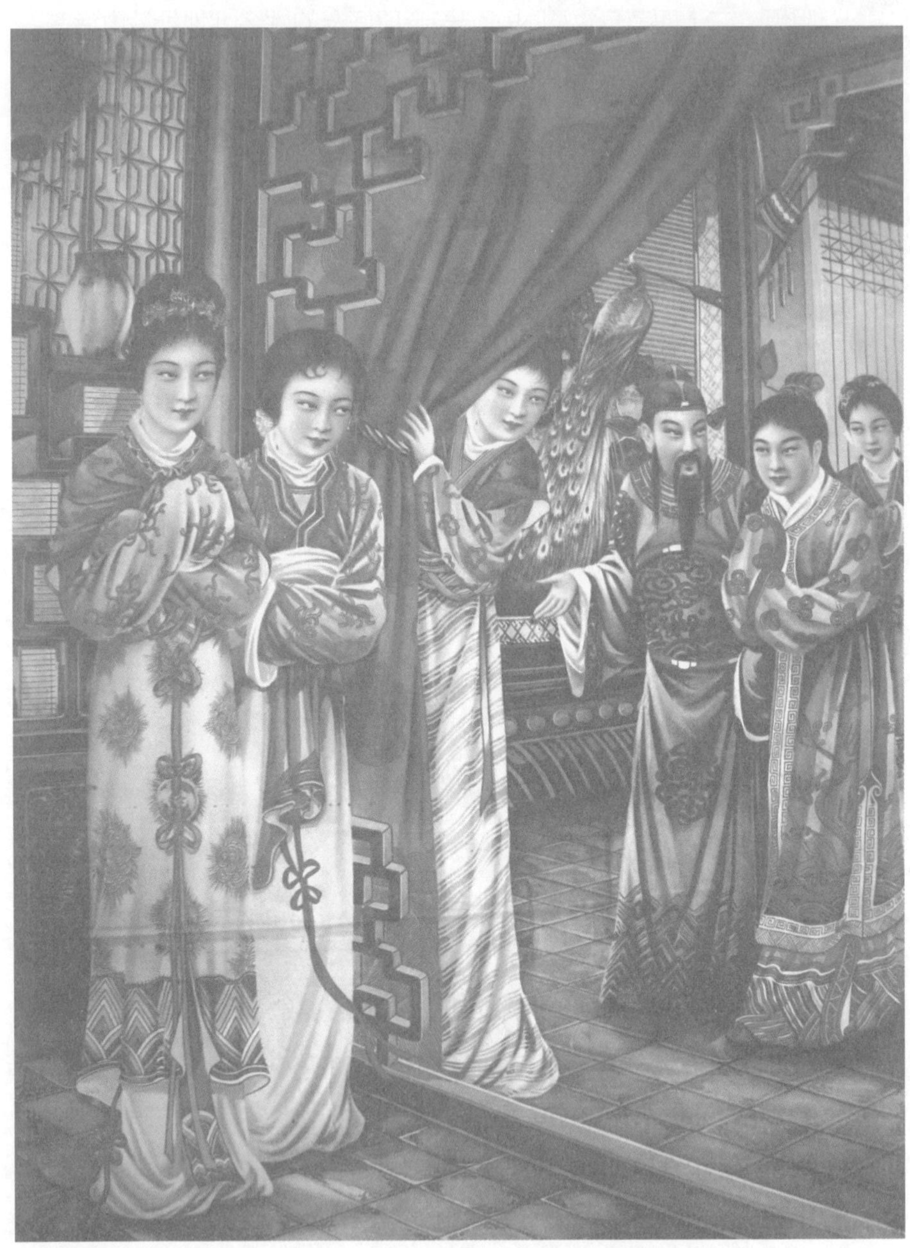

金梅生的经典之作《雀屏中选》

1921年月份牌画，画中少女静静地坐在柳树下的矮石上，新派上衣倒大袖，露着前臂，裤子宽裤口，露着小腿，伸出的天足上穿着黄色的绣花鞋。她垂眉低目，或许心中有怀春的心事。另一幅月份牌画中的女子脚上还套上了漂亮西洋丝袜。以双妹牌化妆品而闻名的广生行不断推出以姊妹形象为特色的月份牌。在20年代的画作中，常见这样的情景：花园中的姊妹亭亭玉立，衣着或是百褶长裙，或是喇叭袖的上衣，露着玉腕。画中姊妹的发型和高跟鞋是当时最摩登的样式。

风气的开化越发迅速，随着女学生、女明星、交际花等新女性的出现，她们很快被描摹入画，身体的述说也愈加开放。旗袍的风行与西化改良，让月份牌上的女子们一下子“能言擅唱”起来。20年代末至30年代初，随着流行趋势的变化，画面上的旗袍款式已是无袖的样子，女子的手臂与香肩完全展示出来，着实引人视线，广告主的推销诉求得以更有效地满足。在杭穉英为阴丹士林所绘的一幅画中，身穿玫瑰色高开衩旗袍的少妇跷着二郎腿坐在洋式沙发里，她左手抚在膝盖上，右手放在沙发扶手上，白嫩如新藕。旗袍衩的缝隙中露着白色的衬里，身体的消息若隐若现，似有似无。再看那红润的容颜透着浅浅的笑，妩媚的眼神注视着观者，好个勾人。

仔细研读各种海报，不难发现当时市面上流行的各种外国纱质面料、蕾丝面料以及所制成衣无不反映于画中，薄透露的穿衣风格更加神秘、性感，某些身体语言的流露颇有欲拒还迎的情状。比如，老晋隆洋行化妆品海报中的女子穿的是淡红色的“透视装”，吊带内衣分明可见，难掩无限春光。

浪漫满屋“宅”生活

辛亥革命以后，城市女人认为西方的生活方式是社会进步的方向，于是大加模仿。20世纪二三十年代沿海发达城市上流社会女人们家居生活的空间温馨浪漫，或宽敞洋房，或欧式庭院，或亭台水榭，她们的生活就是在现如今也会让不少人羡慕。豪华考究的家具布满整个洋房，室内不仅有浮华雍容的气息，舒适闲散的仪态，还有光彩夺目的挂画、壁炉、吊灯、盆景、书架和爱犬……

浪漫满屋

富户女人是大城市中的“小资”一族，身处奢侈、浮华之中，为了追求奢华，不惜一掷千金，有时浪费严重。家居的沙发上是绣花的靠背，床上是绣花的帐幔，桌上是绣花的桌围，不仅如此，灯罩上还有花，衣柜上雕花，墙纸上印花，瓶子里插花，茶盅里飘花，香水、胭脂、指甲油也是花香花色的，穿着花裙或花旗袍的女人就停留在这花花世界中。对了，沙发间当然倚坐着一位跷着二郎腿的旗袍淑媛，她修长的手指间夹着长嘴香烟，朱唇微启，双眸似水，想笑又笑不出的样子。

现实中，画中的女人及其生活对于一般阶层的女子可谓一种时尚梦想，她们追逐并努力实现着。而对于“三间土屋一爿炕，面朝黄土背朝天”的农家女子呢？简直就是仙境，遥不可及。不足温饱的她们想象不出同一片蓝天下咋会有如此这般的生活。天堂也好，梦幻也罢，应当说，在当时传媒尚欠发达的情况下，一些美人图广告画却相对容易得到，于是有人会把漂亮的画纸挂在屋里，以便随时欣赏时尚美。

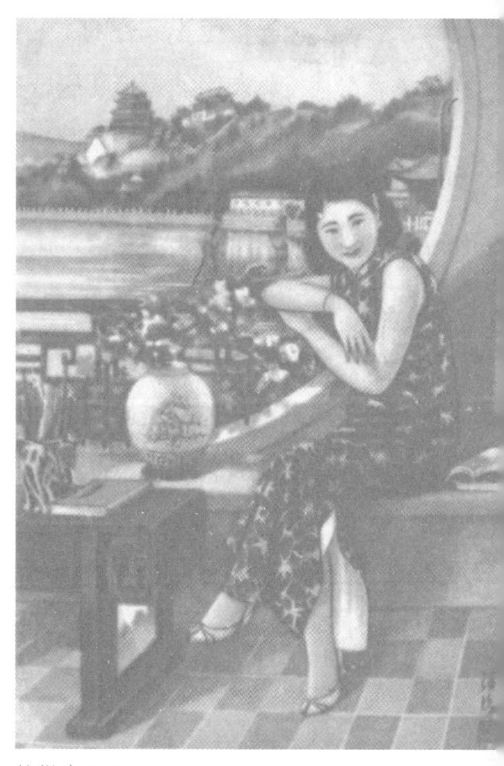

慵懒在画里

再看洋房里、大四合院里的女子，她们并不满足，当时已传入中国的啤酒、白兰地、香槟、汽水、冰激凌、咖啡以及西点、西菜，她们也不难嗅到香气。以上海上流社会女人为典型，她们往往品着这些味道，听着电唱机里周璇的小曲，沉醉在灯红酒绿之中。

麻将故事

不玩、不打、不耍，上海麻将讲究“搓”。搓，包含着一种衣食无忧闲来消遣的泰然与文雅，像一杯龙井茶或一盏咖啡，可以细细地、慢慢地磨掉时光。

弄堂里小家庭的主妇们忙完了早饭和午饭便准时凑到一起，几位牌友当然是老邻居或多年的老搭档。人以群分，小百姓的麻将桌上就是一个经年磨合的、既定的小圈子，开局的时间是无须相催的。小局儿一般就选择在几位太太中最宽敞的、环境最好的一家，牌桌边的收音机里可以有金嗓子的小曲传来，手边可以有热茶，两圈牌下来倦了，也许会有用人张罗一碗红豆汤给你品尝。女人就是女人，小主妇昨天在商店看上了一块旗袍布料，或者早晨发现自己的香粉盒子快空了，所以今天在牌桌上也难免暗暗指望着能赢点外快来补上。

上海小麻将虽有鸿运当头或晦气低迷，但主妇们说那是手气，太较真不得，知足常乐、随遇而安才是优哉一乐。

如果说弄堂里的小麻将是轻松温馨的，那么社交应酬麻将就没那么简单了，如张爱玲描写的那样："麻将桌上白天也开着强光灯，洗牌的时候一只只钻戒光芒四射，白桌布四角缚在桌腿上，绷紧了越发一片雪白，白得耀眼。"

生日庆贺、乔迁新居、升官发财，大家可以找出许多由头儿来攒局儿，但有一点，圈子和入位很重要。本想结交上司拉拢关系，哪知一圈牌没下来就发现人家三人相谈投机，你根本插不上嘴；人家大把输钱不眨眼，你却捉襟见肘。在这样的台面上当然是尴尬的，虽然没有人赶你，但你如坐针毡，因为已自知入错了圈子。

社交麻将从表面上看同样是嘻嘻哈哈的，但殊不知那是一种手段、一种较量，正所谓牌场如战场，明争暗斗，争风吃醋，玄机四伏。灯影下自然少不了旗袍的韵味，而电影镜头确是生活的提纯。四家一边搓牌一边谈笑着明星的绯闻、李小姐的私奔，表面无关痛痒的话题中夹杂着眼神、表情，来来去去，凌厉多变。

桌面上，手的白皙与皱纹，钻戒的克拉与光泽，完全可以成为暗自较劲的话题，每一张盈盈的笑脸背后很难说清藏着怎样的秘密。同样是洗牌，赵老板的小手指常常与钱小姐的指尖相触，有意无意，丝缕攀牵。

恩爱有方

民国时期，鼎鼎大名的南洋虎标永安堂家喻户晓，20世纪30年代初，永安堂已在天津、香港、上海、汕头、福州等十几个城市先后建立了分行，出品的万金油、清快水、头痛粉、八卦丹被百姓称为夏季“四宝”良药，而无处不在的五花八门的广告也让人逃不掉它的信息包围。

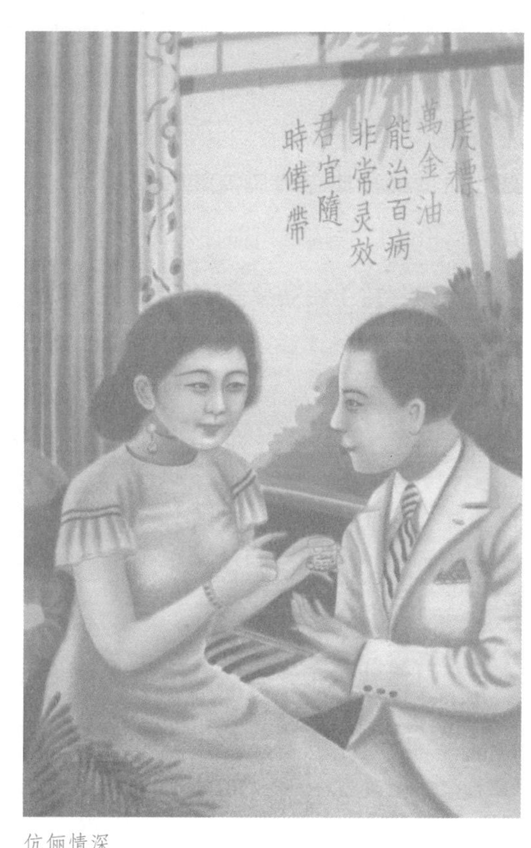

伉俪情深

当时，一本永安堂32开的彩印广告宣传册很精美，画面时代特色显著。许多画面以流行生活场景为主，同时附以轻松活泼的语言文字，亲和力显著。如一个娇颜玉肌的小姐含情脉脉地安坐沙发中，一旁有文：“又肥又白又嫩又红，无疾无病常在乐中，问她用何方法得此？按期服清快水有功。”另见一对夫妻恩恩爱爱，妻子将一盒万金油送给丈夫，并说：“郎如你体，希望长康健，赠此万金油，病魔当不见。”

氤氲含香

近代以来，外洋输入中国最大宗的商品恐怕非香烟莫属了，西方烟草商在中国沿海城市大肆置地建厂，倾销无数，香烟成为民国时代生活的首要消费品。民国时期，一些时髦女子也喜欢香烟，白皙的手指，光亮的指甲，粉艳的朱唇与香烟交织在一起的细节可谓最经典、最风流的时髦画面。不必多说，只消随便浏览几幅月份牌广告画就足以让你倾倒了。

激烈的竞争让烟草商的广告几乎疯狂，铺天盖地的月份牌画、报纸广告、户外广告、赠品广告等颠覆着人们的视觉。广告青睐女性，从名媛淑女到美女明星；海报选择了香艳，从旗袍纱裙到花园洋房，无所不包，纷乱耀眼。美女月份牌画素以甜、糯、嗲、嫩为标榜，画中太太们的头发梳得水光滑亮，她们倚在沙发或睡榻上优雅地吸着烟，闲谈、相思、嫣然一笑，让你看一眼便感觉那空气一定是芬芳馥郁的。

在月份牌画中，为烟草出镜的美女可谓近代以来大城市第二代成熟女性的代表，她们拥有最流行的时装，饲养着小猫、小狗、鹦鹉等宠物，享用着最新潮的电话、钢琴、唱机、化妆品。

许多香烟广告的广告语也将女性的魅力生活提炼得如水晶一

般。美丽牌香烟称“有美皆备，无丽不臻”，以及“日长无事，麻将消遣，一物莫忘，美丽香烟”。三炮台牌香烟说：“最宜男女交际场中所吸，盖此烟并无不适之烟气，使妇女闻之而触喉也。”英美烟草公司为翠鸟牌香烟编写的小故事《隔壁亭》更为有趣：熊先生和夫人向来很要好，近来却有点不大和气，夫人疑心他有外遇了。一天晚上，夫人又在书房外透过门缝偷看丈夫，只见他摸出一件小东西来，是花花绿绿的小盒子。他低着头说：“你的衣服好绿啊，我要替你穿着；你的嘴唇好红啊，我要和你接吻。你真是一只最好的小鸟啊！”夫人听到这里再也控制不住了，愤愤冲进书房，抢来一看，原来是一盒翠鸟牌香烟。

不知是烟草爱上了美女，还是女人征服了烟草，当雪白的纸烟成为指尖的尤物时，含香的氤氲化作了时髦。

浮华“屏风”

那是一个慵懒的午后，吴太太半躺在沙发间翻看着最新的欧美流行杂志《LADY'S HOME》，本来约好的下午牌局因为麦太太临时和别人去了茶座，三缺一让人无聊。窗外暖暖的阳光映得她有些困倦，这时，茶几上的电话肆无忌惮地响了起来，话筒里甜腻的声音邀她去商场看一款新到货的时装。吴太太一下子来了精神，驾轻就熟精心装扮后，款款出门……

在20世纪二三十年代发达城市的中产阶级和上流新婚小家庭中，如果丈夫的工作收入能满足生活所需，那么主妇一般是比较清闲的，尤其是在没有生育小孩之前的日子里，她们拥有大把的时间。曾见过一幅刊登在《良友》杂志上的漫画，画中的“四种功课”勾勒着太太们婚后的清福：身穿芭蕾舞服装在表演；穿着明艳地坐在包厢里看戏或听音乐会；喝茶聚会打麻将；穿着新式泳装在海滨嬉戏。就少数富家主妇而言，这并非夸大其词。大城市殷实家庭出身的小姐们大多门当户对地转换成了少奶奶的身份，除了最重要的生育责任外，她们继续着养尊处优的小日子。

悠闲的少妇大致可以分为两类。一是自幼没受过教育的女子，她们婚后的时髦消闲除了梳妆就是麻将，而且个个精通。在安徽的一些地方，这类少奶奶被形象地称为“门楼派”。二是发达城市中接受过良好教育的新女性，她们会自己或者和女佣一起

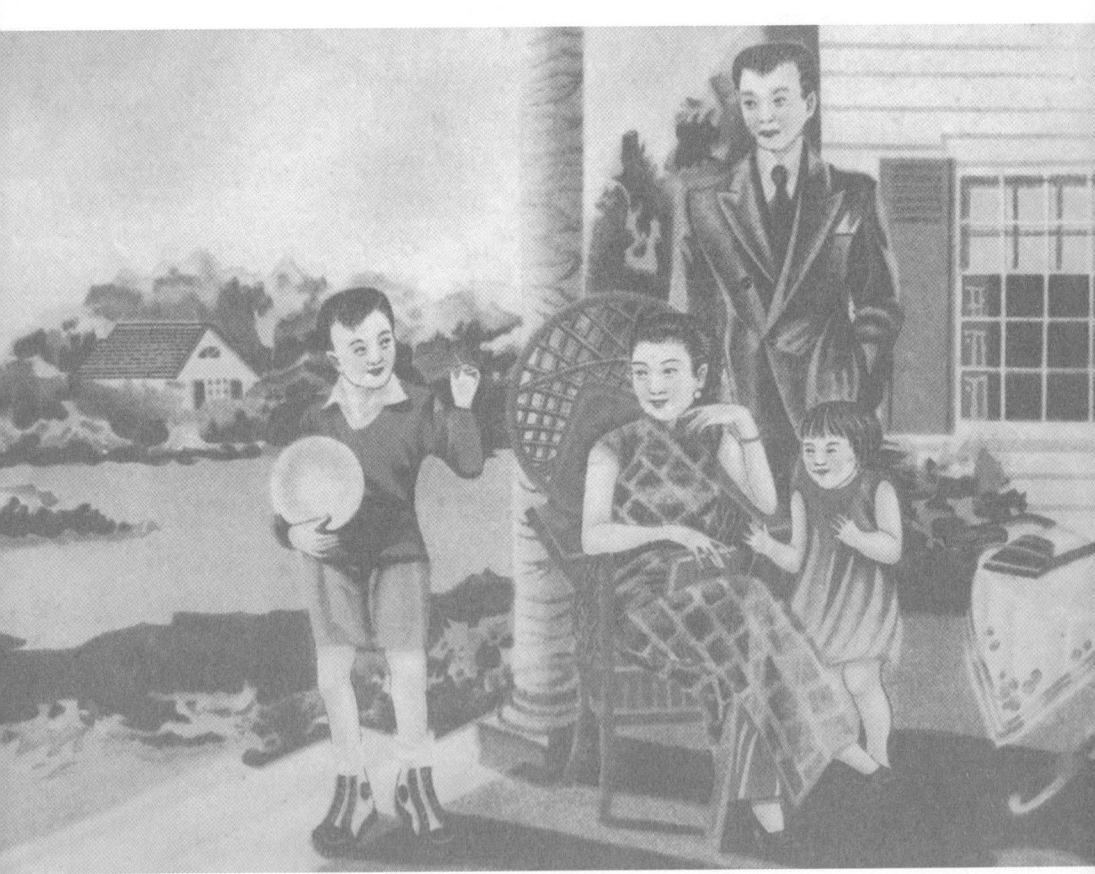

为男主人准备可口的晚饭，她们会在周末陪丈夫一同去看电影，一起逛商场，喝咖啡，搓麻将的知己也是老同学。有了孩子以后，她们也能够尽些相夫教子的职责，并将家庭环境打理得井井有条。

衣食无忧的少奶奶享受着令普通妇女羡慕的浮华日子，但失去丈夫的供养又会怎样呢？她们曾被誉为“笼中鸟”，张爱玲更为真切地说：“笼子里的鸟，开了笼，还会飞出来。它是绣在屏风上的鸟——悒郁的紫色缎子屏风上，织金云朵里的一只白鸟。年深月久了，羽毛暗了，霉了，给虫蛀了，死也还死在屏风上。”现实中当然有这样的元素，但这不能体现绝大部分城市主妇的状态，更多的女人在努力寻求就业机会，家庭手工劳动、纱厂女工，甚至是当佣人，总是自我价值的体现。

大家闺秀与小家碧玉

品味故纸，我们不难发现，往昔格调的、脂粉的，乃至丝丝甜腻的生活竟然都描摹在图画中，直至牵动着百八十年后的目光，那情境，让人有点艳羡，有点缠绵，有点流连。

大家闺秀的经典

大家闺秀学识丰富，思想进步，这为她们后来成为国学家、音乐家、诗人、艺术家奠定了坚实的基础。名媛们大多受过良好的教育。民国时期，发达城市的女子教育方兴未艾，许许多多名门才女从女校涌现，比如，中西女中的宋庆龄，北京女师大的许广平，贝满女中的冰心，圣玛利亚女中的张爱玲，平民女学的丁玲等。

再说名媛的服饰，往往是摩登的，意大利时兴什么衣服，巴黎流行什么香水，纽约讲究什么汽车，她们爱追风，去消费。传说在20世纪30年代末，刚刚在欧洲发明露面的“玻璃衣”很快就被大上海的几个名媛穿上了身，在她们眼里曲线毕露是当年最前卫的造型。时尚的衣着，优雅的谈吐，高贵的仪态，名媛们又是

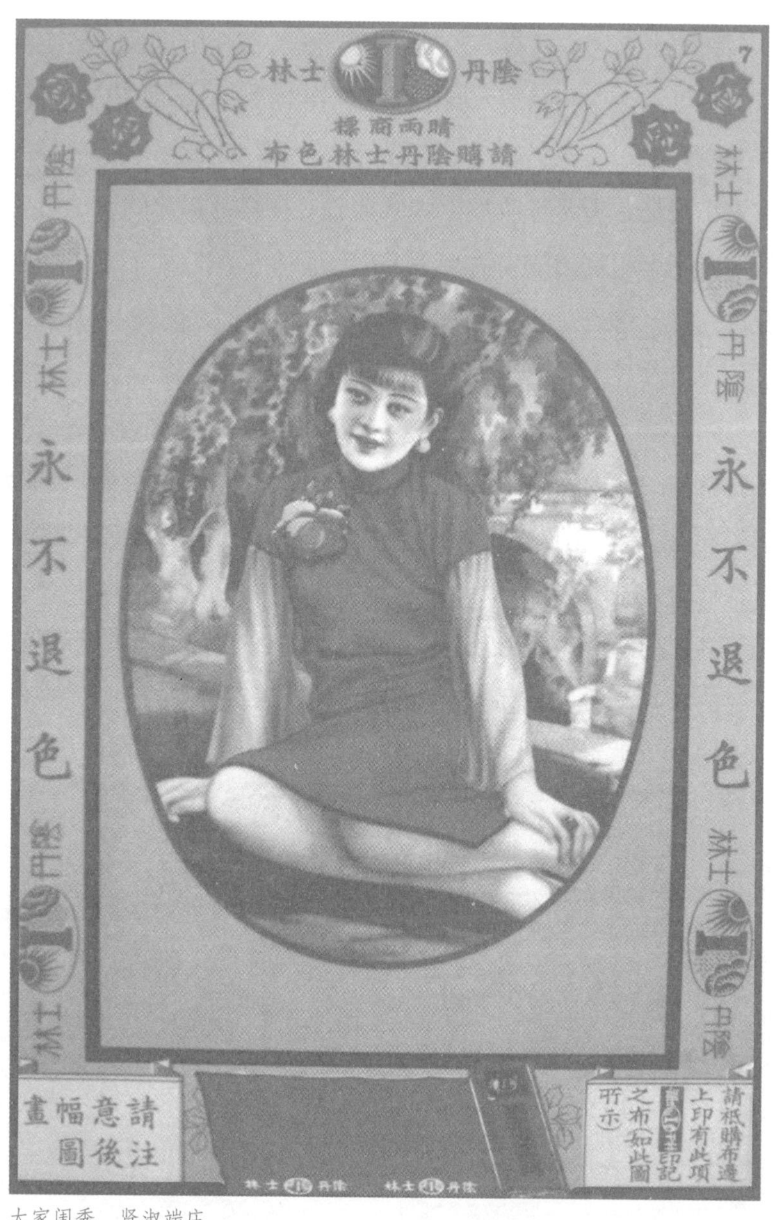

大家闺秀，贤淑端庄

跳舞场、电影院、咖啡馆、大饭店中少不了的风景。闲谈中有时夹杂着几句英语，好像是朝旁人表露着她们不俗的身份。难以想象，如果没有了大家闺秀、名门淑媛的城市生活是怎样的。

即便大家闺秀舍弃身价走入演艺圈、交际场也很容易走红。当然不可否认，在民国大城市浮华的社会生活中，有些所谓的名媛的成名也不乏炒作的成分，稍知一点平仄或脚尖刚触一下泳池就被小报记者奉若神明地大肆吹捧了。在物欲横流的民国上海、天津，不乏粉饰出的冒牌名媛，就好似今天淘宝街上的“名牌”服饰，猛一看是说得过去的，但仔细一看纽扣、针脚、拉链，印刷标牌就大不一样了。

大家闺秀强调宗谱的高贵与清白，近代名媛的祖辈或父辈大多是相熟的，她们自幼就在张家跑李家吃，她们可以爬到伯伯大爷的肩上玩。名门的后代从小就是亲如手足的关系。名媛的圈子是独特的，局外人不容易介入。

名媛的诞生与成长有着不同的土壤，上海作为尽得西洋风尚之先的商业大都会，为名媛的成长提供了最具魅力的阳光与空间。

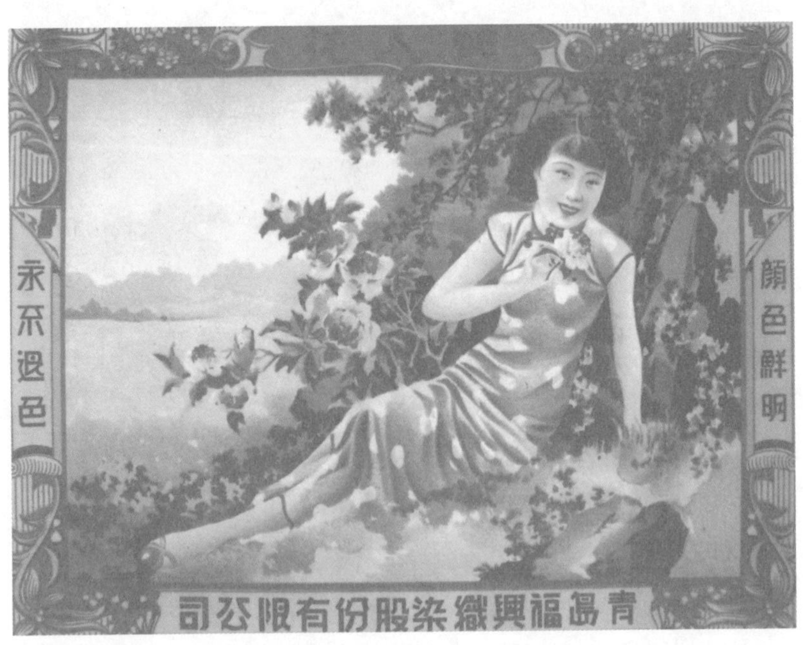

名媛闺秀大多经历过花一样的美妙年华

海派名媛不一定是土生土长的上海人，但近代的黄浦江畔聚集了中国最优秀的、最具风范的才女。有人说上海好像一座熔炉，大家闺秀只有在这里锻造淬火后才可成就经典。

正统的名媛深得数代家风的熏陶，她们的外貌并不见得是标准的美女，但她们内在的优雅气质是前世注定的，她们完美的细节难以克隆。

小家碧玉的角色

比如，有些气质的赵小姐生活在中产家庭，日子过得比上不足比下有余。平日里，她除了读书学习之外，家务上要听从妈妈的话，绣花、缝纫、洗衣、买菜、煮饭，无一不能。像赵小姐这样的小家碧玉在生活中扮演着多重角色，烦琐的家务让她们有时像小保姆一样，但早晨到学校读书又是个率真、活泼的女生，傍晚去逛街又如同大家闺秀一般。有一点，小家碧玉不太可能坐着豪华汽车外出，她们甚至会为省下乘电车的钱而早早学会了骑脚踏车（自行车）。攥着紧巴巴的钱，小家碧玉还乐意去享受时尚，学学游泳，学学滑冰，打打网球。

小家碧玉的服饰与装扮追时尚但不摩登。一些人喜欢朴实的学生风格，包括已经辍学或没有上过学的小家碧玉们也喜欢甚至“冒充”这一派。学派的时尚服饰多少带有点古板的意味，春天穿青布旗袍、平底布鞋，夏天穿白衬衫、黑短裙、白皮鞋或白球鞋，秋天穿灰布旗袍或布衫、黑短裙，冬天穿深蓝色或黑色的旗袍、呢子大衣、绒线衫、绒棉靴。当然也不外乎个别人对花花绿绿的嗜好。眼镜、手表、钢笔是学派的必需品，还有手上的两三本书

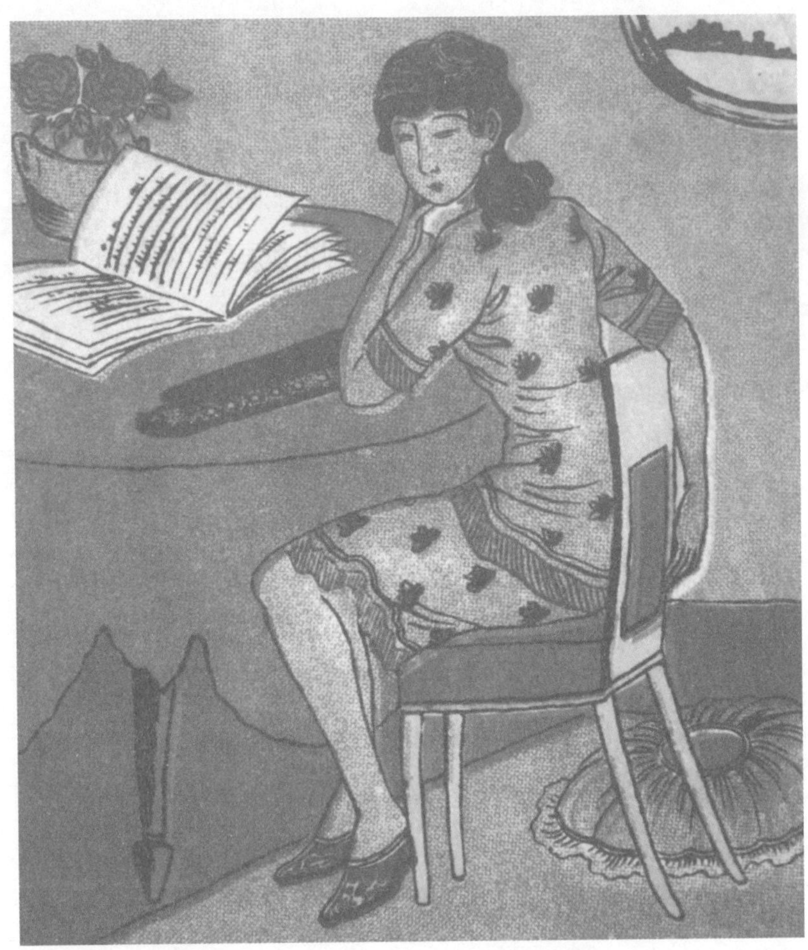

布匹商标画《女子弹琴》

籍是最特别的装饰。

真正有派头的大小姐们烫发，涂脂擦粉，同时要抹唇膏和指甲油。她们爱穿长大衣，一年四季单的、夹的、绸的、皮的样样不能少，如若是穿旗袍也讲究长款拖地的那种。大小姐的丝袜与高跟鞋则是她们亭亭玉立于小家碧玉之上的最好装束之一。饰品呢？戒指、项链、镯子、手表，当然多多益善。指缝与朱唇间有时还要有一支香烟。大小姐们就是如此奢华。

说声我爱你

清末民初以来的妇女思想得以解放，五四运动进一步将男女平等、自由恋爱、婚姻自由的观念普及开来，青年人开始尝试各种与异性联络的方式，希望得到理想的真爱，时尚大胆的少男少女成双成对谈恋爱自然构成了大都市公众空间一道独特的风景线。随之而来的还有新式小家庭观念的萌芽与形成，也许这种意识是朦胧的，但很美好。

每页故纸都是昨天的日记，我们不妨从老广告、老照片中去回眸、去寻访那份浓浓的爱吧。

鸳鸯言情

曾几何时，民国时期的通俗小说被书友追捧、热炒，同时，张爱玲的言情小说依旧脍炙人口，张迷如云。这样，就不难想象七八十年前的青年读者对此热衷的情形了，那是烂漫生活的一部分，就像咖啡和巧克力蛋糕一样。

言情故事以曲折的情节和动人的情感来演绎情爱，首要关注的是一个“情”字，悲欢离合、人间冷暖也时常流露其间。民国

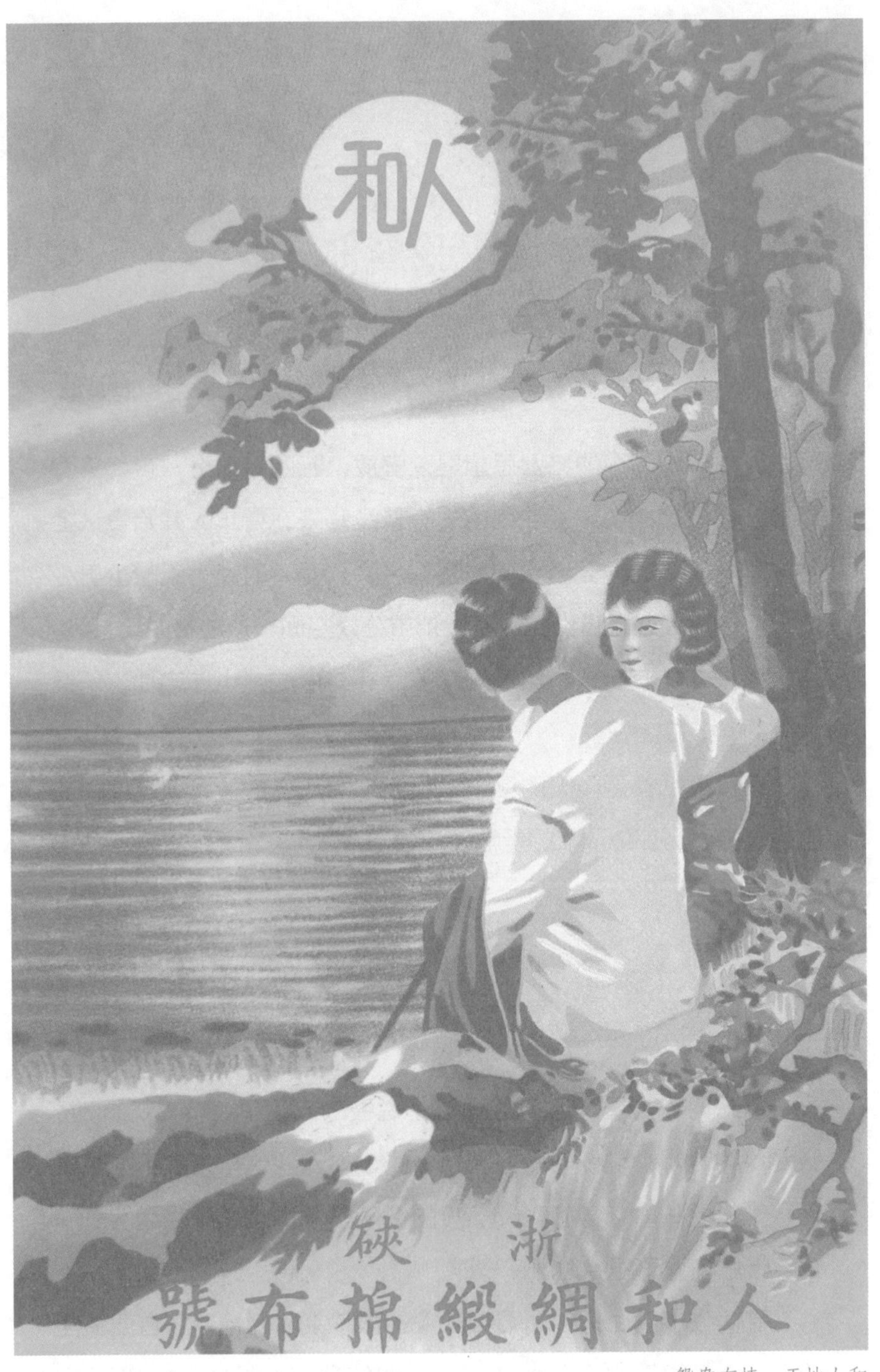

鸳鸯有情，天地人和

以来，读者缘何喜欢甚至沉迷在那纸页间的罗曼蒂克中呢？

自20世纪20年代初美国环球、华纳兄弟、派拉蒙等电影公司相继登陆上海、天津以来，好莱坞电影中的情感故事与画面无不让人浮想联翩，一些人开始憧憬更浪漫的爱情。年轻人的情感、婚恋意识产生了前所未有的波动与震荡，往往感到无所适从。

有道是，明清文学“十部传奇九言情”，这一时期以上海文人为主流的一些作家从中汲取了营养，他们将中国传统理念、地域风俗与西方通俗文化等元素聪明地结合起来，在上海浮华的都市空间里创作出了大量的“海派”言情小说。尽管水平参差不一，有的作品甚至不乏低级庸俗的趣味，但在当时多变、纷乱的社会背景下也自有知音。通俗言情小说的诞生，在很大程度上为理想与现实世界之间提供了通道，对未来充满遐想的少男少女可以在小说的字里行间想象和体验新生活。

民国时期，“言情”曾长期统治大城市的通俗文学和演艺空间。最早出现的“鸳鸯蝴蝶派”以徐枕亚的《玉梨魂》、王钝根和周瘦鹃主编的《礼拜六》周刊为代表。20世纪二三十年代，张恨水等人的作品炙手可热，同时还有穆时英、邵洵美等人的“海派文学”。40年代则是张爱玲、苏青、秦瘦鸥等新鸳鸯蝴蝶派的时代，从《倾城之恋》《歧路佳人》到《秋海棠》等无不轰动，读者如云，成为文坛的传奇现象。

为言情小说流行推波助澜的还有印刷业和报刊业。明清以来，江南就是全国印刷工业最发达的地区。到了民国时期，天津、上海拥有西方最先进的机器设备，印刷技术领先全国，出版商凭借优势可以在短期内大量印行作品，为言情小说等通俗文学作品的普及提供了有力支持。旧时，包括言情在内的通俗小说大多在报纸的副刊上一边连载，一边写作完成，报纸的大量发行直接刺激了小说受众率的攀升。新老作家层出不穷，各种言情小说蔚为大观，报刊以大量连载为卖点，出版社以迅速印行为荣耀，读者更以争相阅读、趋之若鹜为快乐、为时髦。

不当旷男怨女

辛亥革命的新习勃兴触及思想，20世纪30年代的不少年轻人已不满足媒妁之言、父母包办婚姻的束缚，他们希望找寻自己的真爱，憧憬理想的未来。此时的报纸上已出现征婚广告，有人说公开征婚的最大好处是可以广泛结交朋友，使你可以减少“遗漏”的懊悔。当然，征婚文字的首要条件就是诚实，不像现在的“婚托儿”那样信誓旦旦，要么日进斗金，要么坐拥百城。

一位大城市的小伙子的征婚广告写得就很实在：“28岁，中学差一学期辍学，现在千万国公寓招待员，礼拜六晚并任无线电播音人伺候员，执有国际银行储单存折，计积数394.74元（利息尚未计入）。个性积极，脸皮不薄，体重140磅，经医生签字证明，并无花柳病。如有淡于小姐气味，而能惯过亭子间生活者，请于星期日上午亲自到宿舍面洽。”除了少数失败者，大多数公开征婚的青年是会找到心上人的，为生活涂上了鲜艳的色彩。有人在当时撰文说，公开的征婚只要能把握中心，是很好的一种制度，会给人一个意外的收获，像哥伦布发现新大陆一样。

新生活的到来也让小夫妻们的情感复杂了，一对男女在1930年3月的天津《大公报》上刊登了一则联名启事：“前因意见不投，协议离异……”没想到过了几天俩人又来了：“现双方情感渐已恢复，复经协商，重归于好。”有人说这是浪费感情，浪费版面，其实，这是摩登惹的祸。小资们灯红酒绿的生活让林太太日思夜想，可无奈她的丈夫只是一个最普通的小职员，哪里有多余的银圆供她享乐呢。林太太为了如花的梦投入了李老板的怀抱。不久，“奢华”所掩盖的骗局让林太太如梦初醒，是轻生还是回到自己原来的老屋中？还好，她选择了后者。

婚姻非同儿戏，但一些闪电式离婚未免草率，有人甚至花1角钱发个小广告就算了断了。1931年3月6日的《晨报》广告中就有这么一段：“天性不合，两愿离婚，业于本年2月解除婚约，诚恐亲友未及周知，特刊声明。”周作人看到这一声明后不无感触，专门在同一报纸上写了一篇《一角钱的离婚》，对类似行为表示忧虑。

文明婚礼新气象

不知道集体婚礼在现在还算不算新鲜，但社会轰动效果显而易见，政府倡导新风，大小媒体也给予了足够的关注。其实，真正让人眼前一亮的新潮“集团结婚”在70多年前已经出现，犹如时尚的风吹皱了泥古的婚俗礼教，对对新人冲出家庭，团结节俭，走向社会，引来一段佳话。

“你一定要答应我咱两人去参加集体婚礼，那多风光呀！很多人都在报名呢。”准新娘娇滴滴地依偎在他的肩头，喃喃地说。

进入20世纪30年代，新生活的思潮移风易俗，集体婚礼率先出现在1935年4月的上海。集体婚礼活动的消息被当时的社会局通过媒体广为宣传。参加者纷纷到社会局登记，门庭若市。新人须遵守统一的着装规定：如新郎穿着蓝袍、黑褂、蓝裤、白袜、黑缎鞋，戴白手套；新娘着短袖淡红色长旗袍、同色长裤、同色缎鞋、肉色丝袜，头罩白纱，戴白手套执鲜花。有意思的是，当时还特别规定新娘不得烫发，不得穿皮鞋，以示敬重中国传统。新人得到的结婚证加盖有社会局公章和证婚人市长的签名。

经过提前彩排和紧张筹备，佳期就在眼前了。婚礼当天，新郎、新娘、家长、来宾等早早来到市政府礼堂集中，彩带、鲜花、乐曲，到处喜气洋洋。礼堂用屏风分隔成若干小间，其间每张桌子按照提前的编号对号入座。4月3日下午3时整，婚礼正式开始。在军乐队的伴奏下，新人牵手相依，踏着红地毯款款步入礼堂，走向礼台。新人们先向孙中山像鞠躬，再相对鞠躬，并向证婚人市长鞠躬。社会政要、各界名流分别致辞祝贺，并向新人颁发结婚证书、纪念证章、纪念品，市长与新人们还一起拍照留念。在欢快的乐曲声中，数百辆汽车载着新人在上海的繁华大街上浩浩

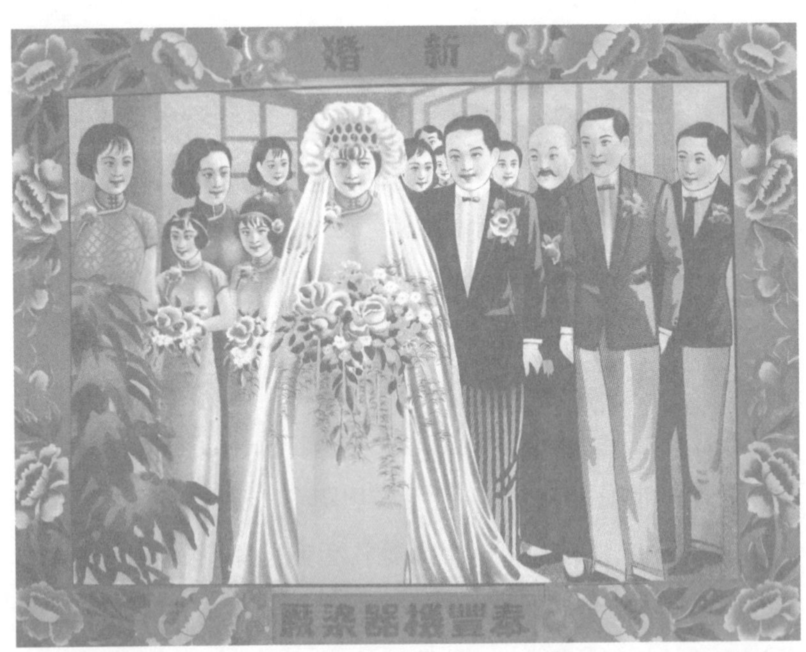

“新婚”商标突出文明婚礼时尚

地巡游庆祝，沿途人涌如潮，新人风光无限……在以后的几年中，集体婚礼举办了10多届，成为上海滩的一大时尚景观。

集体婚礼立即引起社会各界的关注。天津、南京、杭州、芜湖、北平、汉口等地纷纷仿办，甚至在一些边远省区也尝试举行集体婚礼，令人耳目一新。《集团结婚办法》等也相继在各地出台并增添了不少新举措，比如提倡婚检，患有某些疾病不得结婚；参加婚礼的名单对外公布，宣传、贺喜的同时也是为了接受群众监督的，避免个别人的重婚之举，开创了“婚姻打假”的先例。

圣洁婚纱清风来

白色婚纱象征纯洁，但在1919年五四运动以前，新人是绝对不允许穿白色礼服的。中国人挚爱红色，尤其是婚典，传统民俗风情浓郁，而西方的婚礼更多地突出宗教的色彩。白色婚纱源于200多年前英国王室的道德要求。女王维多利亚独尊白色，一改原来各式珠光宝气华而不实的婚礼服饰，主张白色绸纱与橘色花饰做成的女子婚服，头戴花环与面纱。从此，贞洁的美丽风靡欧美。

辛亥革命以后，思想进步的女子最先接受的只是西式花冠头纱，配以传统的中式服装，看上去有点怪怪的，但她们觉得已经很摩登很幸福了。20世纪20年代以来，随着西方文化的不断渗透，“文明结婚”成为风气，加之一些留洋归国的女学生已经信仰了基督教，她们的夫君也非俗人，教堂婚礼、白色婚纱与笔挺西装于是成了彼此的热衷。

30年代沿海城市青年人追风的劲头不逊于当今，新式婚纱大行其道，无论婚礼形式的中与西。一张张旧照，一页页故纸，时常可见手捧鲜花，头戴白色长纱帽的娇羞新娘挽着西装领结或长袍革履的新郎，温馨幸福的画面，洁白犹如一缕清风，一直吹拂着40年代新人的理念，尽管当时战火频仍，但生活还要继续……

风采名人秀

名人的婚纱秀有时像悬疑，像宣言，更好比流行资讯的预告。可以说，蒋介石与宋美龄在1927年寒冬的婚礼，带动了当时沿海发达城市白色婚纱的风靡热潮。

当年12月1日，蒋宋婚礼在上海隆重举行，先是在昆山路景林堂宋宅的西式仪式，后到外滩戈登路上的大华饭店继续上演中西合璧的舞会，中外政要、宾客云集，盛况空前。仪式由蔡元培等名流主持。在俄罗斯乐队演奏的门德尔松《结婚进行曲》中，蒋介石与宋美龄款款入场。蒋氏身着大礼服，胸悬彩花。宋美龄身穿银色的旗袍，精致的白纱搭配橘色的小花斜披在身，身后有少男少女拖着长长的纱尾。她头上佩戴的小花冠上珠宝闪烁，手捧一束红粉与洁白相间的玫瑰，风姿绰约，光彩照人。新婚照随即见报，那浪漫的场景让无数青年女子羡慕不已，流行的帷幕就这样被拉开。

1928年初，梁思成与林徽因双双在美国完成学业即将成婚，梁启超从天津写信嘱咐："我主张你们在坎京（加拿大温哥华）行礼，你们意思如何？我想没有比这样再好的了。你们在美国两个小孩子自己实张罗不来，且总觉得太草率，有姐姐代你们请些客，还在中国官署内行谒祖礼（礼还是在教堂内好），才庄严像个体统。婚礼只在庄严不要侈靡，衣服首饰之类，只要相当过得去便够，一切都等回家再行补办，宁可节省点钱作旅行费。”当年3月21日梁思成与林徽因在温哥华举行了婚礼，结婚照上的林徽因所戴的西式花冠正是她自己设计制作的，别出心裁，同时的西式婚服也是她用布料代替白纱缝制的，一切遵照了节俭的家训。

冰心与吴文藻1929年6月15日在燕京大学临湖轩举行的婚礼只花费了30多元大洋。二人的结婚照是在后来补拍的，冰心头戴花冠，手捧玫瑰，身披白色长纱，与宋美龄的装束异曲同工。

还有一点细节要说。洁白的婚纱精工细制，价格不菲，况且又是幸福的开始与记忆，所以旧时的长辈常常会将自己的婚纱在20年后传给孩子，或者被改成礼服用于重要场合，美丽如初，风采依旧。

阔别半个世纪，春风再度吹开了新娘的心房，再见婚纱，再见洁白。当与欧美同步的进口婚纱成为影楼、婚庆公司的标榜的时候，当新婚的“青春私房写真”不再饱受争议的今天，有些潮人又以老四合院、大花轿和锦缎旗袍为时尚了；以小胡同青砖墙前的黑白摄影为摩登了。

生活的流行有时像太极图一样难以琢磨，但爱可以见证。

看那浪花一朵朵

近代以来，上海、广州、天津等口岸城市开埠通商后，西方的一些消闲娱乐活动与金发碧眼们相随而至，各地的跑马场、溜冰场、跳舞场、健身房、台球厅、游泳池、西餐厅陆续开设。当然，最初只是洋人在此间自娱自乐，习惯了日出而作日落而息或者家族小圈子聚会的中国人一时还不大适应这种商业化、大众化的消闲生活。然而到了清朝末年就不一样了，城市里华洋经济的繁荣让率先发迹的商人过上好日子，金钱改变了他们，“炫耀”“崇富”“享乐”的字眼凸显在他们的生活中。他们已不满足于传统的庙会社戏、喝茶聊天，灯红酒绿的洋娱乐强烈刺激并吸引着他们。大城市的青年人赶时髦，钱多的尽情潇洒，钱少的偶尔一玩，于是乎新型现代娱乐逐渐成为时尚。

今天你阳光了吗

以恭贺慈禧“万寿庆典”为由，清光绪二十三年（1897年）的一个冬日，上海洋务局举办了一场盛大的舞会，到场的上海男子不乏女士相伴，这无疑是对足不出户观念的一大冲击。不裹足

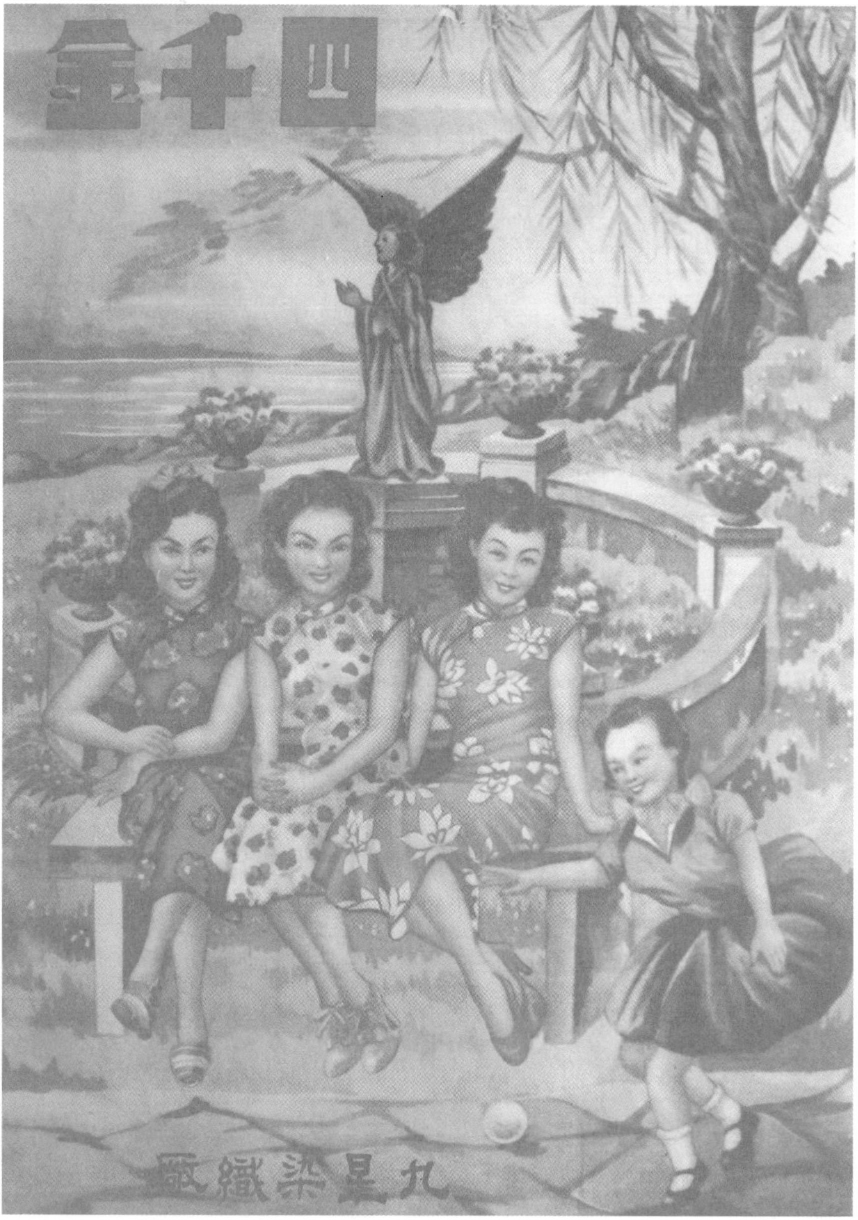

摩登女子们享受着户外阳光

运动后，女人们拥有了美丽的大脚，获得了新生，户外休闲、体育运动也不再是男人的专属。活跃的思想，舒朗的心境，还有手袋里的钱，让大都市的女人已不再满足在家抚花弄草、喂养贵妇狗的日子。她们的生活圈子在不断扩大，社交活动增多，公园、舞场、影院、游乐场、回力球场、赛马场到处可见她们的芳影，有些上层社会的女子甚至通宵达旦，尽情享受。

女人们阳光的神采被画家理想化地复制于画面；被记者真实地定格在《良友》；被商人典型化地迎请到月份牌。以欧式庭院和小桥流水为背景的倩影出现了，画家郑曼陀1916年为香港福安保险公司所绘的月份牌堪称经典。垂柳、睡莲，还有桥畔女子，都是那么清新自然。女子手中的折扇，或许是她欲掩住什么心事的最好道具。这一切，不仅吸引着男人，也感召着女人。浏览时尚旧影可见，与户外美景相伴的女子，她们中的大部分虽然是以侧倚、斜坐或手托香腮的姿势为主，但也不乏放肆惹火的坐姿出现，这在以前是绝对不敢想象的。

到了20世纪30年代，城市女子休闲运动更加广泛，在上海、在天津，女子练习打高尔夫、女子在赛马场为男子牵马已不是什么新鲜镜头。阳光下，欲动欲休的她们穿着旗袍和高跟鞋，虽有不伦不类之嫌，但毕竟是当时女子时尚的写照。

溜冰是北方女子一种特殊的健康运动，参与人数有时比男子还多。在一些租界内的高级溜冰场，每到下午5点左右，摩登女子纷纷盛装登场，追逐着，轻如飞燕；招呼着，“今天你运动了吗？”在扩大器送出的曼妙乐曲中，有人随着节拍练习着冰上舞蹈，活泼柔美，婀娜多姿。学步者，羞羞怯怯，时而半推半就地依在情人的身上，一边莺声燕语，一边任凭男子一步步拖着走。古人称媒人为“冰人”，也许冰场就是最好的媒人，据1936年的一则报道说，喜好溜冰的女子不免在冰场上擦亮爱的火花，天津的英国冰场每年都会成就几对姻缘的。

老天津画家陈嘉祥为天津机织印染总厂所绘的《滑冰图》商标画，或许就得益于这样的情景吧。

牵手华尔兹

清末民初，沿海开放城市的租界夜晚不时飘来曼妙的舞曲，映画着“嘣嚓嚓”一双双甜蜜人影。像这样的舞会中不乏社会名流或追求时尚的中国男女，他们挑战着“男女授受不亲”的旧观念，舞步与身体的接触为他们带来了新生活的享受。

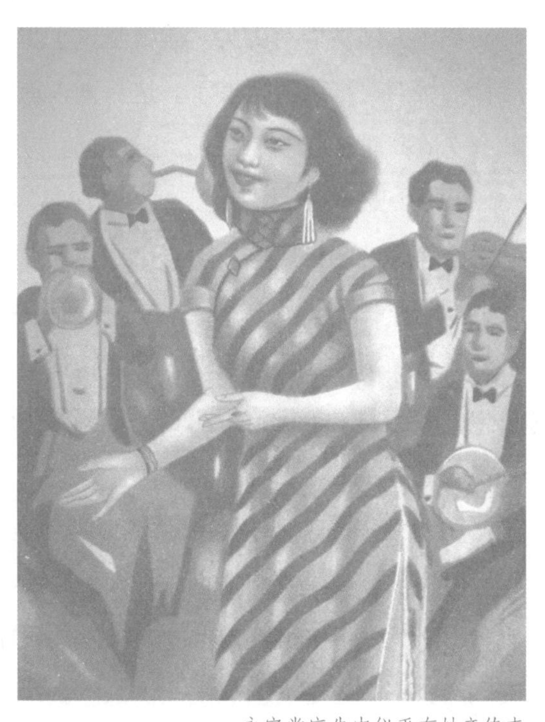

永安堂广告中似乎有妙音传来

早在同治五年（1866年），大清使团在游历欧洲时就被邀请参加西方宫廷舞会，第一次见到大庭广众男女共舞的情景，他们不免面红耳赤。不过，包括以后几次出访的清官，他们仍然如实记录了在西方所见“男女携手，进退有节”的等等细节，一面官样文字给清廷，一面写成游记随笔在民间传播。某种西方文化对中国传统的突破，一种现代时尚被长发辫们所接受，往往需要较长时间的磨合。光绪二十二年（1896年），法国的一位舞蹈家将西方舞蹈带到中国，登临上海舞台，艺惊申城，《申报》记者竟然用李白的诗句加以赞美"云想衣裳花想容，春风拂槛露华浓"。

光绪二十三年（1897年），冬天的上海并不寒冷，甚至有一股前所未有的暖潮在涌动，11月4日，500多位中外时尚男女云集洋务局大厅，在数百盏彩灯下相拥、携手，在磨光打蜡的地板上挪移着舞步，虽然偶有脚尖对碰或滑过了步点，但是欣赏那地板上婆娑的派对光影已经足够了。这是国人首次举办的交谊舞会，由此，交谊舞与时尚形影相随，迅速传遍广州、天津等南北城市。

20世纪20年代中期，上海、天津高档饭店附设的交谊舞场如雨后春笋，名闺淑媛与成功男士蜂拥而至。虽然舞票只有区区一元钱，但那酒水的价格很惊人，可是舞客并没有把这放在眼里，他们留恋着舞池，轻叹着伊人憔悴，通宵达旦。身处时代潮流的广告画家当然是捕捉流行的高手，舞场中轻歌曼舞的形象迅速成为广告宣传最时髦的画面。

20世纪20年代以来，天津的影院逐渐发展起来，光明社、蛱蝶、西权仙、明星、上权仙、开明、天宫、华安影院等相继落成，观者不断。位于法租界的明星影院开业于1927年，佳片轮番上映的同时，影院还定时出版画面诱人的影录（影讯）广告，一时轰动津城。明星的老板后来又在该楼的右侧开办了福禄林歌舞餐厅，人们在此不仅可以享受到西餐的美味，还可跳舞、打球。福禄林与影院相通，形成了休闲娱乐的产业链。

爱上沙滩与泳装

男女之间的醋意有时是爱之深的表现。李先生太爱自己的太太了，实在不愿意让她去游泳场“风光”，但小夫妻终究没有抵住各大报纸上游泳场的广告招徕，买了新潮的泳装，双双投入了20世纪30年代上海最时尚的消闲热潮中。

清代末期的总体社会环境依旧封建泥古，光天化日之下男男女女穿着紧身薄衣在水里扑腾简直是大耻大辱的事情，让人难以想象。但是，生活一点点走向近现代的脚步无法阻挡。光绪十三年（1887年），英国人在广州率先建成了中国最早的室内游泳池，现代游泳运动初入国门。19世纪与20世纪更迭之际，沿海城市的生活理念与风俗发生着激烈的震荡与变革，就在这几年间，得风潮之先的上海建起数个游泳池。不过，当时实行的会员制形式仅仅满足了上流社会的小资们，时尚的水花让普通人隔岸兴叹。

20世纪20年代，上海几所大学里的游泳池让青年学生享受到了时尚运动带来的愉悦。水畔的他和她交流着，从天文地理到远大志向，情投意合，或许可以擦亮爱的火花。随着上海经济的迅速繁荣，这里已成为东方最具活力的时尚之都，对外营业的公共泳池也陆续建成开放，相形之下生活在石库门中的普通百姓，沉醉在花园洋房里的美女明星，她们除了打麻将、跳舞、看电影、吃西餐之外，到水中潇洒也成为一大嗜好。1928年纳客的青年会室内温水池甚至让上海人在冬天也可戏水了。

时尚最爱阳光与沙滩的浪漫，人们已不满足室内的狭小空间，于是远离闹市的上海高桥海滨浴场于1932年应运而生，加之报纸

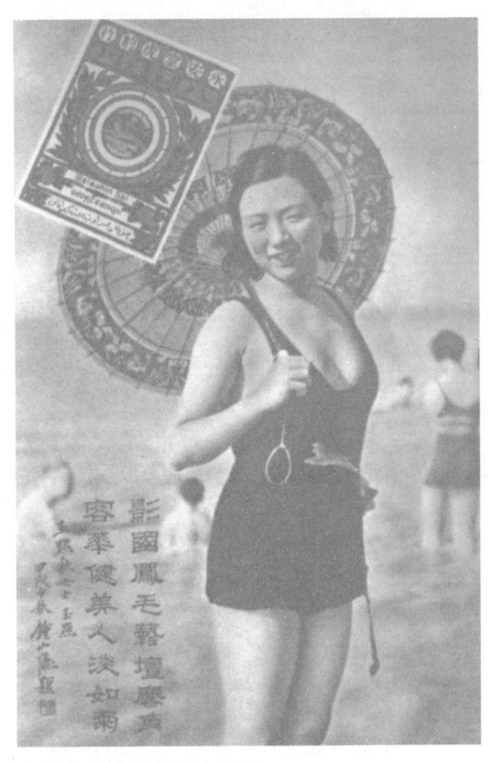

八卦丹广告上的泳装明星

广告的推波助澜，所以每年夏季都人涌如潮。这里已化作女星展示骄人魅力的舞台，她们的身姿和比基尼被定格在当年最前卫的广告海报、杂志封面与画刊的彩页间，引来一时之盛。精彩还在继续，1939年，号称绝不逊于美国纽约、德国柏林一流游泳池的上海大陆游泳场盛装开幕，当红的影星顾梅君、顾兰君姐妹前来捧场，美国的运动小姐表演了精彩的花样游泳节目，令人大开眼界。占地20亩的大陆游泳场还附设酒廊、舞场等娱乐场所，将大上海运动与时尚的风潮推向了鼎盛。

牵着爱犬看赛狗

大华染厂《美美图》商标画上的她也许是往昔大城市里的小资一族，每天慵懒在洋房里，除了邀几位邻居太太打打麻将，就是与她的爱犬玩玩。如果闷了，她也会换上可身的旗袍，牵着狗狗，花枝招展地到公园消磨时光……

20世纪30年代，各种外洋观赏犬已进入中国大都市上流社会富人圈的闲暇生活。血统正宗的外国名犬时常随着主人趾高气扬地漫步在街头。伺候名犬的花费不是小数，但它们的主人并不在乎这点钱。在老上海，你如果囊中羞涩却又爱狗，那只好到赛狗场开开眼了。

英国人早在道光三十年（1850年）就在上海修建了跑马场，跑马总会同期成立，这种娱乐形式由此流入中国。清末民初，赛马活动在上海达到高潮，天津等沿海开放城市也方兴未艾，而且纷纷渗入了竞猜活动。与赛马形影相随的还有赛狗。赛狗最初又称为跑狗，有专门的跑狗场，老上海以逸园、明园、申园三大跑狗场最为著名，每逢赛会时人涌如潮，甚至有外地的好事者专程赶来，热闹非凡。

最初，参赛的驯犬师大多来自国外，华人在后来也大量参与其中。当然，参赛的狗狗也一定是国外的优良品种。比赛时，前面的"电兔子"先跑，后面的几只狗疯狂竞逐。自1928年以来，赛狗彩票在上海开始发行，就像马会彩票一样，许多人对此趋之若鹜。赛狗有编号，观众结合"独赢""双独赢""位置"等项目进行押号竞猜，每天晚上以及周日的下午，许多人的心里就像生了虫子一样憧憬着发财，幻想着开彩时中大奖的情景，乃至茶饭不思就奔向了赛狗场。其结果呢？必然是大多数人血本无归。赶时髦有时是要付出代价的。

当时的许多小报上每天充斥着赛狗等娱乐活动的相关新闻，比如哪位输光钱成为瘪三了，谁又中了大奖娶老婆了，真假虚实，八卦闲话，在家闲居与狗为伴的太太小姐当然喜欢在这样的文字中娱乐自己。不仅是花边新闻，报纸上关于赛马、跑狗的广告也连篇累牍，密密麻麻，报馆因此赚足了银圆。

往昔“夜宴”

夜上浓妆，是一个人享受“夜宴”的好时光。坐在酒吧里听着低回的爵士乐，总能放松身心。百年来，爵士乐始终是相对小众的，但它一直是一种高雅、一种经典所在。

妙曲之“宴”

爵士乐源于非洲，肇始于19世纪末20世纪初的美国南部港口城市新奥尔良，它以英美传统音乐为基础，融合了布鲁斯、拉格泰姆以及其他音乐元素，可谓“混血”。稍后的小型乐队即兴演奏促进了爵士乐的形成与发展，并逐渐派生出狄西兰（迪克西兰）爵士、摇摆乐、主流爵士、比波普、现代爵士、自由爵士及电子爵士等流派，一直活跃在舞台上，风行全球。

20世纪30年代的上海口岸与世界风尚的脚步形影相随，欧美爵士乐的曲调飘然而至。初入东方的爵士乐主要是舞场的伴舞曲，上海滩最有名的四大舞厅——百乐门、丽都、仙乐思、大都会中皆有外国小型乐队在演奏。有些名流并不是为了跳舞，而是专门为欣赏现场爵士乐而流连灯红酒绿之中。另外，酒馆、咖啡馆里也偶尔可以见到外国爵士乐师的身影。雇请乐队的成本不低，加之高档娱乐场的高额门票，对于普通百姓来说自是门槛，如此无形中形成了爵士乐在中国市场的高格调与摩登感。

1945年，金怀祖在百乐门组建中国第一支华人爵士乐队——吉米·金乐队，开一代先锋，成为可与外国乐队比肩的佼佼者。第一代流行爵士乐师、吉米·金乐队的贝斯手郑德仁近年曾回忆："我们很年轻，衣服穿着也都很整齐，而且带了五个女歌手，一面搞爵士乐，一面搞流行歌曲，所以很受欢迎。我在百乐门工作了五年，一直到1952年。百乐门的收入不错，每天晚上3个小时，月收入相当于现在三五千吧，再加上白天我在交响乐团的工资一千多，生活没有问题。"最初的上海爵士乐都是美国曲，经过金怀祖、郑德仁等音乐人不断潜心研究、改编，结合我国民族音乐元素，后来创作出了颇具爵士风格的舞曲、歌曲，如《夜来香》《玫瑰玫瑰我爱你》《夜上海》等，"百乐门爵士音乐"很快传遍大江南北。

曼舞之"宴"

或许你是舞迷，或许你爱看"舞动奇迹"的精彩，时尚消闲让人羡慕。现代交谊舞、舞会是地道的西方娱乐，近代以来国门洞开，它也伴着西人的生活轻快地滑了过来。1850年11月，在中国最先开埠的上海，外国人在租界内举办了一次舞会，交谊舞从此登岸中国。尽管如此，清一色的金发碧眼，男多女少，自娱自乐，中国人的生活并没有受到太大的影响。

19世纪末的时候，外国人在上海建起了一家名叫上海总会的

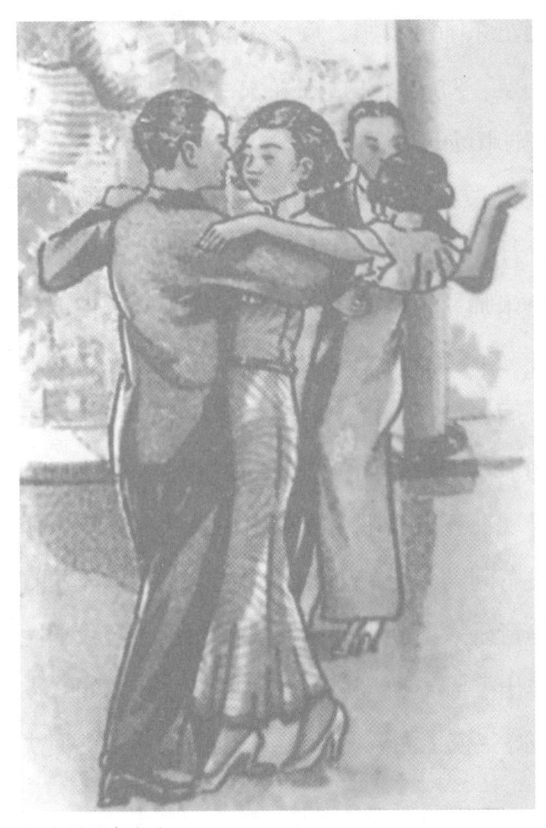
钗光鬓影舞翩翩

俱乐部，内中拥有华丽的舞池，伴着优美乐曲，各种社交舞会在这里开始了。动荡风云中的晚清政府也知道投西人所好，不时举办舞会作为时髦之举迎合外交。

辛亥革命以后，跳交谊舞主要还是外国人在消遣，封建理念尚存的中国人见此依旧面红耳赤。但新习渐浓，渗透加速，1922年上海一品香旅社大胆地举办了一场正经的民间舞会，出乎预料地吸引了众多显赫人物光临。衣冠楚楚的型男，温柔可人的淑媛，他们第一次尝到了时尚的甜蜜，他们第一次看到了华丽转身的美妙。交谊舞作为新颖的娱乐方式在中国逐渐流行开来。

有人发现了时尚经济的银圆。1927年，随着上海第一家营业性质的舞厅——永安公司大东跳舞场的开幕，跳舞风靡于小资生活。“近年来上海的跳舞可算得风行一时。凡是年轻的男子和女子，非学会跳舞不能算出风头。”报纸新闻很快跟进。“数月以来，跳舞之风盛行海上。自沪西曹家渡而东，以及于沪北，舞场殆不下数十。”少男少女竞相练习，颇有不会跳舞就算不得上海人的态势。

当时的天津好似北方的“小上海”，跳舞之风也旋即刮到了海河畔，从租界里外国人俱乐部，到繁华闹市的舞场，热闹不凡。还有人推波助澜，专门教授舞技。1927年7月间的天津《大公报》上连续广告称：天津跳舞家梵天阁女士“绮年玉貌，舞学精深，在津授徒以百计，历在平安、天升等院及大华饭店献技，取费一元至三元，而观者无不争先恐后……”同年的皇城根下也有文字传来：“我听说北京铁狮子胡同、北京饭店、六国饭店不时有许多上等人、官儿也在那里抱着搂着跳舞……”

西餐之“宴”

近代中国沿海开埠以来，西风劲吹，西菜伴随着饮食风俗很快流入中国沿海城市。19世纪中后期，亨白花园和海天春西餐馆就开在了上海街头。

清末，有人游上海，此君在同治七年（1868年）的日记中写道：“再至徐家汇，畅游外国花园（亨白花园），吃香槟酒，极沁心脾。”就像西服领带比拼长袍马褂；高跟鞋叫板绣花鞋一样，城市人的嘴巴与胃口受到的刺激和挑战是前所未有的。在清末民初以上海、天津为先的城市中，富人阶层涌动着追求奢华、享受新奇生活的风潮，为西菜文化在中国的发展提供了最漂亮的餐台，吃西菜、品香槟成为民国时代最洋气的摩登生活。

西菜在当时被称为“大菜”。宣统元年（1909年）的一期《图画日报》上图文并茂地记录了有人在上海西餐馆请客的热闹情景，其中道：“各省人士之至沪者，往往不喜中国菜而喜大菜，故各大

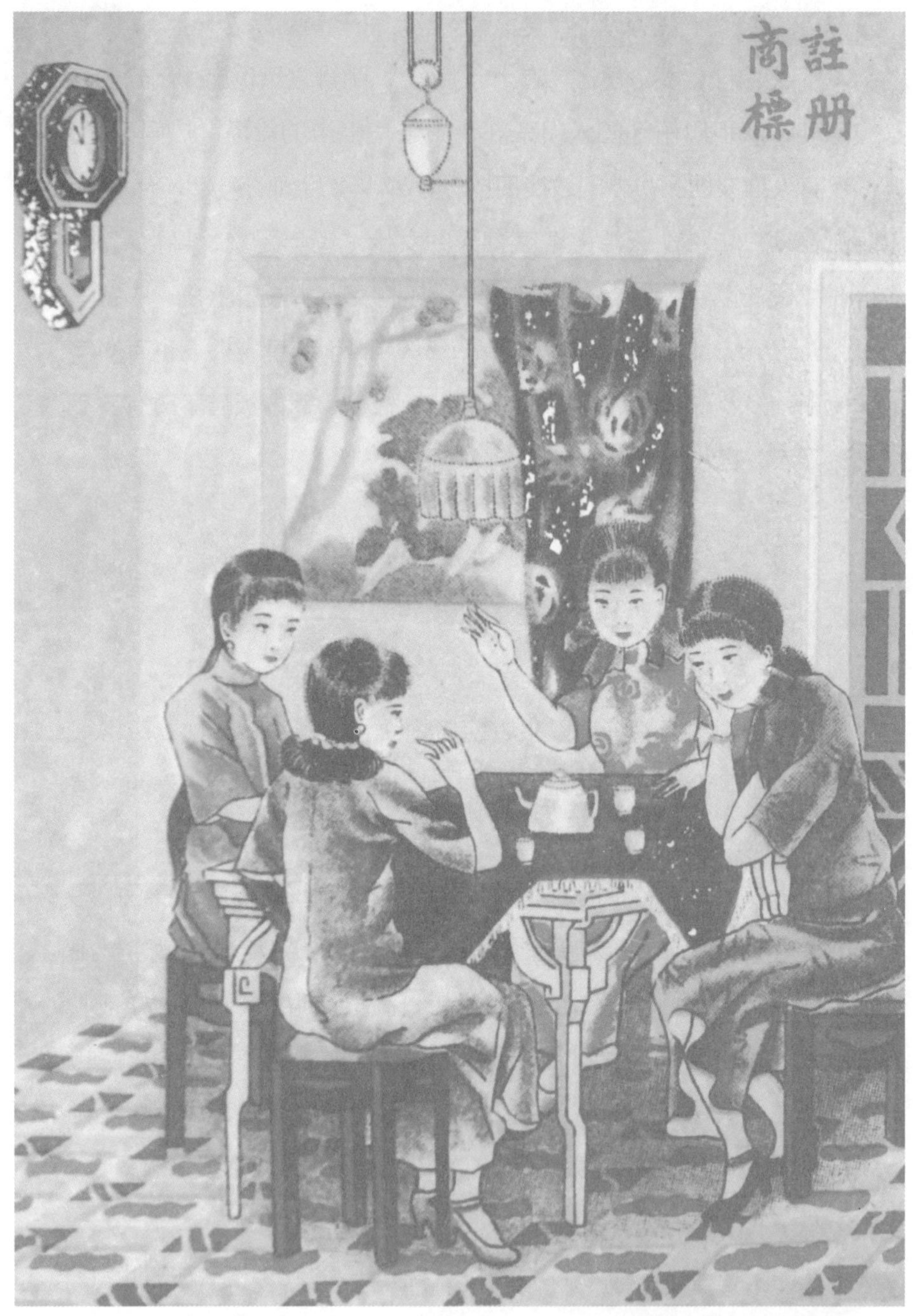

老染料商标上的《四美茶话》图

菜馆之生意，皆非常兴盛。”20世纪初在上海注册登记的西餐馆已达20多家，门庭若市。尽管如此，对于大多数民众来说，吃西菜则更多带有作秀的成分，或许只是时髦一族暧昧和显示身价的小生活罢了。西菜的发展确实没有达到燎原的态势，个中缘由除了中西口味的巨大差异外，价格因素也注定了它始终的“高调感”。

看看20世纪初的一份西菜单就明白了。以1人份为例：每套上等大菜4元（银圆）、中等大菜1.5元，另如：乳油汤3角、水鱼汤2角、番茄汤1.5角、牛乳汤1.5角，红酒烩鸭3角、英腿鸽蛋2.5角、烧牛肉1.5角、牛油布丁1角、杏仁布丁1角、白兰地布丁1角，面包免费。但在当时，一个纱厂女工工作30天的月收入仅为三四元，一个壮劳力的月收入为6元左右。他们如何吃得起西菜呢。1923年7月的北京《晨报》刊登了一份民意调查表，对于吃中餐还是吃西餐的问题有77%的人回答爱吃中餐，23%的人认为可以接受西餐或改良中餐。

百多年来，西餐依旧是很绅士很浪漫的样子，吃西菜对中国食客来说，更多的是异国情调的享受，一种时髦生活方式的追求。

咖啡之“宴”

作家徐圩在1935年11月的《宇宙风》杂志上说：“我太太呢，已进了中西女塾，在用她惯用的抽水马桶。星期六、星期日我们都有假，我是总换我平常的衣服，去找我太太一同去玩玩，或者到大光明去看看影戏，或者到派拉蒙跳跳舞，或者到沧州饭店去谈谈的。她也永远穿高跟皮鞋，我也不再叫她穿胶底鞋，我们也不再因这种小事儿吵嘴了。”生活的细节真实地记录了老上海小资的时尚故事，那著名的饭店茶座间一定有两杯咖啡在等着他们二人。

包括喝咖啡在内的一些西方生活方式自近代传入中国开埠城市以来，经历了一个从缓慢到急速的过程。随着洋人和洋货的增多，上流社会的买办富商们从怀疑到尝试接受洋气的新奇或刺激，在他们进而推崇甚至盲目崇拜的状态下，自上而下地影响到普通市民，来自西方的生活消费行为成为一股流行风。不能不说的是，在新生活的流播过程中，演艺圈的女星和舞女，还有新知识女性，她们从不同层面起到了推波助澜的作用，领导着时尚的潮流。稍有资本的女性已不满足白开水的清寡，她们认为再淡的一盏咖啡也充满了浪漫的情调。

20世纪30年代，上海外滩附近有一条很短的小街叫朱葆三路，那里三分之二的门面是西餐店、咖啡馆、酒吧和舞场之类，充满着时尚消闲的氛围。霞飞路也是闹中取静的，街边的咖啡店、酒吧一到晚间便传出悠扬的爵士乐，曲中的曼妙当然少不了咖啡的绵长与啤酒花的香气。

咖啡馆的客人除了洋人、富商、小资、女学生，还有一些作家和艺术家经常在这里静静地“座谈”或构思。作家张若谷就是常客，他曾总结出泡咖啡馆的三大乐趣：一是咖啡本身的刺激，其效果“不亚于鸦片和酒”；二是咖啡馆提供了与朋友畅谈的地方，“此乃人生至乐”；三是这里有动人的女侍，这也是重要的因素。

红酒之“宴”

“好花不常开，好景不常在，愁堆解笑眉，泪洒相思带，今宵离别后，何日君再来。喝完了这杯，请进点小菜，人生能得几回醉，不欢更何待。来，喝完这杯再说吧！今宵离别后，何日君再来……”说到20世纪二三十年代中国沿海的几座繁华城市，许多人会联想到霓虹灯下的大小酒吧、咖啡馆，又有显贵名流、交际花穿梭其间的画面。

那个年代，西式的酒会在天津、上海已经非常普遍，葡萄酒和洋酒是酒会中的宠儿，这种风气逐渐在民间、在交际场也蔓延开来。尽管当时我们的葡萄酒业尚处在萌芽阶段。就像老电影中的情景：夜夜笙歌的舞厅中，淡淡地传来“金嗓子”的歌声，吧

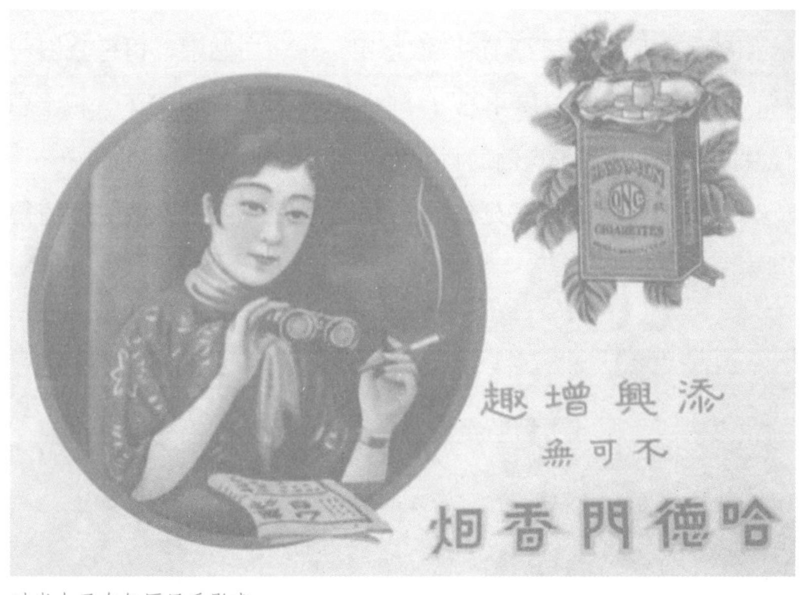

时尚女子在包厢里看影戏

台前一个身着香艳旗袍的女子手托着红酒杯，正与脂粉姐妹或油光男人低声谈笑着，若明若暗的灯影中，正所谓酒不醉人人自醉……红酒，成为社交场合中重要的角色，或许也是一种身份和生活质量的外化表征，且消费面在悄然扩大。

约1917年至1918年间，上海名画家丁云先为张裕葡萄酒绘制了一幅精美的月份牌广告画。画中，餐桌旁有一位时髦的纤纤女子，她梳着发鬏，身着改良衣裤，穿着绣花鞋。值得注意的是，桌上有两瓶葡萄酒，一瓶是“佐谈经”，一瓶是“正甜红”。那女子轻握着高脚杯，娇颜含羞的样子。画面四周的装饰花边上也穿插画有几种葡萄酒，如“樱甜红”“琼瑶浆”“品丽珠”“佛兰地”等。

1921年冬，田汉在日本东京创作发表了独幕话剧《咖啡店之一夜》，这是最早抒发“咖啡馆情调”的新文学作品之一（1932年秋修订）。剧作的背景正是上海的咖啡馆。剧中描写了19岁的农家女白秋英被盐商的儿子遗弃的故事，展现着“新浪漫主义”的体验和感伤。剧中有段细节：“饮客甲：……白姑娘，再替我斟一杯，你也再陪我喝一口儿吧”；“白秋英：我不能再喝了。威士忌怪辣的，我只能喝一点葡萄酒”；“饮客丙：我也爱喝葡萄酒……”

有红酒香气的日子延续着，时至今日，它的故事依然值得回味。

留住美妙的声音

有人爱听“金嗓子”周璇的天籁之声，有人痴迷梅先生的经典唱段。一张老唱片在那里慢慢地转动，悠悠地吟唱，它足以将你带入最心怡的港湾，让君忘掉尘世的烦忧。一件藏品也好，一种情境也罢，往往需要用心去体会。

8秒，擦亮前程

“玛丽抱着羊羔，羊羔的毛像雪一样白。”话说130多年前，托马斯·爱迪生录下的这句8秒钟的歌词擦亮了世界录音史的前程，唱片与唱机（留声机）的发明为人类实现了遥不可及的梦想。1877年的时候，爱迪生发明了一种录音装置，它可以将声波转换为金属针的震动，波形被刻录到圆筒形腊管的锡箔上。接下来，当唱针沿着刻录的轨迹行进时即可重新发出刚才留下的声音。爱迪生对着这个装置朗读了《玛丽有只小羊羔》的歌词。第二年，爱迪生成立了公司，开始制造留声机。

圆筒形腊管的使用并不方便，美国发明家奇切斯特·贝尔、查尔斯·屯特在1885年研制出用涂有蜡层的圆形卡纸纸板进行录音的设备。1887年，旅美德国人伯利纳发明了圆形唱片以及平板式留声机，此后又在1891年创新出以虫胶为原料的唱片。

爱迪生、伯利纳等人纷纷开始规模化生产、销售唱片和留声机。1889年的巴黎世博会上，爱迪生和他的留声机成为埃菲尔铁塔下的明星，人们排着长队不仅是想听留声机里的法国、美国国歌，更大的期待在于听到自己录下的声音。

京调洋曲皆可闻

清光绪末年，外国人已经将唱机、唱片这新奇的玩意带到了上海、天津、广州等口岸城市，在一些洋行发售。中国音像协会的有关资料显示，目前所见的最早的“国产唱片”留下过京剧大师孙菊仙《举鼎观画》《捉放曹》等精彩唱段，是美国胜利唱片公司1904年灌录的。

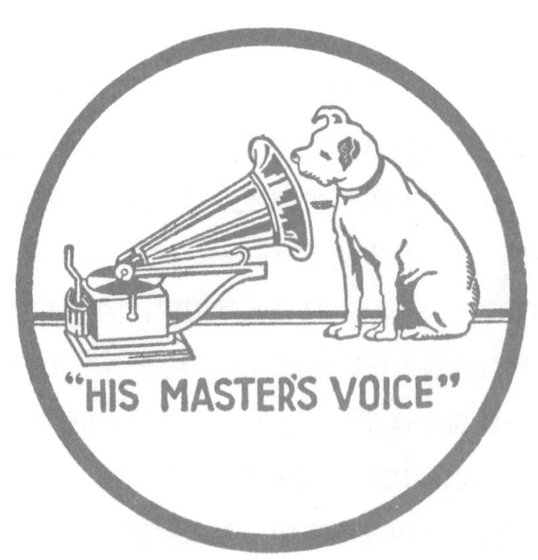

胜利公司的“坐狗”商标

老晋隆、乌利文、哥伦比亚等外商公司向中国听众推销着洋唱机、洋唱片。好酒也怕巷子深，于是广告来了。在清光绪三十一年（1905年）初的上海《时报》上，英国一家洋行以“普天下第一等”为题宣传他们的“新式顶响唱戏机器”，并称“京调、徽曲、广调、昆腔、帮子、各省小曲、洋操时调、男女哭笑，一应俱全”。广告中还特别提示顾客，要认清坐狗牌（伯利纳的美国胜利公司品牌）、仙孩牌（伯利纳的英国留声机公司品牌）等商标。光绪三十四年（1908年），东方百代唱片公司从法国引进了《洋人大笑》，并推向中国市场。

咿咿呀呀的京剧很古老，但最初，搬到清宫里的外国唱机很摩登，四合院里反复传来的唱念做打很时髦。唱机与唱片的出现使京剧原声真迹得以保存下来，对这一国粹的传播与发展起到了积极的推动作用，一下子也改变了戏迷的休闲生活。

进入民国时期，国内的百代、胜利、高亭、开明、大中华、新月、孔雀等几十家中外唱片公司更如雨后春笋般地发展起来。

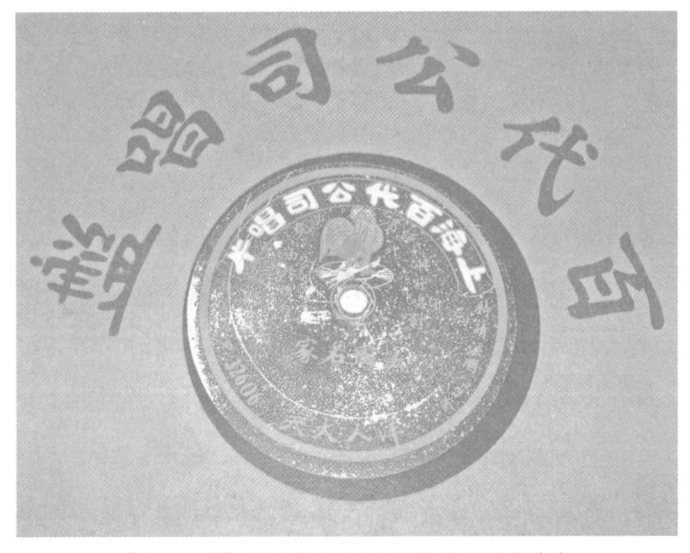

《洋人大笑》是百代公司1908年从法国引进的

推销要趁早。卖了机器，商人又忙于宣传唱片。百代公司在1926年7月的《北洋画报》上告知读者："最新唱片到津，请君速选购。"梅兰芳的《洛神》、余叔岩的《上天台》和《一捧雪》、尚小云的《春秋配》和《得意缘》等，众多名家美唱被刊登在广告中，购者、戏迷大呼过瘾。

同时，唱片的外包装以及唱片中心的标榜也很重要，如"特请京都超等名角""伶界大王梅兰芳""驰名南北第一郝寿臣""国剧宗师武生泰斗杨小楼"等文案起到了有效的推广作用。新月唱片在唱片包装上广告文言："新月唱片具有最高尚的音乐，最新颖的词曲，最著名的艺员，最优良的物质。"一些唱片公司更愿意将名角的肖像印在包装上，有声有形，备受欢迎。

唱机与唱片带来的"比戏台上唱得更响"的曲调一下子让中国人有了全新的感受，戏迷票友甚至可以足不出户过把瘾了，时髦男女甚至可以躺在沙发床上聆听洋调了。可以珍藏的美妙乐曲塑造了中国第一代音戏达人。

推销：个性与自我

难以估量的消费群体让洋商嗅到了新生活蛋糕的香气。更多唱机、唱片纷纷舶来，竞争在所难免，减价促销应运而生。各经销商在减价促销的同时还着力宣传唱机新型、曲目大增、试听免费等，有的公司不仅声称"比别家之货加响十倍""世界上无双之佳品"，还以"内廷超等供奉"所唱的京调、昆曲、梆子、时调为突出卖点，吸引顾客。最早曾将缝纫机引进中国的上海晋隆洋行在1911年7月1日的《申报》上说，他们代理的哥伦比亚唱片公司留声机与唱片“皆声音洪亮，并制之坚固，久用无伤”。

商人愿意向消费者献殷勤。比如，为保护唱片音效，新月公司曾随唱片赠送唱片油，“新月牌唱片油为护片之圣品，各牌新旧唱片用此油拭抹之，可保永不失音，片身经久耐用”。

俗话说：一招鲜，吃遍天。竞争之下，有人将目光投向了个性化服务。的确，20世纪二三十年代的新生活潮流中，人本、个性已不再被泥古禁锢。

1932年10月，上海的中国灌音公司开业时推出花费2元至8元灌录自己声音的买卖，宣称：“市上所购唱片，大都由唱片公司挽请名伶所灌，常人欲自灌其音者，甚费周折。科学日进，乃有自灌音片之贡献，中国灌音公司不惜巨资，自外洋运来最新灌音机器，可使人人有灌成个人音片之机会。”中国灌音公司担心顾客一时不好理解这尚属新鲜的理念，又进一步解释道：“无论何人，只要能说话、能奏乐、能歌唱，到本公司来灌音，费二元钱就可得着君自己声音所灌入的音片，故曰个人音片……从此以后，君能听到自己的声音和他人听君一样了。”如此理性的宣讲与时尚的诱惑果然奏效，顾客纷至沓来，愿意一试新奇。

文艺作品是时代生活的折射，周瘦鹃曾在《留声机片》中构织了让读者不免伤情的“个人唱片”的故事。说一个男青年苦苦爱恋着他的上海妹，但鸳鸯难成双。情所困，心凄凉，男青年只身远赴一处名叫“恨岛”的地方，欲为情而终，临终前的他依旧难忘红颜知己，请朋友帮他录制了一张唱片，记录下真情告白……后来，那女子每天用留声机听着他熟悉的声音，浓浓的爱随着泪一滴滴地融入了唱片的密纹里，她也郁郁而去。

“雄鸡”唱响“百代”歌

清末民初的所谓“国产唱片”一般是由外商先在中国灌音，然后在国外加工而成的，也有灌音、制作全部在国外完成，国内市场无疑是外国产品一统天下的格局。

在新生活开始萌动的光绪三十四年（1908年），法国商人拉宾萨在上海南阳桥畔（今西藏南路）创办了东方百代唱片公司。最初，百代公司经销进口唱机、唱片、电影器材等。以“百倍东山丝竹，代传南北歌词”为宗旨的百代公司，不久后购置了一套录音设备，相继请来京剧名家录音，制成唱片售卖。百代在1916年9月3日的《申报》上宣传：“留声机器，双面戏片。诸色音调，一律齐备。唱句真确，毫无虚伪。金刚钻针，不须更换。机匣华丽，物美价廉。”百代唱片很快走俏大江南北，生意兴隆。1917年，百代徐家汇建成新厂，雄鸡牌粗纹唱片面市，这也标志着中国最早的唱片生产厂由此诞生。

随着唱机、唱片的普及，更为大众化的钢针细纹唱片在20世纪20年代后开始强烈冲击着传统的贵族式的钻石针粗纹唱片，这也成为百代公司的第一次滑铁卢。1930年，英国留声机公司接手百代，“雄鸡”品牌再次翘首。曲目日新，价格更廉，听众易买，百代展开了非同凡响的营销攻势。在三四十年代，百代在大城市的销售体系已经较为完备，不仅仅是遍布大街小巷的经销商店、代售网点，就连许多时髦的电影院内也有分支，如果你对影片音乐意犹未尽的话，一般可以买到同步推出的唱片来珍藏。

百代唱片也注重现代生活，他们的欧美音乐唱片畅销各地，

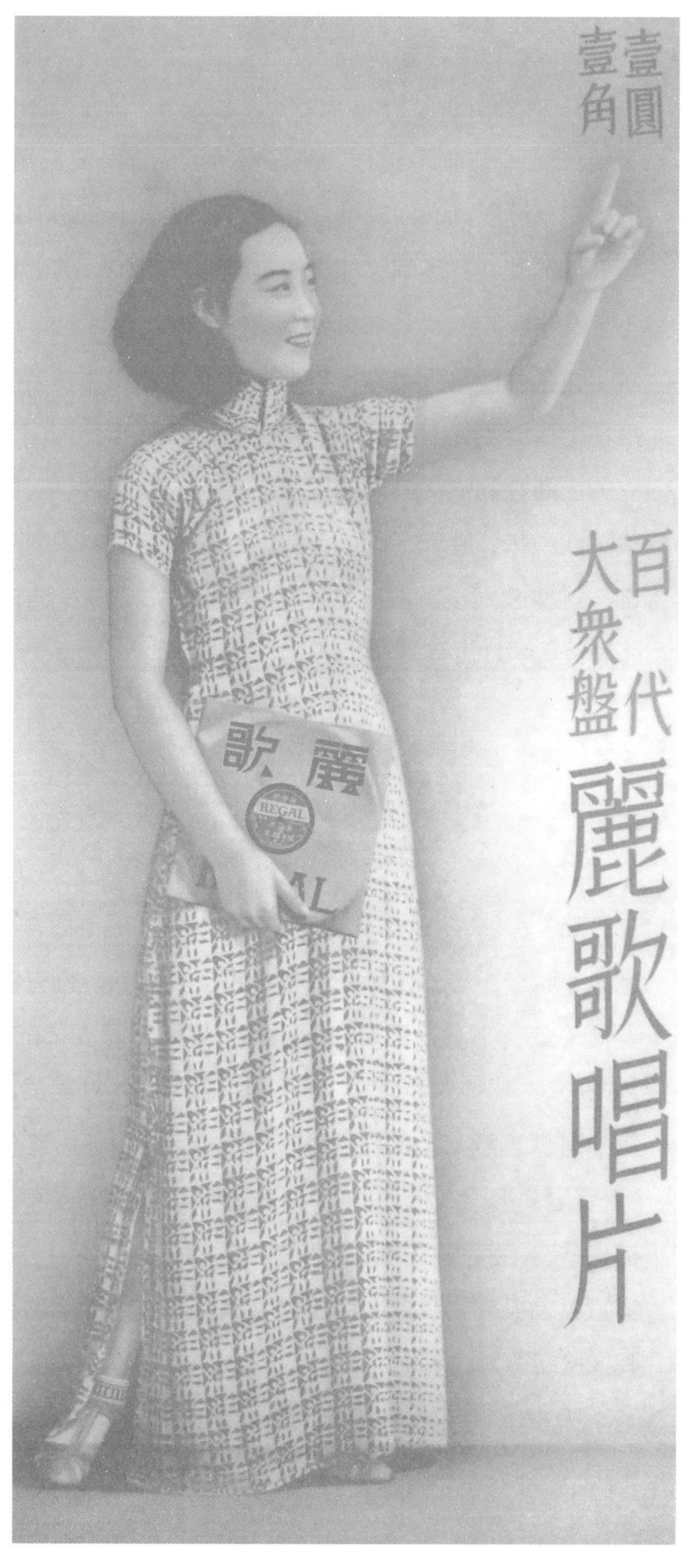

“百代”广告

公司说这些曲目："皆为男女伶人之杰作，其音节颇合宜宴会跳舞之用，悦耳宜神。"这样一张好唱片要大洋一元五角，并不便宜，但为了享受时尚有时破费些也值得。在老上海的时髦生活中，在老天津的花红舞场间，如果没有几张"百代"的唱片，那真的算不上摩登。

同在百代建新厂的1917年，由孙中山先生扶持的大中华唱片厂在上海诞生，出品双鹦鹉牌唱片。1932年，美国无线电公司设立的上海胜利唱片公司建厂投产，推出胜利牌、宝塔牌唱片。百代、大中华、胜利、国乐等实力公司奠定了中国唱片业发展的基础，这些公司至解放前共出版各种唱片8000多种，产量数百万张，百代唱片占有主导地位。

唱片上的星时代

难舍那霏霏细雨，难忘那缠绵歌声："毛毛雨，下个不停；微微风，吹个不停；微风细雨柳青青；哎哟哟，柳青青；小亲亲不要你的金；小亲亲不要你的银；奴奴呀，只要你的心；哎哟哟，你的心……"1927年的时候，黎锦晖有感西湖美景，创作了中国第一首真正意义上的流行歌曲——《毛毛雨》，歌在当时被称作"摩登歌曲"。1929年，百代公司灌录了黎锦晖爱女黎明晖演唱的这支歌，《毛毛雨》随之飘散在上海的大街小巷，一些商店还专门安置了唱机或收音机，通过喇叭扩音播放，缘此顾客倍增。黎明晖缘此红透大江南北。

20世纪30年代，时髦的流行歌曲成为唱片灌录的主要内容，类似《毛毛雨》以男女情爱为元素的歌曲备受青睐，流行音乐唱

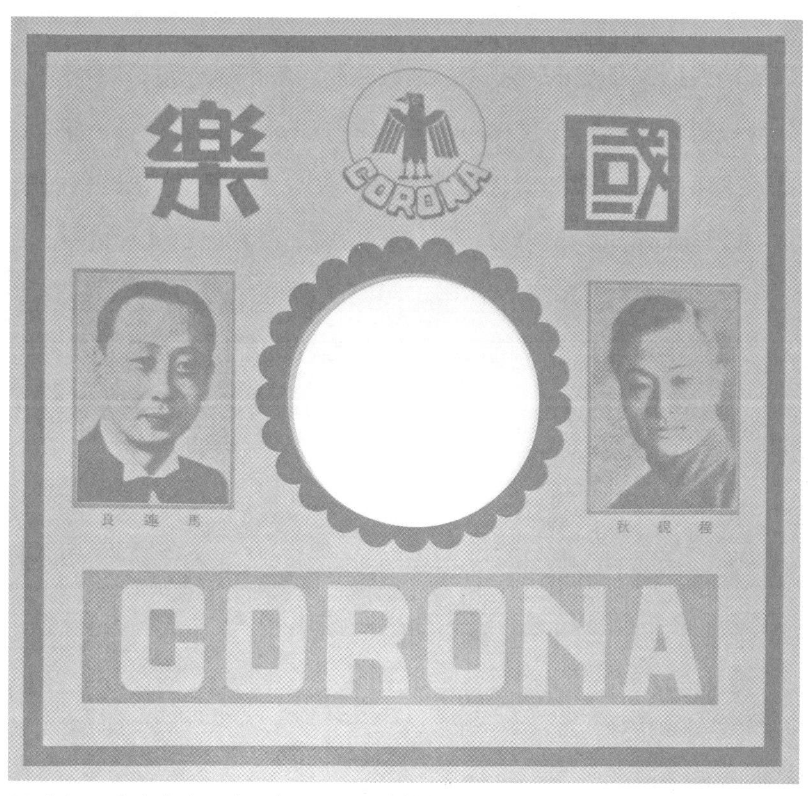

20世纪40年代上海国乐唱片公司的唱片封套上有程砚秋、马连良肖像

片炙手可热。据1934年6月的《申报》报道，百代公司乘势而上推出了《明星锦集》系列唱片，周璇、白光、白虹、李香兰、姚莉、胡蝶、胡珊、王人美、李丽莲、夏佩珍、谈瑛、陈燕燕、黎莉莉等最耀眼的电影明星的歌声被百代一一收录。与此同时，百代还策划了“谁是你所崇拜的明星”有奖销售活动，奖品有现金、唱机、唱片等，歌迷、影迷趋之若鹜。

在黎锦晖之后，黎锦光、陈歌辛、陈蝶衣等一批词曲作家奏响了中国流行歌曲的时代之声，奠定了流行歌曲在20世纪三四十年代的空前繁荣，《何日君再来》《马路天使》《四季歌》《夜来香》等诸多名曲传唱至今。

不仅仅是百代，有实力的唱片公司或企业皆以邀请明星灌录唱片为乐事，甚至不惜投入，为一些明星专门制作发行唱片，比如百代曾为周璇开出过6%的高版税。《上海百年文化史》记载，据中国唱片厂1964年登记的老上海旧唱片目录统计，流行歌曲唱片中以周璇所唱最多，其次是白虹、姚莉、龚秋霞、王人美等。

尤其需要提及的是，在当年民族危难的时刻，国内一些唱片公司也录制发行了不少抗日爱国歌曲唱片，对救国运动的开展起到了一定的作用。另外，《彩云追月》《金蛇狂舞》《翠湖春晓》等民族音乐唱片也受到追求传统唯美生活人士的广泛欢迎。

留声机、唱片点染着往昔的闲情与今天的“珍藏版”生活，它更像一杯红酒，曾醉倒过无数时尚男女。一首首老歌恰似浓情不停转，依旧飘散在时下音乐的格调世界里。

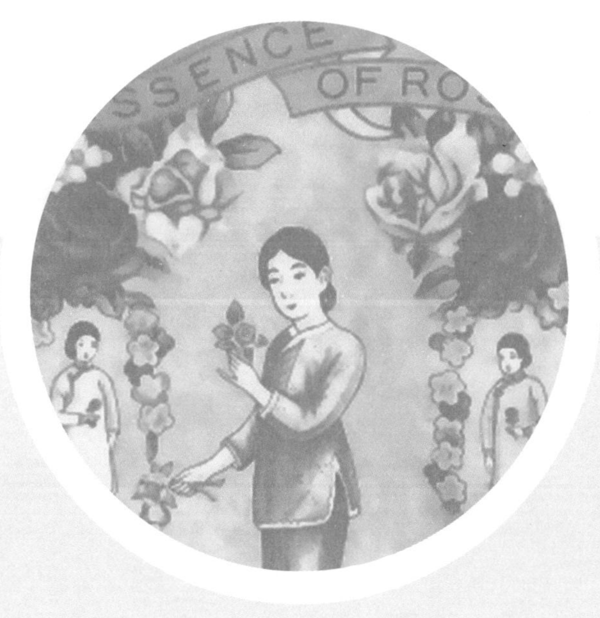

第二章

美妆遗香

看那秀发随风

当下青年的发型新潮多变，甚至一日数款，乃至光怪陆离，不足为奇。流行有时会出现一种轮回。在现代都市生活中，各种“刘海儿”、波浪发等再度成为时尚，古今中外的造型理念相互交融，可谓变化多端，美不胜收。随意束个发髻出门，逛逛街、喝喝茶、看看电影当是惬意的小日子。

然关于“身体发肤，受之父母，不敢毁伤，孝之始也”的古训似乎早已淡了，或许只有在古装影视剧里才偶尔能听到这样的台词。古人认为，头发是不可随意改变或伤害的，正是这句话，在历史上曾多次引发争论，莫衷一是，但生活总是向前。

我们说，老广告、老商标犹如梳妆的镜子，它映照着淑媛佳丽“当窗理云鬓，对镜帖花黄”的百年故事，也记录着爱与愁的似水芳华。

发髻“古董”

中国古代妇女的发式形形色色，五花八门，很难说清究竟有多少种类。参考各地文物考古成果可知，生活在五六千年前的原

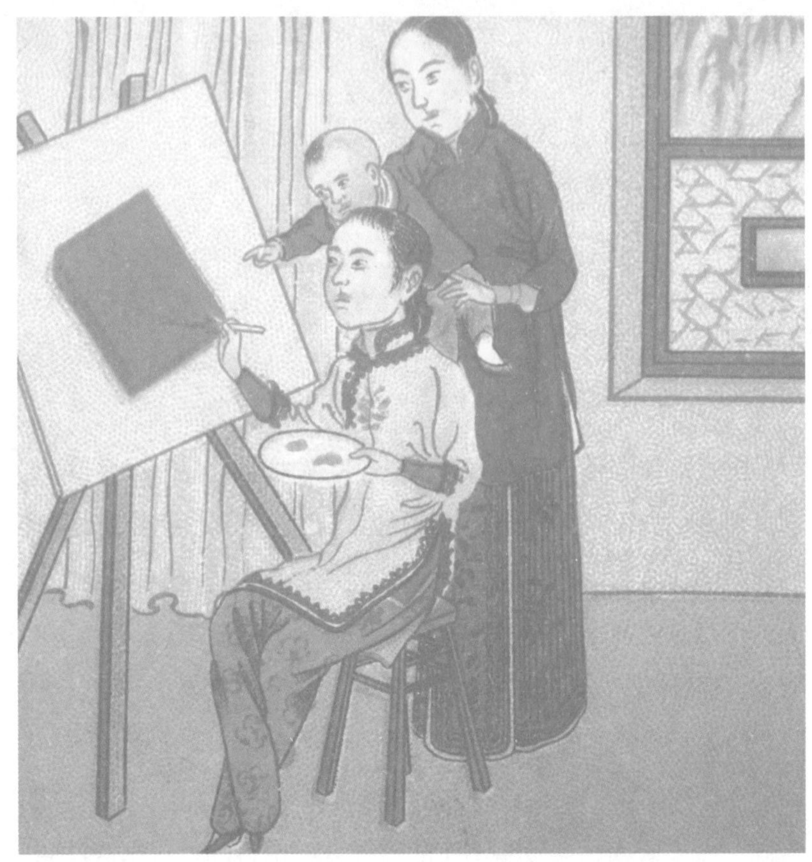

香烟牌子上可见清末女子发型

始先民们就已开始盘发成髻了。发髻是将头发归拢到一起，在头顶、头侧或脑后盘绕成髻，一直受历代汉族妇女欢迎。

段成式为唐代著名的志怪小说家，在诗词方面又与李商隐齐名。段成式著有《髻鬟品》，其中记载了不下百余种发髻花样，基本按梳、绾、鬟、结、盘、叠、鬓等变化而成，再饰以各种簪、钗、步摇、珠花等首饰。根据梳编的形式与规律，女子的发髻大致分为结鬟式、拧旋式、盘叠式、结椎式、反绾式、双挂式等类别，每一类中又有细化，不胜枚举。言此，朋友们可以欣赏海派画家胡伯祥绘制的1937年版颐中烟草公司的广告月份牌画《丽娟》图（丽娟乃汉武帝所宠爱的宫女，后泛指美女）。

老月份牌画中有一幅《黛玉葬花图》，所绘梅兰芳的扮相惟妙惟肖，那古典发型同样丝丝入扣。一直到清代末年，女性无论老幼仍旧保留着传统的发髻，特别是贵族妇女的发髻以高高盘起的云髻为最摩登，不厌其梳理过程的繁复。

时代在变，理念与流行同样在发展进步。就在朝廷岌岌可危的时局中，十里洋场的一些普通妇女的发型悄悄出现了一丝丝松动。为了便于生活与劳动，一些人开始梳成较为简单的后发髻，率先走上了冲出封建禁锢的路。清末民初，外商烟草公司为了促销，常在香烟盒中附赠小小的烟画牌子，方寸间，当年的时髦发式与服饰清晰可见。

时髦的“爱司头”

辛亥革命的成功不仅让男人们剪去了辫子，更为女人在旧礼教的缝隙中打开了全新的生活空间。1915年前后，反封建的呼声一浪高过一浪，有些地方的女子也开始剪短了头发。没过多久，这情形即出现折返，很多人又重回盘髻的发式。先是坠发髻的风光，紧随其后的是S形发髻，俗称“爱司头”。

爱司头是将秀发用发夹固定成S状，这一发型有竖（直）S形与横S形的髻，前者也称桃子髻，后者又叫如意髻。从此，爱司头风靡民国时期的上海滩，及至整个东部沿海城市。过去，真正的上海女人，无论贵如宋氏三姐妹，还是公馆人家的夫人、洋行职员的太太、石库门里的妇女，她们大都留发髻梳爱司头。

交际场上更少不了爱司头的风韵，那似乎化作了海派女人骨

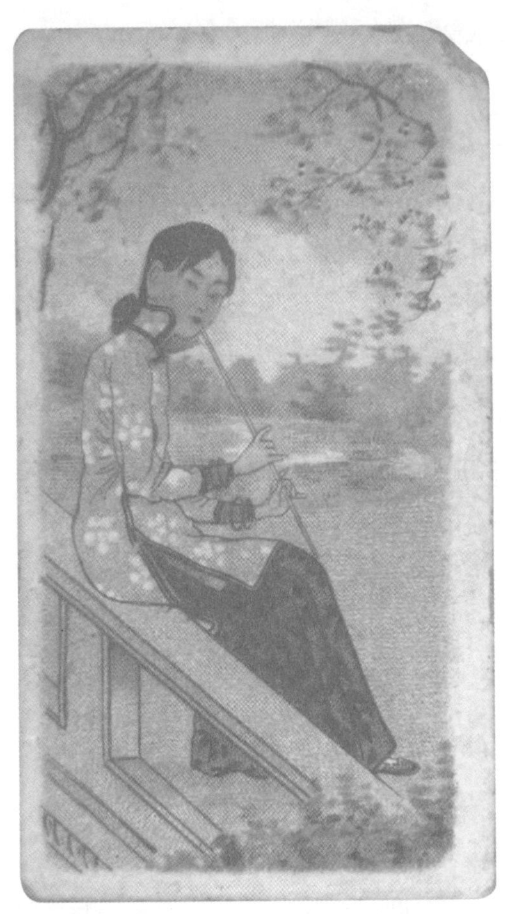
民国初年女子发式

子里散出的一种格调——昏黄的灯火中，旗袍妖娆，高跟鞋闪亮，还有一丝不乱的爱司头。有些温婉，有些故事，就像现今流行歌曲《花花大世界》中唱的那样："洋人与狗走在外滩上散步，黄包车寂静地穿过，亨得利表店隐约的算盘声，嘀嗒着时光的价钱，弹落掉老刀牌香烟的灰烬，丁香楼已换了佳人，再没人梳起时髦的爱司头，再没人约她去百乐门……"

当16岁的胡蝶再次回到上海时，中华电影学校正在招生，她去报考、圆梦。为了脱颖而出，胡蝶别出心裁地梳了一个横S发型，长坠耳环叮咚挂在耳朵上，穿着圆角短袄与长裙，还在左衣襟别了一朵大花。装扮显眼的她居然一下子就考中了。

爱司头的时尚感也曾吸引张爱玲的视线。《私语》中有段细节值得关注，张爱玲幼时看见镜子前的母亲在绿短袄上别了翡翠胸针，她便仿佛等不及自己长大，急吼吼地发誓："八岁我要梳爱司头，十岁我要穿高跟鞋，十六岁我可以吃粽子汤团，吃一切难于消化的东西。”或许有了这样的生活印记，张爱玲也就不难创作出《色·戒》了。电影中的王佳芝便时常以爱司头出镜，演绎着海派女人的万种风情。如今回望，老广告的画面同样诉说着那份格调，挥之不去。

其实，普通生活大多时候并非像电影那样活色生香，日子久了，发髻与爱司头似乎越来越缺少大的变革，这也促使一些受过新式教育的开明女子开始琢磨如何进一步改换自己的发型。

“刘海儿”美人秀

电视剧《橘子红了》中不仅有香艳旗袍，也有那些“土气”的传统装扮。君不见，刺绣、“刘海儿”发型、长裙，甚至一把油布伞，都成了剧中的亮点，引发了观众的赞叹。周迅饰演的秀禾梳的“前刘海儿”就很出彩。

自清末民初，年轻女子除了保留髻式老样发型外，在额前又多留出了一绺短发，俗称“前刘海儿”，从此，这一发型就一直成为许多女子的最爱。如若追根溯源，大抵在古代雏发覆额的造型中可找到它的影子。也有人说，前刘海儿在江南的风光始于1920年前后的上海，当时的青楼女子为了标新立异引起别人的注意，除了在脑后梳髻之外，特意在额前留出一簇头发，并精心梳理，此后很快在各阶层妇女中流传开来。

前刘海儿最显著的特点是前额的一绺短发，爱美的心理也将它不断变化着，以至于出现了一字式、垂钓式、燕尾式、满天星式等，魅力各异，这在广告故纸的画面中皆有所展现。

所谓一字式就是在额前留出长约2寸的头发，一般长及眉毛，剪齐，孩童多爱留此样，又称“童花头”。垂钓式也叫垂丝式，是将额发剪成半个椭圆形，好似新月垂挂在眉宇间。最初，垂钓式的前刘海儿是比较短的，后来逐渐加长，它尤其受到烟花女子的喜欢，近代侠妓小凤仙就青睐过这样的造型。燕尾式呢？大致出现在辛亥革命前后。额发与鬓发合一，将额发从中间分开，然后弯成弧月形，再分别归拢于耳后，两边半月形额发像是燕子的尾巴。

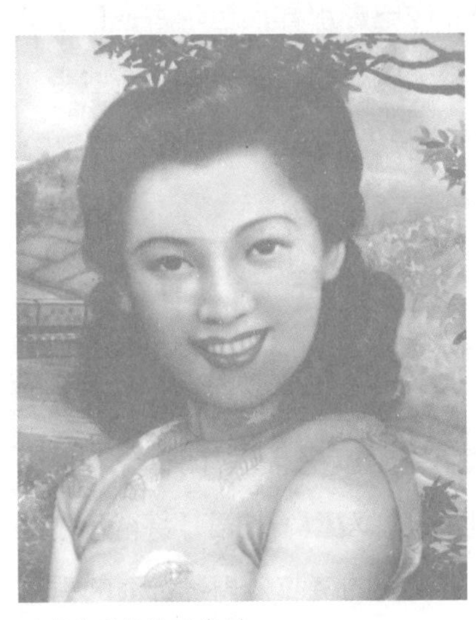
时尚女子的海派发型

又有传说，此发型早先在日本很流行，后来传到中国沿海，所以这种斜式的刘海儿又被称为“东洋式刘海儿”。再有，民国初年曾一度流行极短的刘海儿，远远看去，若有若无，俗称“满天星”，但流行并不广泛。前刘海儿各式各样，美韵纷呈，因此又有了“美人髦”的雅称。

古典美会有很强的时空穿越力，我们发现在百年后的今天，刘海儿发型不是依旧很时髦吗？

剪发起风波

辛亥革命以后新风劲吹，女子头上的发髻也散落了。文人朱文炳在1913年版的《海上光复竹枝词》中有道：“人人发样最难齐，或仿东洋或仿西；还有一股朝后刷，自夸我不落恒蹊。”当时，有些爱美的姑娘在脑后梳起了一条大辫子，旋即引发流行，尤其受到女学生的青睐。她们进而在这简朴的发式上又翻出了花样，比如在辫梢上编入辫穗（由各色丝绸、丝线做成），长长地垂在身后，既漂亮又灵动。

五四运动以来，随着民主与科学思潮的传入，一些知识女性开始接受启蒙，活得更加自我。在1921年的四川，陈竹影、李倩芸、秦德君三名女学生为了打理方便，毅然结伴剪短了头发，并加以倡导，此举在巴蜀引发反响，渐有随从响应。事有波折，当年7月，北洋政府成都警察厅发布了《严禁妇女再剪发》的告示，通令："近日妇女每多剪发齐眉，并梳拿破仑、华盛顿等头式，实属有伤风俗，应予以禁止，以挽颓风……如敢固违，定以妇女坐法并处罚家长。"一时间剪发成了社会问题，街巷议论纷纷。

20年代中期，或许是受到西方电影的影响，剪发风开始在女界兴起，率先尝试的是电影、戏曲演员，还有部分必须要赶时髦的交际花。其实，所谓的剪短头发不完全等同于现代意义上的短发，只是相对旧有的长发而言。那时，即便是剪短的头发也大致要到肩膀位置。与此同时，城市中的发饰也逐渐多了起来，剪过发的女子爱用缎带、发箍把头发束起来。女学生由于每天早上梳编长发辫要花费时间，所以她们中的一些人也加入了剪发的阵营中。阴丹士林布老广告中清纯女孩的短发正是当年的时尚线索。

封建保守思想的褪去并非一朝一夕的事情，在泥古的卫道士眼中，女子剪发是失节的反传统的事，岂能任由发展。1927年前后，广州女学生中也在流行剪发，当时有一则新闻报道说，一女生爱美，偷偷将辫子剪去了，没想到引起了父母的震怒与哀号。家长将那发辫放在祖先牌位前，责令孩子深刻请罪。同一时期，天津政府也发布了禁止女子剪发的条例，一些女子的遭遇与那广州女孩大致相同。这一时期，报纸上关于女子剪发的文章与讨论比比皆是，公说公有理，婆说婆有理，针锋相对。尽管如此，时代仍在前行。

有了波浪才动感

20世纪20年代末到40年代，波浪卷发曾流行于沿海城市，这从电影《金陵十三钗》中女主角玉墨的发型可见；从老上海影星胡蝶、阮玲玉、袁美云等人的旧影里可感；从月份牌上活色生香的洋装美女图间可知。再配上色彩明艳的奢华旗袍，她们怎不楚楚动人呢。

是好莱坞电影向东袭来的热浪吹乱了女人的发型，撩动起女人的时尚心思。虽然早在20年代初就有外国人在上海租界引进了西洋电烫机，但敢率先吃螃蟹的华人女子毕竟是少数，一是价格贵（20元大洋左右），二是需要勇气，几十条电线连到头上好比受刑。30年代初电烫风行起来，导演是谁？上海影星。好莱坞一直是她们的梦，波浪发大有趋同之感。

电烫虽然有点可怕，但爱美有时也需要一点点挑战或付出，这便有了女子们的趋之若鹜，她们为脱掉封建的帽子又迈出了坚实的一步。30年代烫发的发型还比较短，从额前到脑后纵向烫出波浪来，浪花不大，密密地一波挨着一波，此乃当时欧美较为流行的样子。小卷烫发也在流行，那卷发贴着脸颊而下，显得柔美动人，不少明星，乃至张爱玲都钟爱小卷发。

时尚的演进与发展很快，转眼迈入40年代，卷发样式也多了起来。有人把头发做成一个个香蕉状螺旋式的，垂挂在脑后。有人在额前反翘一下，脑后则做成大波浪样。有人是脑前、脑顶不烫，脑后部分则烫成一圈反翘式的。还有人将满头的头发烫成一个个小圆圈，然后再梳直。可谓百态千姿竞风流。

不仅如此，女子染发也出现了。或羡慕金发碧眼的美丽，或觉得黑发不够活泼，于是就悄悄尝试起了染发，也能换一换爱美的心情。她们发现，适当的色彩会让自己的脸色看起来娇柔粉嫩，整个人也更有动感和光彩了。

其实，自1934年开始以礼义廉耻为中心思想的新生活运动以来，南京

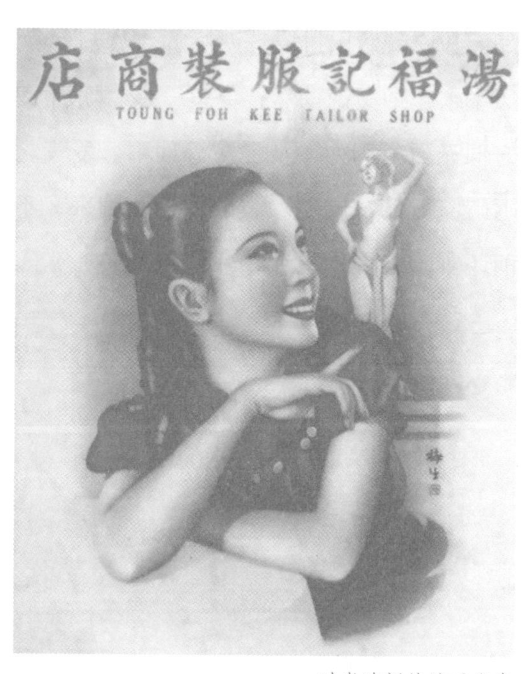

时尚清新的脑后卷发

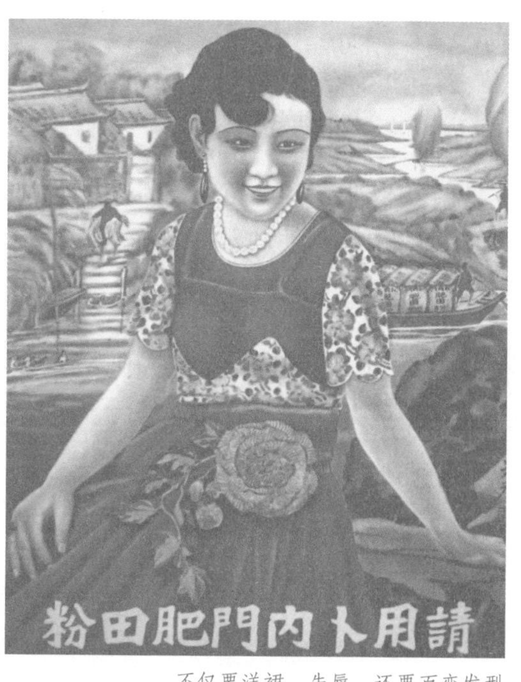

不仅要洋裙、朱唇，还要百变发型

国民政府就发出过措辞严厉的《禁妇女烫发，以重卫生》的通电。风生水起中舆论哗然，莫衷一是。随着1937年抗战全面爆发，官方似无更多精力顾及烫发等琐事。爱美之心，人皆有之，谁又能阻碍流行的发展呢。波浪发卷土重来，不少城市烫发的女子比从前还多，这情形直到40年代末。

女人的尤物是唇彩

中国女子妆容有着古老的历史，久有“女为悦己容”之说。近代中国开埠以前，我们传统的土产化妆品大致仅有粉、黛、脂、香等几样。粉，古人云“敷面者也”，它的原料以碳酸铅为主，古人掌握烧铅锡制粉的方法。黛，就是青黑色颜料，古代女子以此来画眉，当然也有用去皮的柳条枝烧成炭当眉笔用的，且流传许久。脂，俗称胭脂，古人常用红色兰花的汁露凝结做脂。香，香粉、香水、香蜜油皆在其列。

从老粉黛说到洋品牌

在漫长的封建闺阁岁月里，女人们是很少出门的，即便外出，所携带的亦多为小包袱，里面不过是一些随身细软与上述化妆品。随着近代中国沿海的开埠，清末民初的情形就大不一样了，进口化妆品闯了进来，洋货的香气让我们的传统化妆品质量较低、品种较少的劣势愈加凸显。有钱的女子们的目光开始转向了新奇。比如，时髦女子也同时用上了洋皮夹、洋手袋等，里面尽是些美妆之物，木梳、镜子、香粉纸、胭脂盒、口红等，中外土洋，不

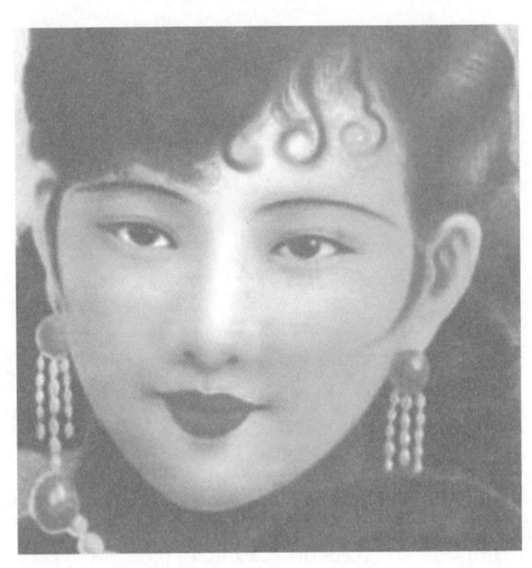
月份牌广告上的朱唇美人

厌琐碎。

此后，进口化妆品与中上流女人们展开了最亲密的最火热的“香吻”，尽管是在半封建半殖民地环境中。及至二三十年后，像当时的蜜丝佛陀、伊丽莎白雅顿等外国名品，不论是在上海先施、永安等百货公司，还是其他城市的街头小杂货店里，差不多都可以买到。值得一提的是，媒体紧随时风，也在大肆推波助澜。在读者如云的上海《申报》上，化妆品广告无论从数量上，还是从设计上，皆可堪称一流，悄然扮演着女性时尚生活领导者的角色。

1930年4月20日的《申报》上有“蔻丹”修指美甲用品的广告。画面中，纤纤玉指在右侧，用了黑底反白的效果，更突出了白润感；左边的文字称：“欲显手之天然美，唯有时时用蔻丹。”广告上还附着一小块“剪角”，欢迎领取试用装。再如1937年间，“面丽”“面友”接连在《申报》发布广告。有一则渐进式的广告挺有趣：一女子脸上最初多斑痘，三天、七天、半个月，脸庞一点点在变白变润，及至一个月，这女子简直就换了一副模样，佳丽跃然纸上。

广告自有诱惑力，沿海城市女子不乏趋之若鹜跟风者，但就像当年的歌谣所说：“人人都学上海样，学来学去难学像；等到学了三分像，上海早已翻花样。”

浓妆淡抹爱口红

口红、唇彩好似时尚女人的半条命。1870年的时候，法国“娇兰”发明了世界上第一支管状口红，且可以替换内芯，且为它取了个煽情的名字——勿忘我。那时，虽然中国女子还依旧用着老式的“口脂”，但随着近代中国沿海城市的开放，洋口红已经悄悄地舶来了……

1934年，在宋美龄的倡导下，新生活运动率先在南昌发起，很快轰轰烈烈地影响到沿海城市，上海、南京也成为这场运动的核心区。新生活运动中的都市女子更加时髦，对于美妆，对于国外新潮化妆品的热情与日俱增。以南京为例，当时许多洋行都代理销售各种化妆品，雪花膏、香水、口红、指甲油、发胶等，琳琅满目。夏士莲雪花膏、巴黎素兰霜、西蒙香粉蜜、司丹康美发霜、培根洗发香脂水、李施德林牙膏、黑人牙膏、力士香皂、施克勒洗浴香水、古龙香水等，无不吸引着时尚一族的目光。

一款进口品牌的口红是很金贵的，绝大多数属于奢侈品的范畴，可谓时尚中的摩登品。1935年，兰蔻牌法兰西玫瑰唇膏诞生了，它那粉红色膏体散发着天然的保加利亚野玫瑰的香气，梦幻的动人的它或许有玫瑰吻上你的唇的醉意。在接踵而至的1936年，世界上第一款无须盖子的唇膏——娇兰牌轻触唇膏问世了，只需轻轻一指便可打开，方便至极。这些妙品都在第一时间越洋来到中国。再有，来自美国的Tangee唇膏也很俏销，它以大众女性为主，当然也有精美奢华的不同色彩的系列套装。20世纪40年代初，Tangee品牌的广告语道出了口红的神奇力量——可以让女人拥有一副勇敢的面孔。不知这句话曾激荡过多少女人的心呢？以至于它迅速成为上海、南京、天津等地上流女子坤包里的必备之物。

说到民国女子妆容有一种比较特殊的现象，就是大城市里上新学的女学生也成为化妆品的消费主力。早在1922年，北京《晨报》副刊上便有一篇文章说："北京某学校的女学生，自修室的桌上，雪花膏花露水的数目竟比钢笔和墨水瓶的数目要多两倍！"1929年的天津《大公报》上又有表述，说一些学生妹除了抹红涂白之外，还要剃眉毛、涂口红，以至于梳洗房的镜子都不够用了。尽管舆论四起，有人依旧浓妆淡抹，有人照样素面朝天。爱美的路还是各走各的好。

张爱玲的口红

有关研究表明，人与人之间互视容貌是按照眼睛、口唇、面部轮廓、鼻子、下巴、耳朵的顺序依次进行的。仅次于眼睛的口唇之重要由此可见一斑。俗话说：神在双眸，情在口唇。传世经典《蒙娜丽莎》中的口唇表现可谓淋漓尽致，达·芬奇在此细节上的用功甚至超出了眼部的绘制。口唇之于情感，堪称面容的魅力焦点所在。

中国女子美妆饰唇有着悠久的历史，形色各异，百媚千姿。进入民国时期，西方现代的棒式口红传入中国，浪漫女子竞相追风趋时。风华绝代的才女张爱玲又何尝不是呢？张爱玲爱上口红的那一年，她9岁，早熟的豆蔻年华。

张爱玲3岁开始背诵唐诗，6岁入私塾，在识文习书的同时，开始写小说。后来，她在《流言》中提起过最初投稿的故事。9岁的她画了一张画寄给上海《新闻报》，同时附信写道：“前天我看到编辑室的启事，我想起我在杭州的日记来，所以寄给你们看看，不知你们可嫌它太长了不？我常常喜欢画画子，可是不像你们报上那天登的孙中山的儿子那一流的画子，是娃娃古装的人，喜欢填颜色，你们如果要我就寄给你们看看。”很快，张爱玲如愿以偿，并第一次拿到5元钱稿费。她没有听从大人们“应当买本字典做纪念”的建议，而是跑到商店买来一支口红。如此特立独行或许应了一句话——少女天生爱做梦。有人说，她想用这支口红来为苍白的童年增加一点亮色。

张爱玲一生都对口红情有独钟，她喜欢色泽浓烈鲜艳的颜色，与白皙的皮肤相得益彰。周芬伶在《哀与伤——张爱玲评传》一书中首次披露了张爱玲的一些遗物，包括化妆品、各种时装、鞋子等，以及珍贵的手稿。化妆品中最多的就是口红，“CD”的几款经典口红是她常用的。另外，张爱玲的时装中有香奈尔风格的圆领大衣，有驼色系腰带的别致大衣。那改良连衣裙是象牙白色的，有典雅的俄罗斯风格，而蓝底白条的连衣裙更像学生服。此外，张爱玲当然少不了众多中国古典韵味的服装，如一件孔雀蓝镶金线的上衣好似现今流行的印巴风格服装。

大红大紫“白玉霜”

辛亥革命后，封建枷锁渐次打开，新生活风气越来越影响着中国沿海发达城市的女人们，比如，中上流女子对化妆护肤越发讲究起来，她们继续使用传统香品之外，也爱用现代西式面霜，像白玉霜、白梅霜、蝶霜等，以及白玉霜香皂、檀香皂、花露水香皂、力士香皂等，它们在民国时期都是响当当的名品。

香肌玉肤佳品

白玉霜实为舶来品，肇始于1846年的美国。纽约的一名药剂师研制出以药草金缕梅为主要成分的护肤品，从而揭开了“旁氏”品牌的序幕。此后1907年左右，旁氏公司的化学家相继开发出雪花霜、冷霜配方，并形成商业化，为现代护肤品发展奠定了基础。金缕梅，中国人也称之为忍冬花，它早春迎雪绽放，样子似蜡梅。金缕梅中含柔敏因子，可舒缓肌肤，有助代谢，调节水油平衡，还有抗菌、美白、抗衰老的保健效果。

辛亥革命后不久，旁氏白玉霜率先登陆中国上海市场，由怡昌洋行（法租界天主堂街）总经销。最初，白玉霜的广告还是比

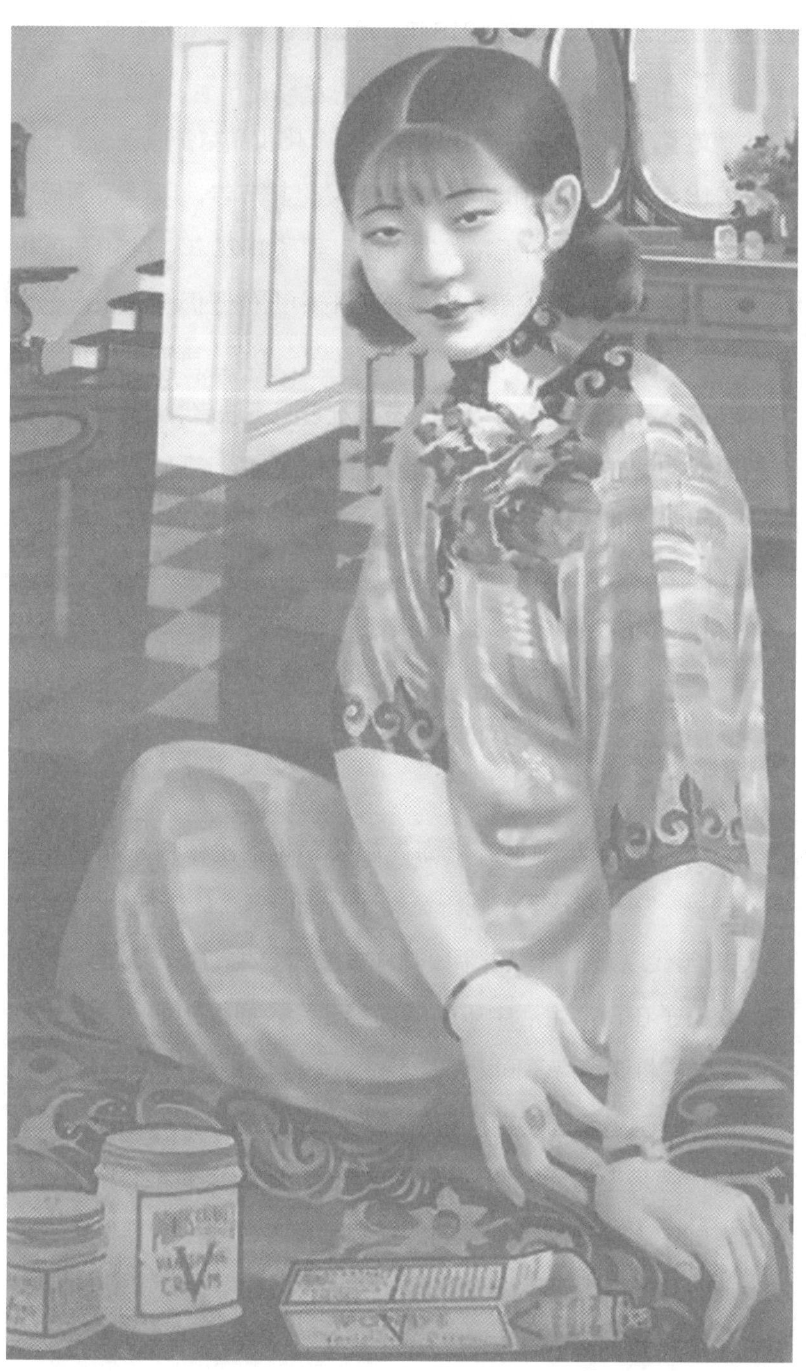

旁氏白玉霜的月份牌广告画

较中规中矩的貌相，如在1916年5月27日的《新闻报》上，标题称“清芬洁白，最有价值，妆饰奇品，冬夏合用”，接下来是一大段自夸文字，相随的图片很小，仅见一个化妆品霜膏瓶子。

1918年11月11日的同一报纸上又见其广告，以“美颜粉之最特色驰名莫如旁氏白玉霜”为标榜。到了1920年4月19日的报纸广告已稍显设计形式美，广告画面的中上位置仍画一霜瓶，左右文字云“美丽容貌之简法；保卫皮肤第一功”。画面下方用推销词构成了一菱形框，文曰“欲风流文雅香肌玉肤者，当朝夕梳洗，以指尖敷匀旁氏白玉霜，芬芳凉快，物质香润，颜色洁白，不含粉屑，油蜜真高尚品也”，菱形框中心横排两行字，注明经销商名称及“各洋杂货店、药房均有出售”字样。

广告接二连三

大致在1917年前后，上海先施公司也推出了白玉霜等化妆品，竞争 “市场蛋糕”。同行竞销让旁氏白玉霜广告加大了马力，进入20年代以来，其广告手段与样式变得更生动多样，且紧紧抓住大众女子在日常生活中乐用的场景元素，显得接地气，与别家同品广告主打明星牌不同。

月份牌画是民国时期广告的重头戏。旁氏白玉霜推出的1931年版月份牌是上海名家谢之光的作品，为夏装半袖洋面料旗袍美人图，画中人身处高级别墅内的梳妆台前，侧身坐在沙发上，沙发上放着几样白玉霜。细看发现，当时的白玉霜除了常规的瓶装，也有了软管装。美人图左右为新年年历，下端是广告文字，文末特别提示顾客“赐顾时务请认明罐贴必印有一红V字母方是真货”。这从一个侧面或许说明当时已出现冒牌货。

旁氏白玉霜在1934年第99期上海《良友》画报上发出连环画式广告，画中表现一对小夫妻坐车外出游玩，途中夫君关心地问太太：“今天风这样大，你的皮肤会受伤吗?”太太说：“不碍事，因为我抹了旁氏白玉霜，所以不怕风吹日晒。”归来后，太太面容安然无恙，然丈夫因没用白玉霜而被吹伤了皮肤。于是，太太劝说以后二人一起用白玉霜。该广告右下角还附“样子券”，剪下填好地址寄回即可获白玉霜试用装。

女性顾客当然是化妆品消费主流，但白玉霜不忘拉入男性，此招儿有上述其一便有其二。在1936年、1937年的上海《申报》广告中常见旁氏白玉霜的“玉容娇艳愿郎效之”等语句，以及夫妻恩爱家居生活图，这都是在暗示和谐生活源自什么——白玉霜，同时潜移默化引导男性消费。

明星大红大紫

20世纪二三十年代，以旁氏白玉霜为代表的大众护肤品畅销南北，其“衍生品”白玉霜香皂也紧随时风上市。言此，民间艺坛另有故事，与评剧大师白玉霜有关。话说30年代，白玉霜在京津地区红得发紫，“评剧皇后”的美誉家喻户晓。1934年白玉霜到上海，她很快结识了一些富商，有人为她出谋划策，用“白玉霜”三字先推出香皂，意在通过炒作用时髦商品先期拉动明星效应。

香皂很快面市，皂体长圆白润，外包装也很时髦，上面印着一个貌似白玉霜的美女图。商人脑子鬼灵精，广告与香皂形影相随，戏迷们还没看戏就已晓得了白玉霜之名。白玉霜香皂一炮走

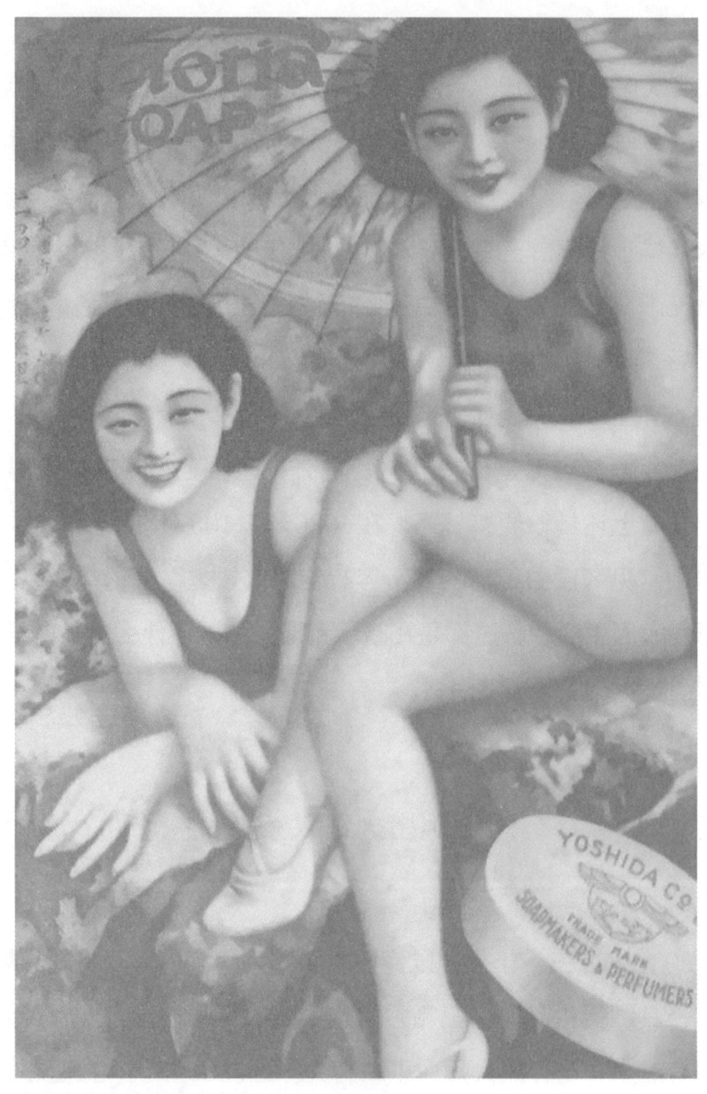

吉田久厂白玉霜香皂广告

红，成为供不应求的时尚俏货，白玉霜的演出也是场场爆满，她在十里洋场红透半边天。

这段往事也出现在早年的传统相声《学评戏》中。相声中说到评戏的前身叫蹦蹦戏，随着文艺的进步发展，与过去相比有了很大改观，逗哏、捧哏道：

甲：后来白玉霜一出来好啦。

乙：白玉霜那调子唱得好听。

甲：美！优雅。

乙：啊！

甲：白玉霜嘛！那谁都喜欢。

乙：啊！

甲：白玉霜。

乙：白玉霜。

甲：是吧！“白玉霜”据说比“力士香皂”还好。

乙：啊！胰子！

甲：香皂。

乙：什么香皂啊？

甲：香皂也有白玉霜。

乙：白玉霜是演员哪。

甲：名演员。

乙：哎！艺名叫白玉霜。

甲：白玉霜那调子就好了。

乙：是啊！

1956年经侯宝林加工整理，《学评戏》改名《三棒鼓》，同年下半年中央广播说唱团侯宝林、郭启儒首演《三棒鼓》并录音广播，且成为保留节目。

跟风品齐上市

一样商品俏销获利，同行跟风效仿，乃市场经济的常见现象，民国时期自然也有他家生产白玉霜香皂，照样重广告重推销。比如日商吉田久号香皂厂的白玉霜香皂，巧借上海名画家杭穉英所绘的旗袍美女打高尔夫球图、泳装美女消闲图等，然后重新装饰了花式边框，在画面一角添上香皂与包装图，并印上“真正白玉霜香皂”等字样。此香皂曾由大连仁昌德洋行总经销。

以天津造胰公司（1905年10月开办）为先锋，老天津日化产品技术发达。早年，天津中昌香皂厂出品有龙门牌白玉霜香皂，其他一些厂商也有爱美牌、双凤牌、花牌、顺风牌白玉霜香皂推出。白玉霜香皂一直流行于民间，民众爱用，直到改革开放前后，天津市回民化学厂、长治市回民化学厂皆产茉莉牌白玉霜香皂，二者从品名到包装几乎一模一样，外包装清新雅致，盒面上湖绿色与白色相间，衬托着一束雅致的茉莉花，也算趣事。

香皂也有老故事

西方人使用类似肥皂的清洁品素有历史，可追溯到四千年前的古希腊时代。说到现代意义上的香皂，我们要提及“高露洁”品牌。1806年的时候，威廉·高露洁在纽约开办了一家较有规模的香皂公司，产品受到顾客欢迎。后来，B. J. Johnson公司采用植物油、棕榈油、橄榄油制造香皂，产品一上市引起轰动，以至于后来公司干脆更名为棕榄公司。

“洋夷皂”来了

清末，西方制皂技术传入中国，“洋夷皂”进入沿海开放城市。开始，进口肥皂、香皂大多为外国人和侨民使用，到被中国百姓接受，过程大致历经了一二十年的时间。英国、日本、德国等外商洋行的竭力促销让肥皂、香皂风靡一时，进而成为中上流女子追求美的一种时髦消费。

光绪三十年（1904年），中国自己的第一家肥皂厂——南阳皂烛厂在上海创立，他们出品的兰花皂很快行销各地，并出口到东南亚。光绪三十四年（1908年），德国商人在上海徐家汇创设了固本肥皂厂，开始生产各种香皂。这种香皂以茉莉花香为主，并伴以玫瑰香气，清香诱人，价廉物美，很快赢得了摩登女子的欢迎，销路甚佳。该厂还出品有檀香皂，其配料贵重、考究，曾被誉为“固本”香皂之冠，一直畅销南北各地，颇受市场欢迎。1915年，陈志廉创办的华丰香皂厂开业，出品有麒麟牌香皂。

女星最爱“白富美”

力士牌（LUX）美容香皂素来是时尚女子的最爱。美国与荷兰商人合资的联合利华公司早在1911年前后就已跻身包括香港在内的远东市场，并在日本设立了制皂厂，部分产品销往中国。随着五四运动、五卅运动的浪潮，日货遭到抵制，联合利华不得不改弦更张，又欲重新打造一个品牌，以期更好地赢得市场。联合

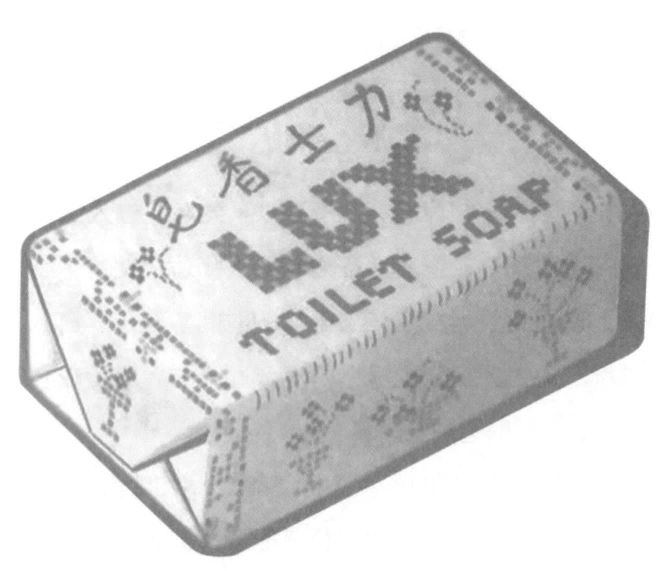

力士香皂老包装

利华于1923年在中国注册成立了子公司，经过一番筹备，在1925年投产，他们将目光率先锁定了我国沿海大城市。

时尚就像都市生命中最具活力的细胞，爱美、洁肤、护肤，城市女人将此视为一种自我表现的品质，她们追逐着阳光的新生活。商人聪明，联合利华想到了“阳光”二字。“力士”在拉丁语中就是阳光的意思，力士要给时尚女性健康靓丽的肤色。是的，阳光赋予了生命，没有人愿意拒绝。

大上海是制造明星的地方，佳丽们的光鲜会迅速感染南北城市的时尚空气。力士选择了女明星代言，且秀得“死去活来”。

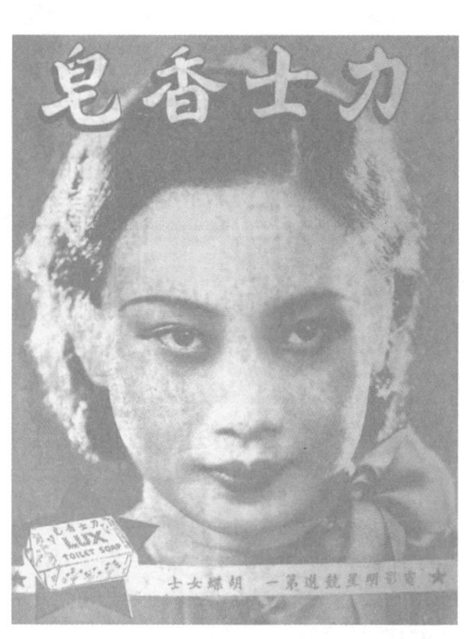

影星胡蝶堪称白金级代言人

1931年，影星胡蝶主演了《歌女红牡丹》，一举成名。此后，她在1933年又高票当选了电影皇后。这一切都没有逃过利华公司的视线，他们认为胡蝶的外形、气质与力士香皂简直就是天作之合，千金不易得。于是，胡蝶手拿力士香皂的广告很快应运而生。广告上的胡蝶低眉温婉，大气盈盈，魅力难挡。随着报刊广告、招贴广告的铺天盖地之势，香皂销量扶摇直上，传为业界佳话。

从胡蝶开始，当红的女明星阮玲玉、徐来、陈燕燕、袁美云、黎莉莉、王人美、徐素贞等统统爱上了“阳光”。

1933年的电影女星评选活动之后，人们随即看到了报纸、画

力士香皂氣味芬芳
瑩潔如玉誠化粧品
之上選也
袁美雲

影星袁美云手迹

册上的广告：10颗五角星中镶嵌着10位获奖女星的玉照，引领她们的是一颗最大的星，星中是闪亮的力士香皂。不是吗？星光四射，力士惊城。一个新的品牌一夜之间改变了时尚的风向，引人瞩目。广告中的阮玲玉说：力士香皂以上等的质料，售中等价钱，是值得赞许和介绍的。袁美云说："力士香皂气味芬芳，莹洁如玉，诚化妆品之上选也。"徐来说："力士香皂洁白可爱，香气袭人，用后确有使皮肤光滑的功能。"范雪朋更直接道："力士是香皂中的明星，故明星尤乐用之。""阳光"借着星光，让城市女人的护肤习惯变得越来越成熟，越来越时尚。

不仅如此，在20世纪三四十年代，国产美丽牌香皂、裕华牌硼酸浴皂、银星牌香皂、新华牌香皂等也较为知名。有的厂商却在跟风设牌，于是便有了女士牌、洁士牌香皂之类竞相分享市场的"蛋糕"，哪怕是一小口。

超然物外有檀香

历史悠久的檀香皂曾是我国出口量最大的香皂品种。檀香皂的故事早在清末的宫廷生活中便已上演，且得到慈禧太后和光绪皇帝的青睐。

宫廷御医们在传统香皂的工艺、配方基础上，又在原料中添加了适量的檀香、排香草、广陵香等。这类香料香气浓烈，皇子皇孙、三宫六院七十二妃们用此香皂洗涤，不仅可以滋养舒缓肌肤，重要的是那香气慢慢渗入皮肤表层，会留下清雅的芬芳，持久不散，且具有一定的杀菌保健效果。一时间，檀香皂成为清宫的骄傲，也成为对外赏赐的珍贵礼品。

说到近现代中国檀香皂，我们需要提及上海中央香皂厂。该厂早在民国初年就致力于民族国货生产，当时的伉俪牌香皂已经比较知名了。香皂采用精致的铁盒包装，铁盒面上印有一对幸福伉俪，盒内附有一纸说明书，其文字大致可回眸岁月往事：“本厂

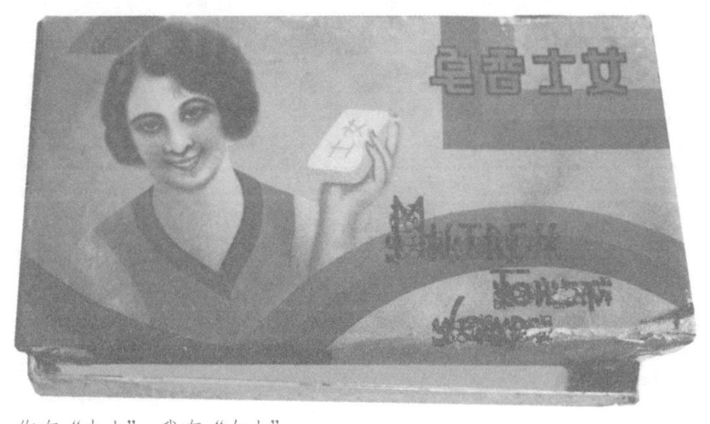

你有“力士”，我有“女士”

鉴于洋货充斥，利权外溢日甚，有鉴于斯，招募华股建设工厂于上海岳州路，并聘华人技师精选上等材料，采取高贵香精，按最新科技方法精制伉俪牌铁盒桂花香皂，货质之纯粹坚洁耐用，香气之芬芳而能持久，诚国货香皂中之上品。承蒙惠顾祈认本厂伉俪牌标记，幸勿致误。”

随着中国制皂业的发展，新时代的极具东方风韵的檀香皂于1928年重新在中央香皂厂诞生。当时，该厂生产有中央牌、蜂花牌、佛手牌檀香皂，其中以“蜂花”最为知名。它用料十分考究，采用高级的动物、植物油脂，配合高级复合香料，以天然的檀香、木香为基调，同时隐蕴着茉莉花香和柑橘果香，典雅浓郁。它性质温和，泡沫适中，深得民国时尚女子的欢迎，日渐流行，就连月份牌广告画上的旗袍美女手中也轻轻托着檀香皂，香艳十足。另外，缘于檀香的独特气息与内涵，时尚淑媛也常常把它放在一

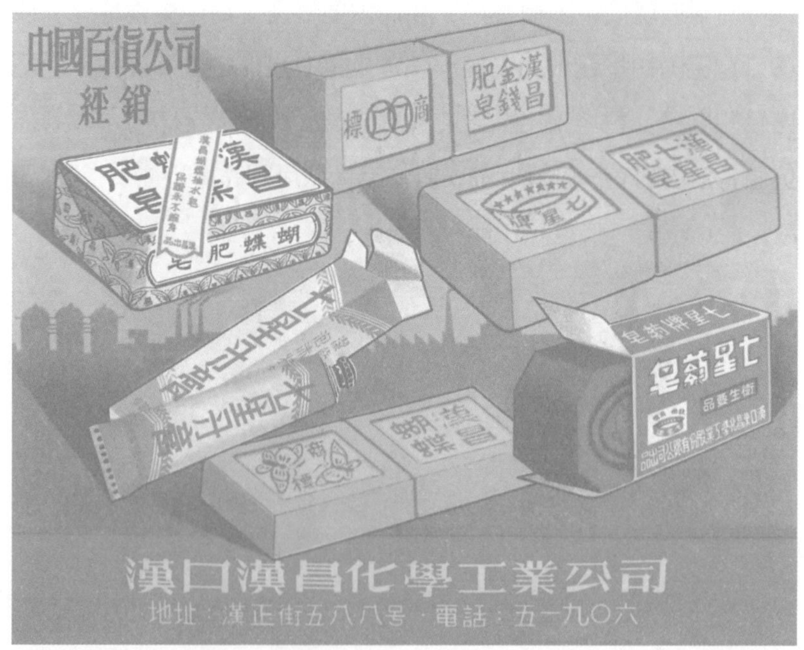

20世纪50年代的肥皂、药皂广告

些庄重场合或清静居室，以寻求一种超然物外的感受。在她们心目中，一块檀香皂哪怕是放在衣柜里，也不失为熏衣的佳品。

肥皂药皂最走俏

新中国成立后，虽然国民经济还比较困难，但各地厂商因地制宜结合生产实际也在不断开发香皂、药皂、肥皂新品种。据《上海轻工业志》记载，当地制皂业在1951年的花色品种已达到36种。1956年投产的天鹅牌香皂选用高级牛油、羊油、椰子油等为主料，配入天然白兰花香精与护肤成分，皂性温和，成为具有美容护肤功效并特别适合女性和婴儿使用的高档香皂。此后，玉叶牌香药皂、锦花牌香皂、迎春牌香皂等相继问世。

笔者收藏有一册1955年版《武汉市百货产品目录》，画册中的工业、手工业产品琳琅满目，广告画面异彩纷呈。在肥皂、香皂、药皂类别中列举展示了当时的几十样产品，比如武汉市国营化工厂出品的青龙牌抽水肥皂；汉口天伦制皂厂出品的天伦牌药皂；武昌祥泰皂厂出品的精中牌香皂、警钟牌肥皂；汉口汉昌化学工业公司出品的蝴蝶牌肥皂、七星牌药皂等。有趣的是，祥泰厂的香皂称“精中”，而肥皂、药皂叫“警钟”，二者谐音，然各有寓意。那时，广告上美女明星的香艳气息早已荡然无存，但却让人感到一种质朴安静之美。

通过《武汉市百货产品目录》广告画册可知，该目录大致编辑于1954年，当时，我国第一套人民币（自1948年12月陆续发行）仍在使用。书中所列参考价格较为详细，如精中牌香皂每箱144块，批发价格为474000元，每块约3292元。

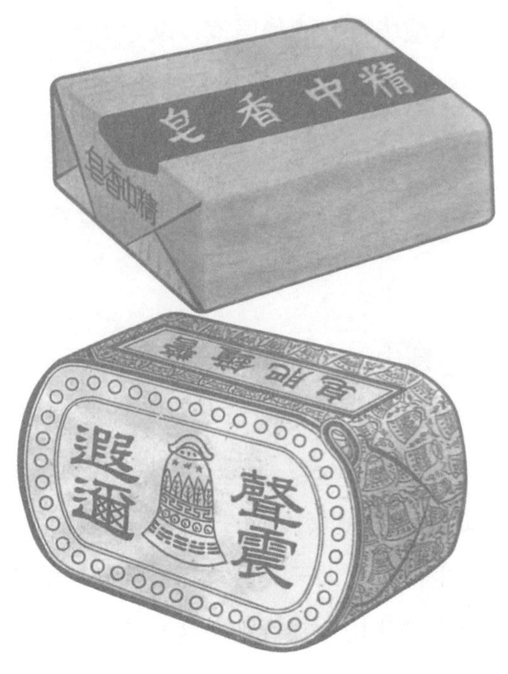

“精中”与“警钟”

1955年2月21日国务院发布命令，决定由中国人民银行自1955年3月1日起发行第二套人民币，收回第一套。因解放前连续多年的通货膨胀遗留的影响在当年并没有完全消除，第一套人民币的面额较大（最大为50000元），而且单位价值较低，在流通中计算时以万元为单位，不利于商品流通和经济发展，给人民生活带来不便。此次变革，第二套与第一套人民币折合比率为1∶10000元。折算起来，每块精中牌香皂的价格约0.33元。再如，蝴蝶牌肥皂每块（条）0.25元、七星牌药皂每块0.20元。

1960年的时候，前文说到的中央香皂厂并入上海制皂厂，蜂花牌檀香皂的市场声誉越来越高，品质、包装仍始终保持着自身的特色。再有，天津中昌香皂厂出品的金花牌檀香皂，天津香皂厂出品的富强牌檀香皂在北方市场也很畅销。

“美人”面面观

众所周知，香水是女人精致生活的尤物，花露水早在清末就已出现在我国沿海发达城市，特别之于夏季，它确有一定的抑菌、卫生效果。花露水是以花露油为主体香料，加配酒精而成的一种香水类产品。传说“花露”二字取自宋代大文豪欧阳修《阮郎归·南园春半踏青时》中的“花露重，草烟低，人家帘幕垂”句意。听起来，花露水的名字比香水更美，古代采花露做脂粉的女子仿佛就在眼前。

这里说一种花露水的衍生品——锦生洋行的花露水香皂。锦生洋行是20世纪三四十年代日本大阪吉田实石碱株式会社在我国东北三省（伪满，1932年3月至1945年8月）开设的分支公司，主营商品为石碱。言及“石碱”，可追溯到汉代，那时的人们就在碱地采集到含有天然碱的粉状碱土，且发现用它洗涤很好使，称之为“卤碱”。到了唐代，改名石碱。明代人通过加工蒿、蓼，得出人造石碱，进而规模化生产，成为公认的工业革命前提纯度较高的石碱。后来，有商人向石碱里添香料，成为高档货。再有，“石碱”在日语中即“肥皂”之意，至今的肥皂、香皂包装上仍如此标明。

早在20年代，锦生洋行就以我国东北三省为市场基地，推销

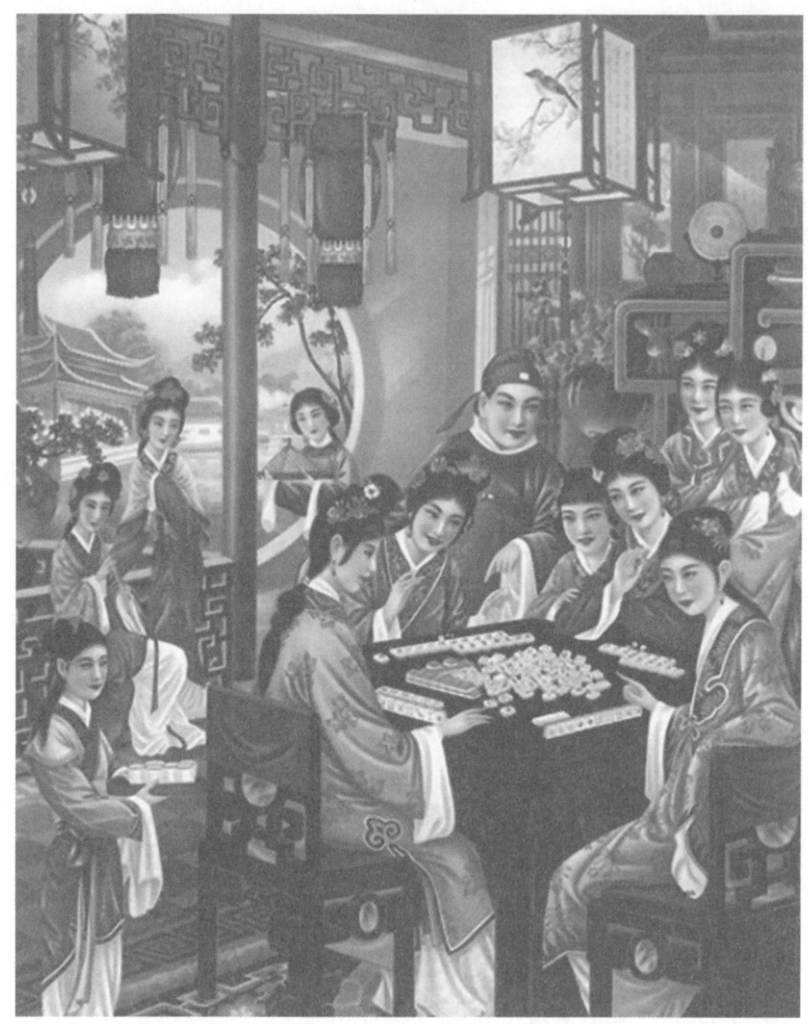
周柏生绘《九美图》

“三省”品牌香皂，不言而喻，其命名大致也为凸显锦生洋行在东三省的优势。缘何推测出上述时间要素呢？在三省牌香皂的包装盒盒面上，四角装饰着五色旗（又称五族共和旗，北洋时期用，即1912年初至1928年末），四面旗子与白兰花、牡丹花相配，环绕着“三省香皂”字样。进入1929年改旗易帜，厂商若再用旧旗装潢显然不合时局。

掀开“三省”香皂盒，盒盖的背里有小启：“本厂制造三省香皂业经多年，久蒙各埠驰名，无任感谢。近来有无耻之徒鱼目混珠假充本厂牌号，特加仿单，以明真伪。望请诸君注意锦生洋行字号，庶不致误。”落款“大阪锦生洋行”。文中提到的“仿单”，为说明纸的旧称。盒内香皂确裹一薄纸，薄纸上的图案为红绿两色印刷，四周饰花环，花环内写“芳香一品，三省香皂，锦生洋行本厂”字样。

锦生洋行的肥皂、香皂产品多样，三四十年代最知名的是“顶上”美人牌花露水香皂。顾名思义，此皂中含花露水成分，按时下的话说，它有蹭老上海花露水的热度之嫌……

话说清光绪年中叶，祖籍广东南海的冯福田在粤港做化妆品、药品生意期间，试制出适宜东方人的花露水，并为它取了个好听的名字——双妹嚜（嚜头，也称唛头，Mark的译音，旧时进出口货物包装上的标记），即后来人俗称的“双妹”品牌。光绪二十四年（1898年）前后，冯福田又开设了广生行，特别是在上海，广生行的花露水等化妆品生意风生水起，尤其是绘有姊妹美人的系列广告海报遍传各地，“双妹”商标深入人心。

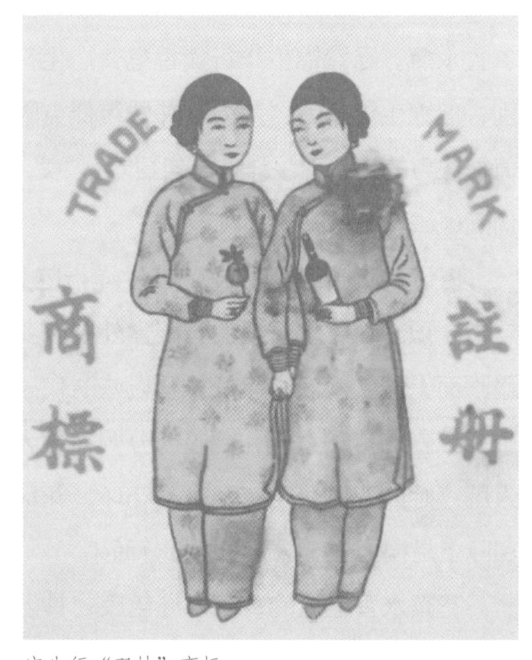

广生行“双妹”商标

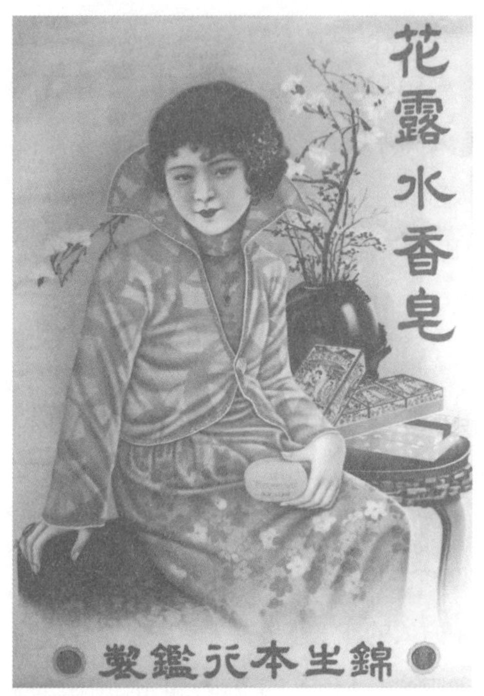

锦生洋行花露水香皂广告

锦生洋行的花露水香皂定名为美人牌，商标为圆形图样，内中绘二女子，皆穿中式袄裤，同举起一把阳伞，伞上有“花露水”三字。商标中的“阳伞”元素，推测是取香皂的保护、滋润之意吧。细看锦生行的“美人”，与广生行的“双妹”如出一辙，服饰相近，前者撑伞，后者一人拿花、一人拿香水瓶。尽管锦生洋行卖香皂，广生行卖花露水，商品本质有别，但锦生洋行的“美人”姊妹貌似克隆了“双妹”，很取巧的。值得注意的是，锦生洋行广告显示，“美人”商标当时在日本、在伪满区域均已注册。

俗话说，货卖一张皮，锦生洋行的系列香皂一向注重包装、广告。顶上花露水香皂的包装盒外观以淡淡的湖绿色为基调，盒盖画面上端绘两面小旗子，凸显些时代感，旗下中间位置立着一个穿红衣的持花女子，此主图分明在放大、强化商标信息——美人牌。她的两侧分别有两个小花环，花环中又各绘一女子，此图实际上是模仿“双妹”图标拆分而来。

花露水香皂盒的背面为红色底，其上有言：“本厂制此香皂，悉遵化学原理，不惜重资购用特种原料，分配各样珍品制成，深受士农工商各界乐用，盖因有益于化学卫生，有益于化妆卫生者，不惟除秽垢，兼能润泽容颜也，且品质优美，价格低廉，久已海外驰名，如蒙惠顾，无限欢迎，请须认明本厂绘图美人牌花露水商标，庶不致误，如有假冒者，定究不贷也。”下端有“锦生本行谨启”与“吉田实石碱株式会社监制”字样。此香皂盒里另附说明纸一张，文字内容与上述相同。

锦生洋行为推销花露水香皂可谓不遗余力，比如当时他们曾向大客户惠赠梳妆镜，镜面上端注“顶上花露水香皂”，下端为“锦生洋行监制”字样，为喷砂工艺而成。殊不知，中国旧时代的水银镜子大多依赖进口，以比利时的最佳，在民间属金贵美物。锦生洋行的大镜子实为广告载体，应该是专门向外方定制的。

有意思的是，此顶上花露水香皂的包装图样，在民国时期还曾被一家公司模仿，名叫泰安公司。它的香皂盒图案、大小与锦生洋行的几乎一模一样，但仔细比对不难发现，后盒的模仿绘制与印刷明显单薄，有轻飘飘的感觉。泰安公司的盒面上端有“上海”二字（按当时的常规路数，这两个字应为品牌

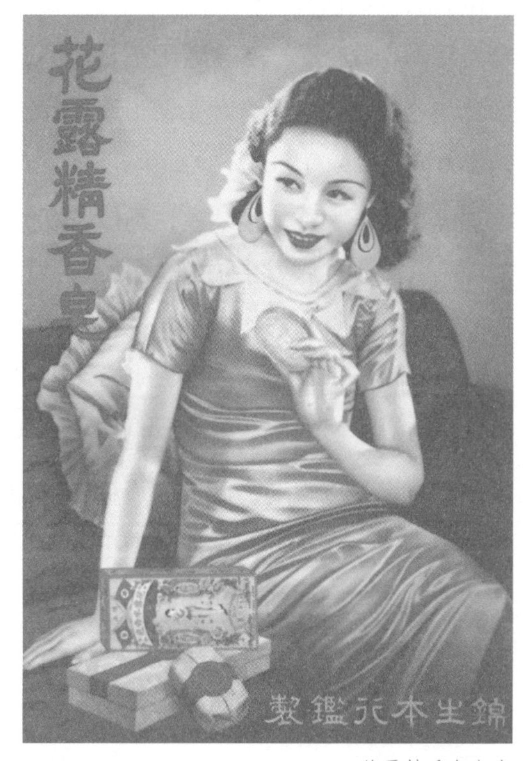

花露精香皂广告

名)，下标“泰安公司监制”字样。从锦生洋行的花露水香皂“被追”，也可想见它在当时的销路该是不错的，不然谁会去跟风默默无闻的牌号。锦生“美人”追上海“双妹”，而“泰安”香皂又在摹锦生“美人”。如此也能管窥那个时代品牌乱象之一斑。

锦生洋行不仅有花露水香皂，还有相似的花露精香皂、新花精香皂、兰花精香皂等。花露精香皂的包装盒是白色的，其上印有商标“美人撑伞”图，图侧有“注册商标”字样。新花精香皂也推出过广告镜子，镜面顶端也有“美人撑伞”商标。

还嫌不够，锦生洋行的香皂依旧狠狠扭住“花”之要素，做足文章。且说又一牌号——锦生花，此香皂的包装盒瘦长小巧，图画满铺盒面，恰绘一亭亭玉立的美人。她放足大脚，穿着辛亥革命后的改良袄裤，一袭水粉花色，正是花样年华。俏佳人一手拿着月季花闻香，一手持着阳伞，闲情逸致之美彰显画中。更有摩登与时代意味的是，她手臂上还挎着一个金色的西式手袋，分明是富家女的模样，此与“锦生花”意相互映衬。

再看游园牌香皂包装盒，乃淡雅湖绿色调，盒面中心有一扇形图画，画中红衣女子梳着传统发髻，正在公园中游赏，手里也持着一枝花。且盒面有“锦生洋行”和“登录商标”字样，日语“登录”即“注册”意。

如果说“游园”皂盒上只是扇面形的小画，那么锦生洋行还真出品过扇子牌香皂。此皂盒堪称新奇特，是扇形的，这在昔时属制盒难度相对高的。扇形盒面上画着一清末服饰女子，坐在郊外的荷花池边，一手拿花，一手拿伞。“扇子”盒背面的文字称：“本行制此香皂者，其品质精美，馨气馥郁，一用之立除肤秽添肌润，令神爽快，不但修妆之效，而且卫生有益，寔莫大，故此于居家、行程不可欠，洵出色，今不待呶呶赘言也。各地于杂货铺

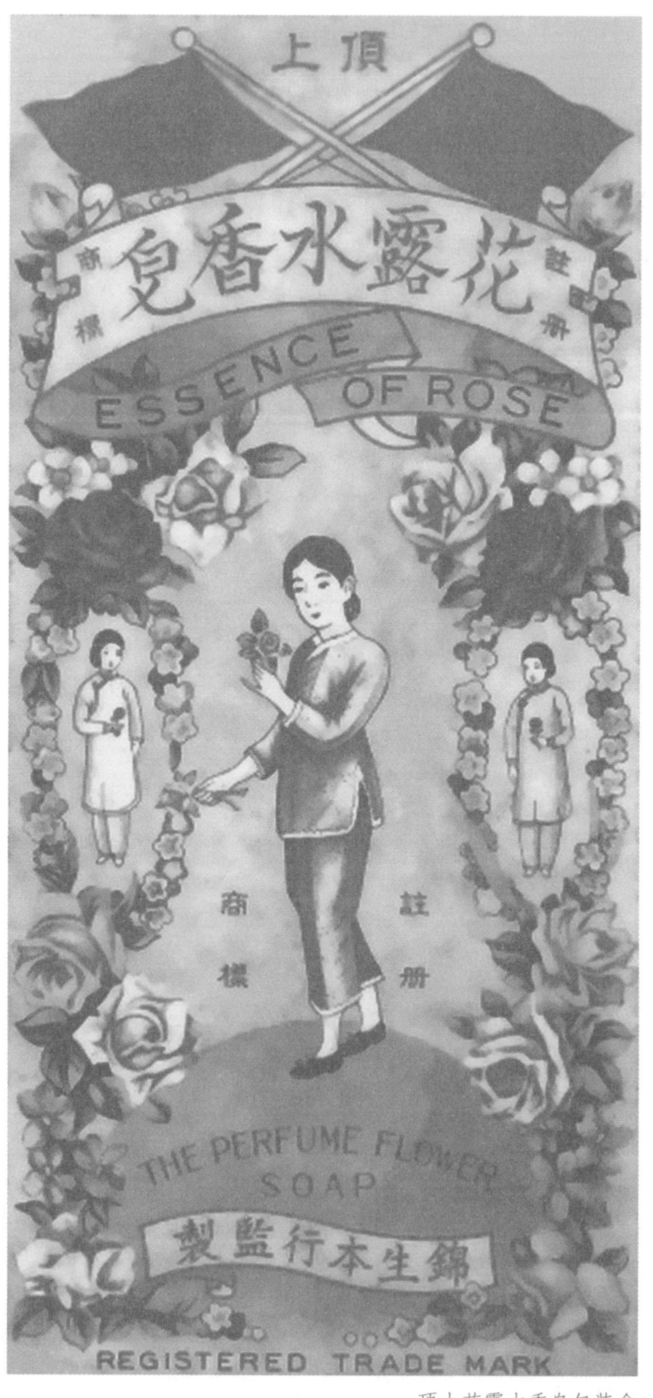
頂上
花露水香皂
註冊
商標
ESSENCE OF ROSE
註冊
商標
THE PERFUME FLOWER SOAP
錦生本行監製
REGISTERED TRADE MARK

顶上花露水香皂包装盒

代售，请贵客购买，试用知真是盼。”

不仅如此，锦生洋行还出品有金塔牌香皂，盒面的大红色带上铺满细小的圆圈“泡泡”，也许是香皂泡沫丰富的象征。红色带上置椭圆图，如梳妆镜，镜中美女留短发，穿着漂亮时装，盒面右下注“锦生洋行总厂”字样。

锦生洋行香皂还有高档铁盒装的，如丹凤牌、新春牌、蝶王牌。丹凤香皂铁盒外观是大红色的，盒面、侧面有金凤凰，标“锦生本行监制”。新春香皂铁盒面上是时装少妇在花丛中含笑图，盒立面一圈画公园美景，注“锦生洋行监制”。另外，花露精香皂也有铁盒装的，属“超等”品。

香皂品种琳琅满目，广告也要跟得上。锦生洋行为推销花露水香皂、花露精香皂，曾印行过几幅时装美人图月份牌年画式广告。画中人娇颜含笑，佳人手里皆拿块香皂。画中另画茶几，花瓶置于其上，花瓶前摆放几组香皂；或绘沙发，香皂放在沙发上，类似的陈设皆与女子手中爱物相呼应。广告下端则突出“锦生本行监制”大字，或在这行字两侧添“美人”商标，意在强化品牌。

另一幅广告更多趣、更经典。此画实为当时流行的年画《九美麻将》的“移花接木”版。上海月份牌画名家周柏生原创的《九美麻将》也称《九美图》，内容故事源于《三笑姻缘》，画中绘风流才子唐伯虎在看众美人打麻将。锦生洋行瞄上了此画，另巧妙改造——抹去桌子上的麻将牌，改添几样香皂，才子佳人分明在品头论足话香皂嘛。画面左上竖排“花露水香皂”“花露精香皂”大字；左下标“锦生本行”与“吉田实香皂工厂”字样。

放眼纸品收藏市场或网上，锦生洋行香皂的广告、包装盒遗存有见，品相参差不一。锦生洋行的香皂品种多，行销南北，但时过境迁，现下从藏品视角看不免有“纷乱”之感，据笔者所见归纳如下：除了知名的美人牌顶上花露水香皂、花露精香皂（另有超等品）、新花精香皂、兰花精香皂，还有三省牌、锦生花牌、游园牌、扇子牌、金塔牌、丹凤牌、新春牌、蝶王牌香皂等。公司名称标注也多，如吉田实石碱株式会社、吉田实香皂工厂、大阪锦生洋行、锦生洋行、锦生洋行本厂、锦生洋行总厂、锦生本行等，且有的双名同标一物之上。挂一漏万，但有益故纸收藏与品牌研究，重要的是——搞收藏，不仅是保管员，更需做一名研究员。

小粉铺与大春林

俗话说，金豆子虽小却是硬通货。这话有时也体现在搜罗故纸资料方面，比如许多藏家喜欢大幅画，热衷美人图，此乃常理，但有些邮票丁点的小商标上信息量并不少，往往又因其不起眼而愈加难寻。笔者收藏有二三十张民国时期天津化妆品的小商标，故纸上的信息量挺多。

小标签各具特色。先说稍大的“嫩面霜”，它由德丰商店监制，画面以嫩粉色、桃红色为主，还印着银色框线、轮廓线，左上角画着一盆娇艳的兰花，似寓意可美颜润肤。另一张嫩面霜商标是金黄底色的，上面画着双葫芦图案商标，它是仁昌百货线店出品的。仁昌号曾驰誉老天津，其率先自设广播电台，播出文艺节目的同时播报自家广告，是本地第一家开办商业电台的买卖庄。第三张是芭兰（花）香头油的商标，产品为义生行监制。

商标上的广告字迹小如芝麻，但很清晰：“润皮去垢，永葆青丝乌润，无衰落之虞，此油诚为绣阁名姝妆台妙品也。”再是三光牌“大前门”润面油商标，这上面画着老北京前门风景，从“三光”命名来分析，它大致出品于20世纪40年代。最小的一张为“点点如玉霜”商标，然印制工艺最见功夫，窄窄的花边内有文：“点点如玉霜，最能润皮肤，修容无上品，男女均可敷，面癍和粉刺，疙瘩盖能除，颜面洁白细，人生美艳福。”值得一提的是，这些小字比米粒还小，且为手写美术体，但每字压凸，大致运用了金属雕版工艺。

曾几何时，老天津的繁华度与时尚潮大可与上海比肩，爱美的女子们的化妆品消费不可小觑。若说品牌名气，老天津的“大春林”要远远胜于上述产品。

张士林创办的大春林香品店位于天津城西湾子大街47号，专门制造经售各种化妆品，1929年6月正式领取了营业执照，两个月后获得仙鹤牌商标注册证书。

旧时代香粉金贵，让普通女子望之兴叹。有鉴于此，大春林为谋求大众的同一幸福，从而选购地道原料，采用当时先进的蒸馏法制出仙鹤牌敷面香粉。1934年大春林宣称：“首重粉质，不事虚伪，并加入兰麝药料等剂……而定价奇廉，用法极便，垂今数十年日夜研究，至臻完善，犹不敢自矜。”大春林香粉制法独特，在精选的母粉（用白兰、茉莉、珠兰、玫瑰等时令鲜花熏香过，具有天然花香）中加上天然珍珠粉和专门加工的石粉、米粉、豆粉等，用蛋清液按比例调制而成，最后再制成块状、珠状或粉状上市。

大春林还出品了一款“茶花公主”擦面扑粉。香粉盒是方形的，以淡绿色为主调，盒面四边装饰着欧式边框，中间的西洋女子格外突出，她上身穿着窄小胸衣，下配层层叠叠的纱裙，脚上穿着最时髦的高跟鞋。茶花公主微微昂着头，双手轻轻拽起裙摆，酷似剧照模样。难道画中人是小仲马笔下的茶花女吗？我们虽然不得而知，但从此画面足可管窥当时天津城市以及大春林的时髦理念与开放程度。盒面上有一小小的立姿仙鹤图，即大春林商标。

后来，大春林鲜花露香粉上市。笔者曾得见鲜花露香粉粉盒，是大红色圆形的，盒面上却标着“飞鹤牌”字样，商标图案是一只飞翔的仙鹤。仙鹤商标图一站一飞的变化，其中有怎样的故事呢？有待再加考索。这个红色盒面上“天津大春林工厂出品”几个字很醒目，不同于以前仅标“大春林”三个字。红盒侧面一圈是飞翔的白鹤，且有“水搽干扑两宜香粉”字样。见盒里还残存着细润香粉与水粉色的粉扑，那香气沁人，让人一下联想起美人们的过往。不仅如此，到了40年代末，大春林还推出过“蝶香”扑面香粉，粉盒底面也有装饰，画面有一只蝴蝶，它周围画着连续的半弧线条，为蝴蝶平添着动感。

大春林系列化妆品想女子所想，自问世以来迅速成为天津乃至三北地区美妆时尚的风向标，俏销市场。

顺便一说，目前尚未见史料表明大春林出产过火柴，可笔者在某收藏品交易网上发现了一盒“大春林出品”的老火柴。盒面喜庆，一对凤凰展翅环绕“双凤”两个大字，火柴盒侧面还印有立姿仙鹤商标图，与“茶花公主”香粉盒上的商标一模一样。

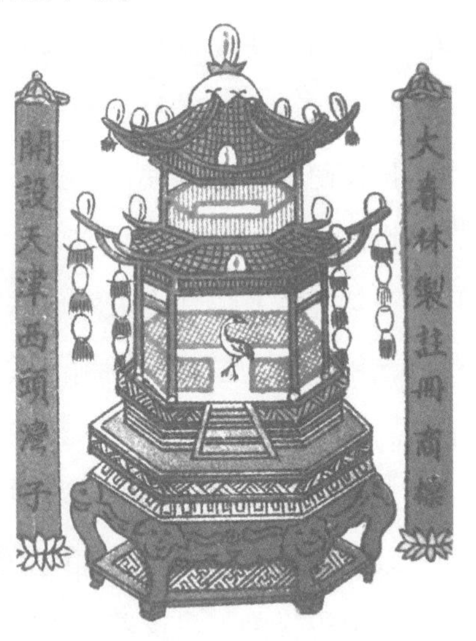

大春林香粉商标

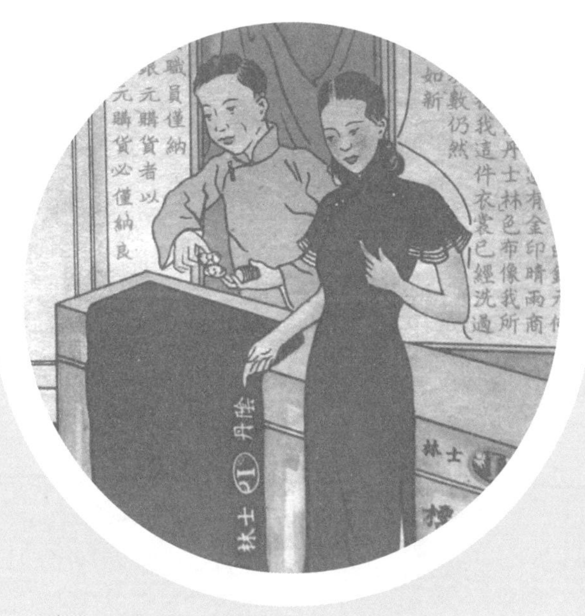

第三章

岁月旧踪

“新沙逊”的前世今生

曾在上海和平饭店就餐、观光，典雅华贵之感不胜言表。忆往昔，它不愧“远东第一高楼”美誉；说今世，它不枉“世界著名饭店”殊荣。浏览饭店简介，我也记下了楼宇旧主人的名字，他叫维克多·沙逊。

意犹未尽之中回到天津，即在藏书中翻检有关和平饭店与沙逊家族的相关史料，也算知其所以然的补读吧。我喜欢第一手资料，随后一直渴望得到与之关联的什么旧物原件，哪怕是一丁点也好。年末一日晚间无聊，到旧书网看看有没有自己喜欢的老广告、老商标之类的故纸，竟无意间看到“新沙逊洋行”几个字。这大抵是一组新沙逊的纺织品外包装的旧标签，只可惜几样故纸皆为皱巴折损且尘封的状态，难怪卖家说明只有“二品”，价格低廉。我想到了“聊胜于无”之说，再说此名字与沙逊家族或许不无关系。马上查资料，很快印证了自己初步的判断。

和平饭店原名华懋饭店，也称沙逊大厦，回眸往事多有故事。早在1832年，大卫·沙逊在印度孟买创立沙逊洋行，其家族发迹于鸦片贸易。其次子伊利亚斯·沙逊在19世纪中叶被派到上海，开展对华业务。此后，鉴于与其兄分歧越来越大，伊利亚斯·沙逊于1872年自立门户，在上海开办了新沙逊洋行。1877年，他花

8万两白银买下南京东路与外滩路交口北侧的一片地产，建造了两幢2层洋房，人称“沙逊姊妹楼”。

到了1918年前后，沙逊家族的后辈维克多·沙逊（1881—1961）全面接管了新沙逊洋行，随后在1923年来到上海。当时，老沙逊姊妹楼已显得有些破旧，与集团资本财力不相般配，且当时外滩建设迅速发展，新楼勃兴。维克多·沙逊几经论证决定投资，由属下华懋地产公司重新建造沙逊大厦，也就是今天和平饭店的前身。大厦由公和洋行设计，华商新仁记营造厂承建，1926年开工。楼宇为钢筋混凝土框架结构，占地面积4600多平方米，建筑面积36000多平方米，高10层，局部13层，另有地下室等。1929年竣工的沙逊大厦总高77米，一跃成为“远东第一高楼”，维克多·沙逊的大名也随之传遍十里洋场。大厦对外营业名为华懋饭店，集商务办公、酒店客房、餐饮娱乐于一体，顶层还是沙逊的英式堂皇住宅。黄金地段、外表奢华、内部气派的饭店深受达官显贵、中外富商的欢迎，车马杂沓，风云际会。新沙逊洋行也从此更多地转向房

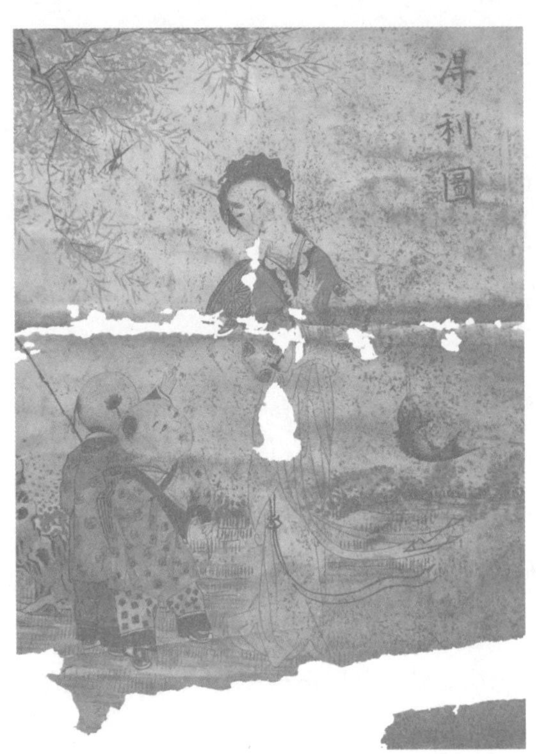

新沙逊洋行的得利图商标

地产等新领域投资经营，并获得巨大成功……

足够了！仅凭以上历史信息，这组故纸无论品相多差，我也要买下。即刻下单订购，先拿到手再说。几天后，如愿以偿。当我展开布满浮尘的旧纸仔细观瞧，见这组老商标主要以一张新沙逊洋行标志图和一张《得利图》商标画最为引人。它们皆贴附在一大张黑色包装纸上，厚纸有油光有韧性非常结实，该是旧年新沙逊洋行包装布匹所用的。那标志图为长方形，画面以金色、红色为主，上部的红色圆形内有一只衔着橄榄枝的白鸽展翅飞翔，和平鸽下方是纵向展开的一西式羊皮卷图形，上书“新沙逊洋行”金色大字，很醒目。画卷背后及周边装饰有聚宝盆与花草等，整体设计更趋于中西合璧的风格。《得利图》是一幅典型的工笔人物画，渔家女拎着一条大鲤鱼高兴还家，膝下有童子二人望母，一孩背鱼篓，一孩扛鱼竿。图画用笔飘逸，人物传神，颇得古法雅韵。外包装上的另一菱形小标签显示有“24Yds”字样，24码折合约25米。

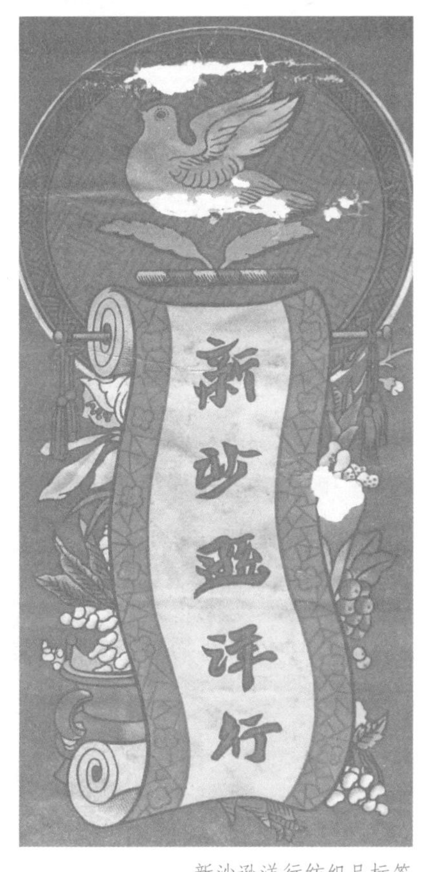

新沙逊洋行纺织品标签

于此，我们要说到新沙逊洋行的纺织品经营。清末民初禁烟运动日盛，新沙逊的鸦片贸易迅速萎缩，洋行遂加大棉纱、棉布、人造丝、麻纱、纸张、火油、玻璃器皿、五金零件等向中国的贩销进口业务，比如1907年，新沙逊棉纱和棉布的进口值达417万两，超过鸦片进口值，到1918年前后，棉纱成为他们进口的最重要项目，还曾专门设立“洋布间”等业务部门，畅销中国南北。加之房地产开发，新沙逊洋行日进斗金，与太古洋行、怡和洋行、英美烟草公司并称为“四大在华财团”。《得利图》等商标画也正是在这样的时代境况与商贸背景下推行使用的。从品牌命名及画面内容来看，不难发现新沙逊在经营推销和广告宣传方面是深谙入乡随俗本土化道理的。

即便新沙逊洋行曾为上海滩商贸翘楚，哪怕后来曾有西方人甚至说“没有沙逊就不能理解上海”，但说到底，天下没有不散的宴席。抗战胜利后，维克多·沙逊在上海陆续出售所属产业，又外移部分资金，并将洋行总部迁到巴哈马。新中国成立后，新沙逊洋行在上海虽仍拥有大量不动产，但也欠下了不少债务。1956年，华懋饭店（沙逊大厦）更名为和平饭店。1958年，洋行以产抵债，将所属上海公司全部转让给我国企业，结束了在华业务。

顺便一说，华懋饭店对面就是汇中饭店，它竣工于1908年，以砖木结构为主，为新文艺复兴建筑风格，同样引人关注。1965年汇中饭店并入和平饭店，俗称南楼，直至2010年雄踞路南路北两家同为和平饭店经营管理。沙逊大厦是近代上海建筑史上第一幢完全意义的现代派风格建筑，颇具代表性。至今，总有许多政要名流、中外游客纷至沓来，感受这一著名建筑的经典氛围。

“阴丹士林”在中国注册之初

在故纸收藏市场，“阴丹士林”的老广告素来是热门之一，笔者也多有收存。“阴丹士林”是一种染料名称，旧称颜料，德国化学家在19世纪后期研制成功以来，该国迅速成为世界上最大的染料出口国，中国是其重要贸易市场之一。用阴丹士林染成的色布曾影响几代国人，为人喜爱，与之形影相随的海报、商标画五光十色（尤以美人图题材为佳），堪称20世纪上半叶国内品种最全、题材最丰富、画面最精美的工商广告。

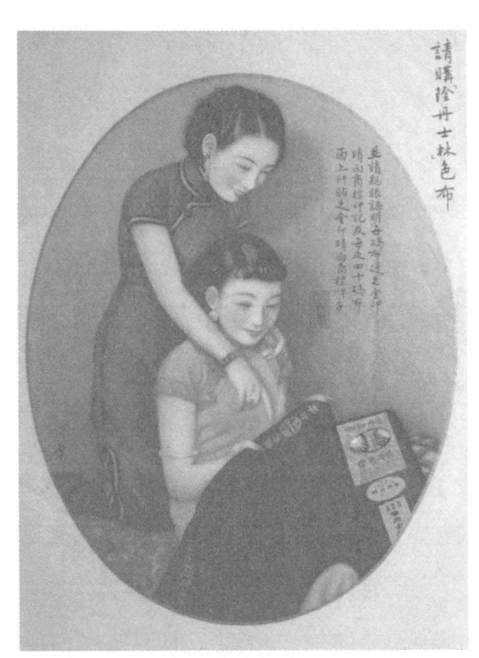

姐妹悄悄话：认明商标

据民国时期的《商标公报》记载，1926年德商爱礼司洋行在中国正式注册阴丹士林色布使用晴雨牌商标，《公报》显示注册时间为6月30日，洋行地址在天津意租界东马路26号。具体来说，当时意租界东马路分为南东马路（佛罗伦萨道）、北东马路（乌第纳亲王道），位置相当于今日海河意式风情区内的民生路。那么，德商为什么没在德租界完成注册呢？虽暂无史料佐证，但德租界、意租界分别被收回的时间早晚也许可做一种推测：中国1919年6月收回德租界，1945年8月收回意租界。

“晴雨”是目前所见最早的阴丹士林在我国注册的信息。先说“晴雨”，乃阴丹士林色布专属商标，图案为横向的椭圆形，红圈套黑底，正中间是个大大的英文字母“I”如红柱，乃德文“Indanthren”的字头，字母形成左右两分，左为太阳光芒图，右为乌云骤雨图，寓意日晒雨淋不褪色的品质。在阴丹士林布的布边均金印此“晴雨”商标及“阴丹士林”四字，洋商、分销商也喋喋不休提示顾客认准“晴雨”图，谨防假冒，如说“购时请亲眼认明每匹布面所贴之金印晴雨商标牌子及每码布边之金印晴雨商标印记，‘阴丹士林’及‘晴雨牌’为注册商标，冒用必究。”“晴雨”图和“炎日暴晒不褪色”“永不褪色”字样还不厌其烦地出现在阴丹士林布大大小小的广告上，并以此为核心立意设计了许多让消费者喜闻乐见的广告。

自清代中叶以来，天津迅速成为北方最繁华的水陆大码头，咸丰十年（1860年）天津开埠后九国租界相继设立，外商纷至沓来，广开洋行，大兴贸易，其中当然少不了德国商人，像禅臣、礼和、美最时、世昌、瑞记等洋行主要以贩卖军火为主，而爱礼司、德孚、顺发、吉昌等洋行则经营一般进出口业务，化工、染料是大宗，爱礼司洋行尤因倾销阴丹士林染料与布匹而搞得风生水起，如1926年在津注册阴丹士林商标时，便涉及棉纱、丝、纺织品、服饰（包括纽扣）等130多种商品。

直到清末民初，我国的商标注册尚不规范，虽然爱礼司洋行直到1926年才在津注册“晴雨”商标，但其实该洋行早在清光绪

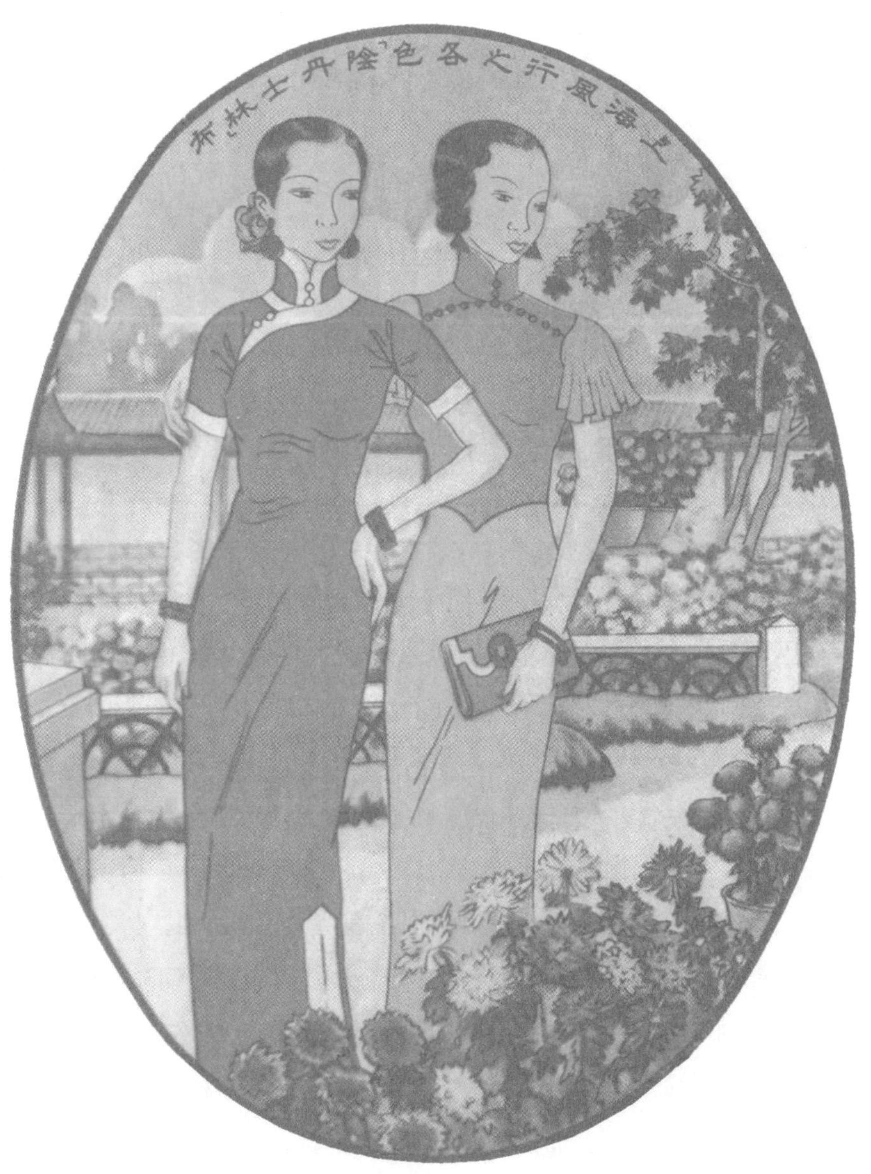

阴丹士林布引导时尚

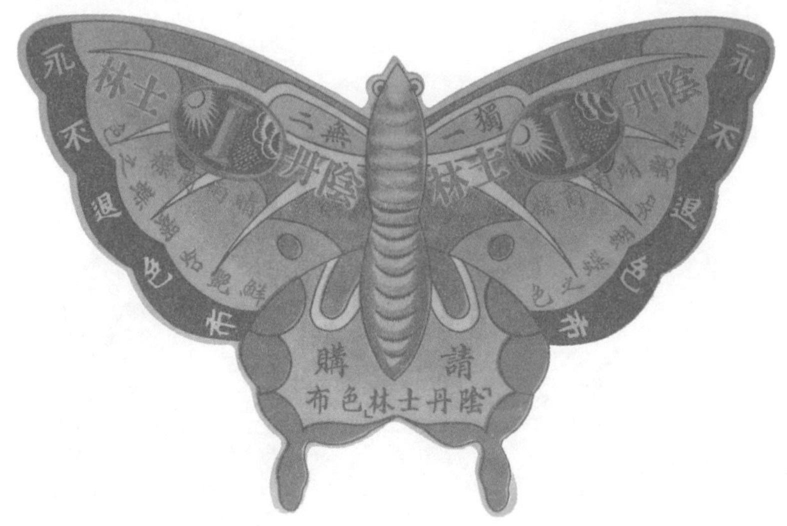

标新立异的广告

年间，甚至更早就在中国沿海市场搞贸易了。据《上海外服公司志》中的《洋行与买办》一章载：“同治十一年（1872年）在沪德商洋行已有40户，以后不断地增加，到光绪二十年（1894年）已增加到85户，除禅臣、鲁磷、泰来等洋行外，以后开设的有瑞记洋行、礼和洋行、美最时洋行、顺全隆洋行、咪吔行、信义洋行、爱礼司洋行、天福洋行等。”就上述津沪史料延伸，爱礼司天津行、上海行开办时间的先后及隶属关系有待进一步挖掘。

通过老广告、老物件上的图文信息也能管窥爱礼司洋行早年商贸活动的片影。爱礼司的大宗阴丹士林染料常包装在大木箱中，箱外有凹刻的“狮马”商标图及“爱礼司洋行”字样。前文所说“晴雨”为色布商标，而“狮马”为染料商标，阴丹士林染料小包装铁罐的装潢上也常见“狮马”图。笔者还曾见清末爱礼司进口到中国的机制铜纽扣，纽扣背面也铸有“歪歪扭扭”的“爱礼司”三个字。

顺便一说，“狮马”同为爱礼司洋行肥田粉（化肥）的商标，也是其在中国的大宗生意。1929年新年之际，爱礼司洋行推出风趣海报一张，画面上天空中有一大袋化肥正向人间倾撒，撒下的是无数金元宝啊。画中民众见此人声鼎沸，高举双手争相取获，恰如画名《恭喜发财》。这张海报右侧标“中国总经理：上海北京路二号德商爱礼司洋行”。

自20世纪20年代，在华洋行越来越多，德国商人为加强阴丹士林染料等在其他同行中的竞争力，于20年代中期联合组建了大德染料公司（财团托拉斯，又名大德颜料厂）。1924年，在上海新成立德孚洋行（经理魏白兰）作为大德公司在中国市场的总代理，相形之下的德商爱礼司、礼和、谦信（也做阴丹士林贸易）等洋行统归德孚管理。德孚洋行位于上海四川路68号，专门的阴丹士林广告部也在该址，这在阴丹士林系列广告中多有明确显示。此后的广告上也常出现“记准就有一份阴丹士林染料，是大德颜料厂出品”之类的句子。

随之，上海成为德孚洋行、爱礼司洋行的经贸中心，业务手段灵活、资金往来纷繁，这从另一故纸细节也可管窥。爱礼司在上海曾推出过“纸钞”，类似时下的代金券。2010年上海泓盛秋拍纸钞专场现一爱礼司纸钞，纸片不大，纸面方框内上为“爱礼司洋行”字样，中心位置有“25”与“Cash”字样，左右写“钱廿五文；汉口路五号”几个字。“Cash”是现金、兑现支票的意思。汉口路在老上海公共租界中部，有“金融街”的美誉。

爱礼司洋行是历练人的舞台。先说周宗良（1875—1957），他出生于宁波，少年求学打下良好的英语基础，后来先在当地海关工作，几年后又到宁波爱礼司分行担任翻译，由此逐渐发达并到上海发展，凭实力进入1924年新成立的德孚洋行任账房总管。周宗良在商界风生水起，一跃成为十里洋场的“颜料大王”之一（另三家是贝润生、吴同文及邱倍山、邱渭卿兄弟），此后又陆续投资银行、实业等，享誉一时。再说绍兴人董荣清（1884—1951），他早年在当地染坊做工，光绪三十四年（1908年）到上海谋生，据《上海化学工业志》中《人物传略》表述，董荣清初在爱礼司洋行靛青化验室任职，几年后又兼任新康颜料号经理。《闵行区志》中又称，1933年董荣清等人引进瑞士设备，在闵行区创建中孚染料股份有限公司，成为上海第一家民族资本染料企业，开现代工业新风。

话回天津城。德孚洋行总行在上海开设后，1927年左右在天津开办分行，华北地区以天津行为核心。最初，天津德孚洋行暂借靠在寿安街（近民生路）联德洋行内，不久迁到意租界河沿路（海河畔华安街）。据20年代末30年代初《天津电话号码簿》显示：德孚洋行公事房电话为40853，爱礼司洋行、拜耳公司账房电话为40569，此号即为意租界一带的号码。到了1933年，天津德

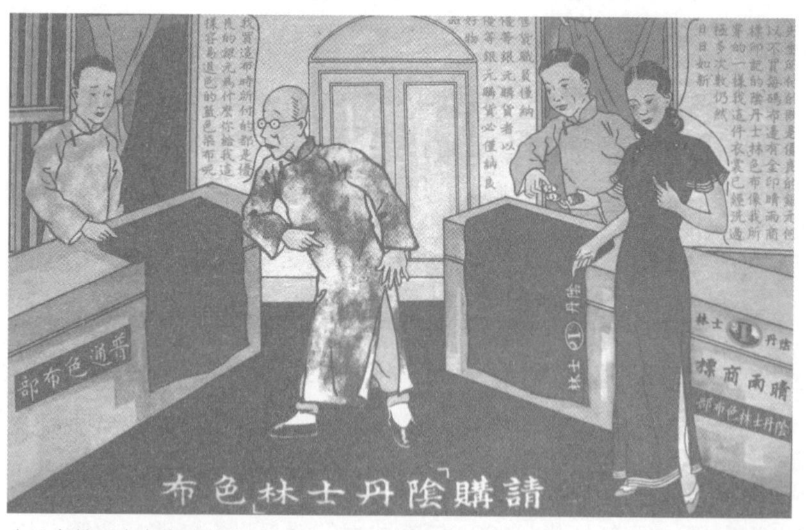

生活实景更有广告说服力

孚洋行迁址更繁华的法租界9号路（古拔路，后松江路）。再看1935年的《天津电话号码簿》，其中有德孚洋行公事房电话（30815）、华账房电话（30816），却无爱礼司洋行电话。

天津德孚洋行很快垄断了华北地区的染料市场，所售“狮马”阴丹士林系列染料品种全，质量好，口碑颇佳。再有，赠送阴丹士林染料样品、包试包教是天津德孚推销的一大特色，他们也会随时派技师到各地染厂传授染整方法，一旦厂商、经销商试用成功，稳定住客户，那么接下来便是德孚控货居奇的时候了，往往不时抬高价格，大为获利。1945年第二次世界大战结束后，交战国人员被逐步清理，德孚洋行与阴丹士林染料的业务在天津走向衰落，但“士林蓝”等经典布色一直延续下来。

盒子、女子与案子

怎么又是她？当我在地摊上见到一个画着美女倩影的香粉盒时，心中虽有窃喜，但并未作声，因为还不敢贸然断定画中人是不是那“似曾相识”的奇女子。

此为民国时期秋月牌粉盒，是上海中国兄弟工业社监制的美妆妙品。揭开盖子，暗香残留，仍觉扑鼻，细见盒底还有些许白色粉末。大红色的罐体正中是美人图，椭圆相框左右布满了月季花饰与英文标示。金亮底色中的她面若桃花，薄衫水粉，煞是妩媚可人。值得注意的是，女子乌发与额头上的珠串很有特点，让我一下子联想到20世纪二三十年代曾搅动娱乐界、工商界、司法界的名伶——吕美玉。

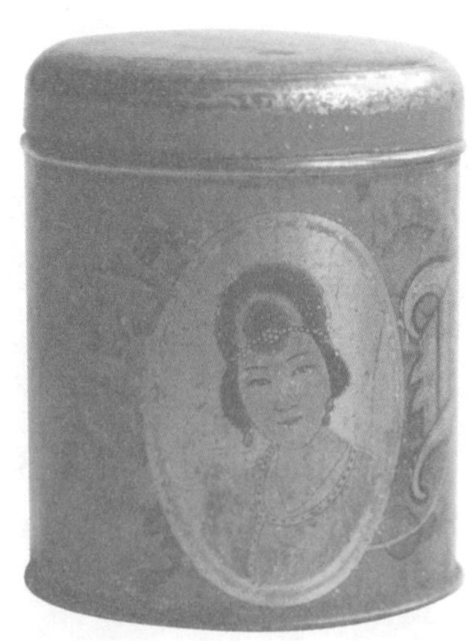

老上海秋月牌香粉包装盒

其实，这个粉盒不过是当时的一款跟风赶时髦的包装罢了，而那风头缘何而起呢？这便要说到“有美皆备，无丽不臻”的美丽牌香烟。

1925年，美丽牌香烟在上

海华成烟草公司诞生，随着它的破壳，有位楚楚动人的名伶也风靡大江南北了，她不仅引发了烟草商之间的竞争，还牵出了中国商业广告肖像权的第一案。

俗话说，马不吃夜草不肥，人不得外财不富。这机会在1924年的时候让浙江镇海的戴家姨太太赶上了。传说，马会彩票的万元大奖被她独中。本来她的夫君戴耕莘早就有经营铁行的资金积累，再加上这笔飞来横财，真可谓肥上添膘了。戴耕莘一举盘下上海华成烟草公司，出任董事长。

华成公司的新厂建成后，计划推出新品香烟，决意与“烟老大”英美烟草公司竞争。

精明的商人都明白老话“货卖一张皮”的道理。当时，商业美术画家谢之光以构思奇巧、出手神速蜚声沪上。戴耕莘看中了谢之光的妙笔，重金礼聘，请谢之光担纲新产品的包装设计工作。其实，谢之光对美丽牌香烟包装的设计多少有些偶然得知的感觉。一天晚上，吃罢饭的谢之光随手闲翻画报，见上面有一帧漂亮的名伶照片，灵机一动便以她为模特画起了图样。几经润色，再加上粉红的底色和淡蓝色的花边衬托，那设计稿显得高雅别致，“美丽”的名字也顺势而生了。

画报中的女星是谁？京剧红伶吕美玉。照片是她演出京剧时装戏《失足恨》时的半身剧照。

吕美玉（澹如）出生在天津的一个梨园世家，她的父亲吕月樵以擅演京剧老生而闻名。吕美玉是家中的长女，自幼饱受熏陶，才艺聪灵，招人喜爱。舞台上的她肤如凝脂，美目盼兮，嗓音宽亮甜美，扮相也是端庄华贵。吕美玉在《失足恨》中扮演的女主人公尚宝琳，因痴情失足，酿成终生遗恨。当时，类似的事情在新式青年学生中屡见不鲜，可谓具有一定的社会性，所以该剧轰动一时。

话说回来，谢之光的设计正合戴耕莘心意。戴耕莘不仅是戏迷，还算得上名票，对吕美玉自然甚是青睐。当他看到美丽牌香烟的审订画稿时，一眼便认出画中人，望着美人那惟妙惟肖的神情，戴老板不禁连连叫好。戴耕莘欣喜异常，拍板定案，同时提议再找几张吕美玉的剧照，画制成香烟牌、月份牌广告等，一起面市。不久，印有吕美玉图照的广告、招贴、烟标、烟画统统制作完毕，只待揭幕了。

关于吕美玉登上美丽牌香烟烟标这件事，坊间还有另外一种说法。据华成烟草公司老员工沈景柏转引沈钟瑾老人（当年华成公司协理沈星德之长子）在1995年撰写的《师桥寻旧》中叙述，华成公司的经理陈楚湘偶然得到一张吕美玉演出《失足恨》的半身剧照，觉得扮相动人，便依此为蓝本设计了烟标图案，并取名美丽牌。

1925年3月，美丽牌香烟隆重上市。它选用上等烟丝，配方悉心，价格公道，最重要的是吕美玉的闪亮登场，为华成公司带来了超乎预料的人气。美丽牌香烟上市几天就被抢购一空。一品牌，一红伶，赢得了好彩头。

随着香烟旺销，吕美玉更成为影响一时的摩登人物，甚至有很多时尚女子纷纷模仿起吕美玉在舞台、在烟标上的时装穿戴、发型、仪态。美丽牌香烟自然让英美烟草公司如坐针毡，他们岂能善罢甘休，于是请出另外一名伶潘雪艳，模仿“美丽”的包装风格，跟风推出了芳华牌香烟。

吕美玉呢？顺风顺水地完成了由京剧演员向商业明星的华丽转身，且令她有点沾沾自喜、受宠若惊的感觉。这时，吕美玉的夫君魏荣廷点醒了“梦中”之妻。魏荣廷非等闲之辈，他受过良好的西方教育，后来当上了中法银行的总经理，与在上海滩叱咤风云的杜月笙、黄金荣等人争夺吕美玉，最终如愿以偿。魏荣廷熟知法律，他告诉吕美玉，若按西方法律，华成公司的行为属于未经本人同意而滥用肖像进行广告宣传的侵权行为。

1927年中期，魏荣廷、吕美玉夫妇将华成公司告上法庭，要求美丽牌香烟停止使用吕美玉的照片，并须支付巨额赔偿。

这时，美丽牌香烟已是畅销全国的名品，若改换商标必定会面临巨大损失。华成公司为了这纸诉讼也是费尽周折，经过一再斡旋，最终与吕美玉达成了庭外和解共识，除了支付吕美玉的赔偿外，还订立了另一份协议：今后华成公司每售一箱（50000支）美丽牌香烟须付给吕

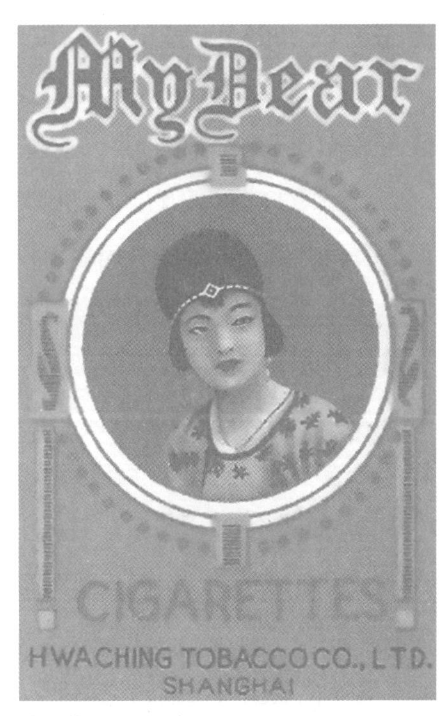

美丽牌香烟的烟标

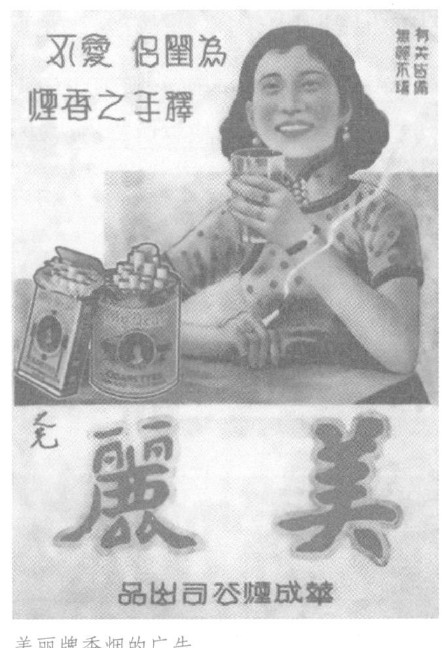

美丽牌香烟的广告

美玉大洋5角的“商标租费”，按月结算。那时的每担大米（150斤左右）市价约4元，这5角提成之高额可以说是空前的。香烟的巨大销量让吕美玉一夜暴富，她也从此告别舞台。

直到1933年，身陷事端的魏荣廷迫于舆论压力才主动放弃了华成公司的款项。华成公司也算仗义，又一次性付给他们20000元，从此了断了“烟标官司”。正如沈景柏在《中国华成烟草股份有限公司大事记》中所见的那样：“1933年4月21日召开董事会第四次大会，取消吕美玉商标合同（每箱5角）的约定，付魏廷荣两万元作为5年租费，以后该商标永归我使用。”

华成烟草公司于1959年并入上海卷烟厂，美丽牌又延续了五六年。后来，烟厂以宏伟蓝图图案将吕美玉的图像换掉，更名为壮丽牌香烟。

另外，老上海市面的“美丽”火柴曾经也很俏销，火花图样与美丽牌香烟烟标图案同出一辙。除了香烟盒，那么随之跟风派生为促销的火柴盒、香粉盒，尤其是上面的美女图，在当年是否被吕美玉一并注意到了呢？还是她抓大放小了？历史与收藏的老故事就是这样，说起来总会令人津津乐道的。

蜡烛名牌“白礼氏”

说到蜡烛的历史，可谓源远流长，甚至可追溯到原始时代的火把与蜜蜡，但其普及却经历了相当长的岁月，且一直“身价”金贵。古代笔记小说集《西京杂记》写的是西汉杂史，书里记载，南越向汉高祖刘邦进贡的贡品中就有蜡烛。当时，蜡烛很稀少，故而成为君王赏赐高官的一种宝贝。到了明清，蜡烛虽逐渐走入寻常百姓家，但也只是在特殊场合才会用上三两支，日常生活中依旧使用油灯、火把等传统灯具。清宫中的蜡烛同样贵重，由掌关防处统一管理。

使用不便，是古代蜡烛未得大量普及的另一因素。唐代诗人李商隐曾有“何当共剪西窗烛”之言，为何要剪烛呢？老式的烛芯是用棉线搓成的，燃烧过程中无法烧尽而形成一些残留，因此需要不断用剪刀来打理，以不致影响照明。1820年，有个名叫强巴歇列的法国人发明了用三根细棉线编成的烛芯，烛芯燃烧时会自然松开，末端恰可翘到火焰外，得以完全燃烧。

辛亥革命后，西风东渐，外商的蜡烛来到中国，被俗称为“洋烛”，大名鼎鼎的“白礼氏”洋烛行销南北，基本结束了中国百姓使用油灯与国产土制蜡烛的历史。说起白礼氏蜡烛，必须要提及它的东家——亚细亚火油公司。

亚细亚火油公司是1903年7月在伦敦成立的，由英国壳牌石油公司、荷兰皇家石油公司、罗特希尔德公司共同出资创办。1906年，上述前两家公司合并为英荷壳牌石油公司，一举垄断了亚洲市场的相关销售，而中国正是他们最大的市场。随后，英荷壳牌公司相继在香港、上海派设分公司——亚细亚火油公司，直销石油产品。蜡烛即为石油产品的重要一项。

清末民初的沿海城市四处充斥着洋货，上海更甚。日用商品市场同样是洋货独步天下的格局，仅洋烛一项，1910年上海的进口量就达100万海关两（1海关两等于1.114银两）。于是，嗅觉灵敏的亚细亚公司审时度势，很快瞄准了东方市场的前景，在上海又开办了白礼氏洋烛公司。初期，白礼氏公司也生产肥皂，故又名（白礼氏）中国皂烛公司。

关于白礼氏公司的创建时间，史料说法不尽相同。据《上海机电工业志》第一篇第二章中的《工厂选介》表述："上海粮食机械厂建立于1959年，原系英国人白礼氏开设于清宣统三年（1911年）的洋烛厂，解放后收归国有并由上海市粮食局接管。"又见《上海对外经济贸易志》第九卷中的《1894年—1913年英商新设主要企业一览表》显示："白礼氏洋烛公司创建年份：1912年，资本额：60万英镑。"另据《普陀区志·大事记》载："民国六年（1917年），英商白礼氏洋烛厂在劳勃生路南侧（今长寿路19号）建成投产。生产洋烛和肥皂。"白礼氏公司的厂房选址也得地利之便。劳勃生路位于苏州河畔，当时为新开辟的区域，中外实业皆蜂拥而至。

白礼氏公司旗下有水牛牌、百合花牌、树牌、紫薇星牌等多个品牌，借助亚细亚公司在中国庞大的多层次的销售系统，以及专属船队、专用码头（上海、广州、武汉等地）、自备油池等，白

白禮氏燭

曾獲各國賽會獎牌九十三面

以最新法製造之燭黑暗變為光明

用之極利便無電燈出火煤油燈潑翻轟發諸危

百合花

白禮氏公司研求製燭有年其現時所製之燭貨質精美無比

故能十分妥善計其利益如下

一便於携帶

二無慮轟發

三既燃着便無須人在旁照應

四無惡味

白禮氏亦製有盤古背地球牌及船牌紅色等燭

白禮氏

百合花

贈遇環球勸業會

得獎賞玖拾叁次

PRICES (CHINA) LIMITED

LONDON & SHANGHAI

白禮氏燭之馳譽萬國無出其右者有四緣因

一光大且潤不傷眼

二陰雨之時無慮灣軟

三不出烟

四式樣好看分量十足較之假冒貨物更有價值

白禮氏亦製有樹牌紫薇星牌等燭

每包封面有招牌紙

白禮氏係天下著名製燭最大之公司創設已將

百年分行滿佈天下上海設有燭廠雇用諸多華工出貨專供全中國需用

蜡烛广告说明详细

礼氏的销售网自然畅通无阻，洋烛之光亮遍全国，近乎垄断态势。顺便一说，当时的烛芯一直是由日商中桐洋行独家经销，虽然价格较高，但供不应求。

白礼氏洋烛的产品进步在何处？备受欢迎的优点到底在哪呢？笔者收藏有白礼氏百合花牌洋烛的广告，解读广告的标榜文字可知几点：便于携带；不必考虑轰发（爆炸），所以在照明过程中无须专门照顾；光亮大，火头润，不出烟，无恶味，且不伤眼睛。广告中，还单列一行专门说：白礼氏洋烛用起来很方便，绝无电灯短路打火、煤油灯泼翻等意外带来的种种危险。有了这些过人之处，白礼氏便信誓旦旦地宣称“驰誉万国，无出其右”了。另外，除了畅销的百姓常用的白色蜡烛外，白礼氏还出产船牌、盘古背地球牌红色蜡烛，供喜庆场合使用。

洋商聪明，他们晓得好酒也怕巷子深的道理。白礼氏的销售渠道虽然通畅，但照样念念不忘广告宣传。比如1924年，白礼氏特请老上海著名画家郑曼陀为公司绘制了次年的月份牌广告画。画中女子是典型民国初期的时髦打扮，她身着粉红色小碎花改良中式袄，上提的倒大袖恰好露出白皙玉臂。再看她所穿的洋裙，淡蓝色中的缠枝花若隐若现，下摆有蕾丝，腰间还有白色流苏下垂过膝。这美女还穿着当时最流行的进口“玻璃丝”长筒袜，突出纤细小腿，脚上穿一双湖绿色的半高跟鞋，鞋面还有精致花朵。如此装扮的她站在春意盎然的中式庭院里，身后的桃花也已竞相争艳，芬芳徐徐，她正采撷下一枝春桃轻轻拿在了手中。

这幅月份牌广告画的上端设计有红色横标，上印金色的白礼氏公司名称，下部是四款不同牌号蜡烛的包装盒图样。画面左右两边竖着两支白色的大蜡烛，其轮廓好似边框，当年的年历恰好安排其间。

郑曼陀的笔下难道是“去年今日此门中，人面桃花相映红”的意境？这一中西合璧时装美女怎个温婉娴熟、性感迷人了得。她，能不吸引顾客注目吗？如此，广告宣传之功效可谓事半功倍。

同时期还有另一幅类似的月份牌画，也是郑曼陀所制。画面四周为花团锦簇的宽大花边，画中姑娘身在西式庭院中，斜侧身坐在走廊的栏墙上。不过此画是白礼氏船牌肥皂的广告。

除了上述2开大小的月份牌广告画之外，白礼氏公司的其他各类广告印刷品也是铺天盖地，发行面很广。比如一页水牛牌洋烛广告，它以明黄色为基调，效果非常夺目。水牛牌洋烛是白礼氏的主打品牌，六支蜡烛为一个小包装，包装上标有“担保十二两净重”字样，让人心明眼亮。“水牛”商标颇具趣味，商标中有一古代武将骑在牛背上，他手持烛台，上有三支蜡烛，烛光通明，照亮着前行的路。这纸广告文称：“白礼氏洋烛著名全球，曾获各国赛会奖牌九十三面。所出货品均系选用上等材料，故能精美无比……专家监督，燃

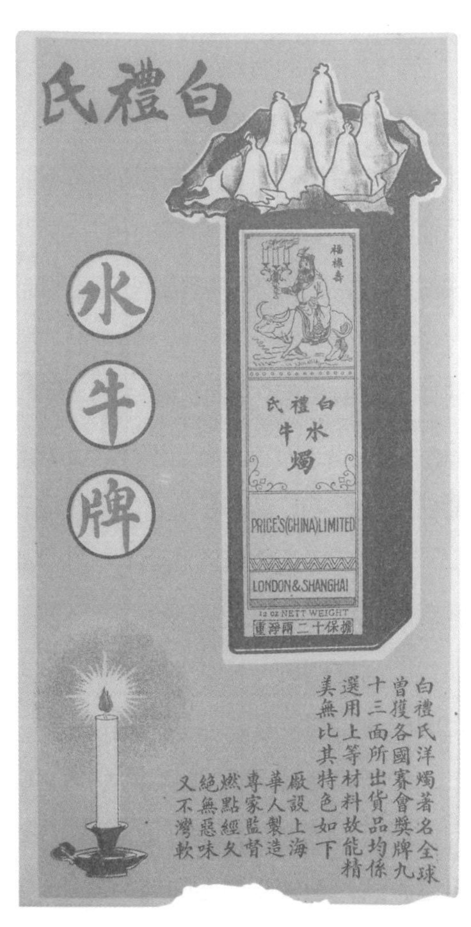

白礼氏蜡烛广告

点经久，绝无恶味，又不弯软。”或许是鉴于中国时局与提倡国货的形势，为拉近与中国顾客的关系，白礼氏在宣传中特别加注了“厂设上海，华人制造”的字样。在另一则广告里，白礼氏又进一步强调：“得天下之名誉，因为其洋烛占最优等……上海有烛厂，雇用许多华工，出货专供全中国需用。”

不仅是印刷广告与报刊广告，亚细亚公司、白礼氏公司还不断在上海等城市的繁华路段发布墙壁广告，后来还扩展至沪宁、沪杭铁路沿线的墙面上，乃至后来又登上更能经风雨的现代油彩路牌广告。

面对市场的蛋糕，谁都愿意分上一口？缘此，优良品牌也难免会招来仿冒、跟风。20世纪30年代中期，苏州宝昌蜡烛厂出品有太公牌蜡烛，其商标图样为手持烛台的姜子牙骑在羊背上，这与白礼氏水牛牌洋烛商标如出一辙。商战中，白礼氏将宝昌告上法庭，但鉴于太公牌曾依据民国《商标法》正式注册过，所以双方只能各让一步，其结果是宝昌将姜子牙手中的烛台改为了宝剑图样。类似事件还有1936年2月白礼氏与苏州公信号的纠纷。公信号的蜡烛名为鱼罩牌，白礼氏指控它仿冒了船牌洋烛。鱼罩牌蜡烛虽是多年的省优名品，可未经注册，只好甘拜下风。

大从工商业发展的层面看，小从商标品牌与广告宣传角度看，客观地说，洋商既有贸易、文化侵略的一面，也不乏启蒙东方近现代工商文明的一面，对我们的民族工商业走向现代化起到了一定的拉动促进作用。

1941年末太平洋战争爆发，几年间亚细亚公司、白礼氏公司损失严重，加之来自同行业老对手美孚洋行、德士古公司的竞争日趋激烈，导致亚细亚的实力急速衰减。约1951年前后，曾经誉满大江南北的白礼氏洋烛与亚细亚公司一道逐渐结束了在中国大陆的发展。

“顺全隆”往事

清末民国时期德国商人在天津开办的顺全隆洋行曾名噪一时，还有知名买办（从事中外双边贸易的中国商人）于此间供职、往来。几年前笔者便注意到该公司的名字，然岁月荏苒，所见史料语焉不详，所以更渴望寻到相关故纸，因为百年故纸大可作为独特的一手“文献”，便于揭开尘封，一睹其详。后来，巧遇顺全隆商标故纸，且得见几样旧物，恰可钩沉点滴。

顺全隆洋行何时入津？该商号最先设于上海。普法战争（1870—1871）后，德商在沪开办洋行之势发展迅速，至清同治十一年（1872年）已达40家，次年（1873年），德国人迈林克在上海开办顺全隆洋行，初址在广东路，后来迁到九江路。《上海对外经济贸易志》中“洋行、买办”一节载有顺全隆之名。当时有段故事可资：光绪八年中期（1882年6月）顺全隆到上海法租界会审公堂控告当地盈泰丰洋货店，诉其冒牌销售顺全隆制造的双斗鸡牌自来火（火柴），此案也成为晚清一起较典型的涉外商标侵权纠纷。

清末天津商贸繁盛，鉴于业务需求，顺全隆洋行落足上海不久即在津开分号。来自浙江镇海的宁波帮商人严蕉铭曾是老天津的著名买办，据《浙江民国人物大辞典》载：严蕉铭“初在上海

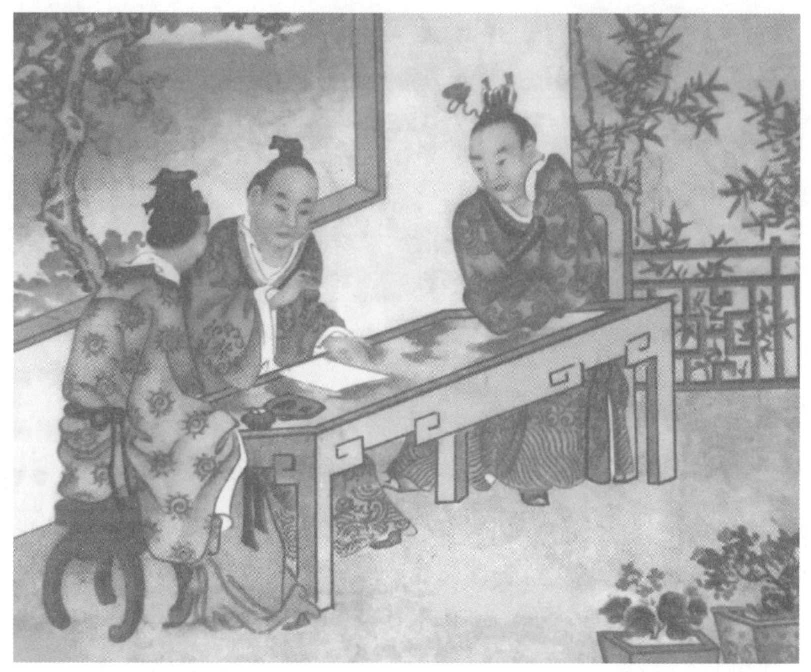

顺全隆"三才子"商标画

任美商旗昌洋行买办，1882年至天津，先后任顺全隆、禅臣、绵华、立兴等洋行买办"，他与李鸿章、袁世凯等也广有交往。另外，在天津顺全隆供职的大买办还有刘显哉。借此推算，天津顺全隆大致开设于1873年以后、1882年之前。

天津顺全隆洋行地址在哪儿？暂未见详确记载。可关注的是，天津市政协文史资料研究委员会编、天津人民出版社1986年6月版《天津租界》一书中谈到比利时租界时表述：该租界"面积为740亩，但划入比租界范围内的土地，内有属于洋商世昌、信义、顺全隆各洋行所有之土地191亩……"顺便一说，此租界始设于光绪二十八年（1902年），位置在旧年十五经路、海河东岸、小孙庄、大直沽中街一带。

天津顺全隆经营范围广泛，比如进口欧美、澳洲所的白糖、大米、小麦、钢铁、五金、纺织品、纱线、颜（染）料、钟表、药品、杂货等，甚至还有一些军工产品，又代理几家外商保险公司的保险业务。与此同时，他们将中国所产丝绸、羊皮、羊毛、油脂、棕麻等贩运到西方，来来往往大为获利。顺全隆洋行不仅在沪、津发展，且将分号开到广州、香港。第一次世界大战期间的1917年8月14日段祺瑞执掌的北洋军阀发布《大总统布告》以后，中外时局动荡，德商背景的顺全隆洋行受到波及，天津行歇业，至20年代初恢复营业。

进口纺织品来华是天津顺全隆的重要业务，洋行要为布料换上新包装、新商标，贴合中国顾客审美，也算“入乡随俗”。如清末民初有得胜图牌，商标上画着山下有一群猛牛奋力向前冲，山上有将军一边摇旗呐喊，一边瞭望两军阵前。又如三才子牌，画上绘明代文人解缙、杨慎、徐渭聚于案前舞文弄墨的情景。还有弄孙点额牌，画中故事出自《北齐书·文宣帝纪》，“点痣”通“点智”，是开启智慧的意思。再说颜（染）料，德国货素来品质佳、品种多，天津织染工厂、民间用量很大。顺全隆照例用花铁罐分装染料，比如一罐上画着麒麟送子图与双喜字，盒盖上还标着“上上第一”字样，权为广告。另一种红色染料的标签上画猛虎，暗喻品质、生意雄强。

顺全隆另将各样座钟、闹钟、怀表进口到包括天津在内的中国市场，其产品一般是在瑞士定制的，表上有 “顺全隆洋行”汉字标记。顺全隆在天津还经营进口铜纽扣，有高档的甚至是鎏金的。纽扣正面常见中国传统吉祥图案，如“五福捧寿”等，笔者所见藏友收存的纽扣背面也有顺全隆洋行标记。

礼和洋行卖染料

在中国近代史上，特别是商贸发展进程中，在华德商礼和洋行曾驰名南北，备受瞩目。如今，若偶遇清末年的礼和洋行故纸，我岂能放过？近日的一个周末，在旧书摊上见到一个来自潍坊的卖家，地摊上的册子里花花绿绿插着二三十张老商标、老广告画，匆匆浏览，不错，有些难得一见的好东西。此刻，我心中的“虫瘾”已然发作，对礼和洋行的那张标已爱不释手了。

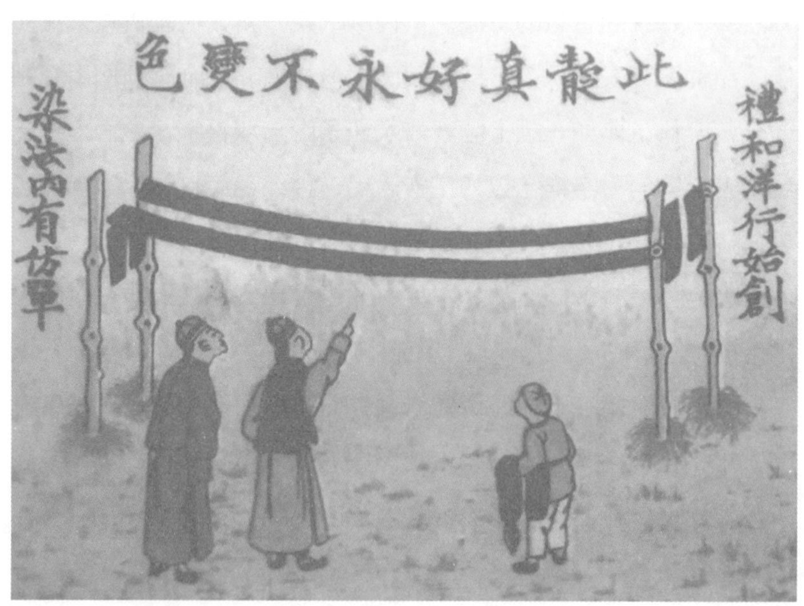

礼和洋行的小广告

礼和洋行发祥于广州。清道光二十二年（1842年8月29日）清政府与英国代表在南京签订了中国近代第一个不平等条约，即《南京条约》。此后，德意志的邦国普鲁士王国、萨克森王国在广州设立了领事馆，首任领事是巴甲威（又译卡·佛慈）。道光二十五年（1845年10月）巴甲威与在广州经商的德国人海谷德合资创办了礼和洋行（Carlowitz Harkort & Co.）。最初，礼和洋行主要代理欧美轮船、保险业务，后逐渐发展起来。

同治五年（1866年）、光绪三年（1877年）礼和洋行香港分行、上海分行相继成立，其在中国的生意也在增速。礼和洋行进一步拓展进出口贸易，他们把中国的猪鬃、桐油等销往欧洲、美洲、澳洲、非洲等地；再将包括德国在内的欧美国家的五金、染料（纺织品染色颜料）、机器、电器、照相材料等运到中国，从中获取利润。如此营生让礼和洋行仍觉不解渴，于是又为清廷以及民间政权进口军火，由其独家代理的德国克虏伯炼钢厂的武器、机器、机车等，被源源不断转运东方。

大发横财的礼和洋行有了资本积累后，他们有鉴于中国沿海口岸发展变化与前景，将目光集中到了上海。约光绪十三年（1887年）前后，礼和洋行上海分行变更为总行，地点在江西路（近九江路，今江西中路）。光绪二十四年（1898年）礼和洋行在此兴建新的办公楼，历时数年建成。此楼高4层（连屋顶层为5层），在当时的上海洋行中堪称最大。1924年4月27日《申报》报道："德商礼和洋行，其旧居在江西路18号。近在四川路苏州路转角，自建五层高大楼房，业于前日迁入，并发柬请各界参观……屋顶可以俯瞰苏州河全景，与隔岸邮政局新局遥谛，风景极佳。"文中的四川路即今天的四川中路。

清末民初以来，礼和洋行的销售网络不断扩张，先后在天津、汉口、青岛、济南、沈阳、南京设立了分行。其中，天津分行位于英租界海大道（今大沽路）。

自19世纪70年代开始，中国国内的机器织布业逐渐发展起来，土布印染市场对于染料的需求不断增加，销路广阔。这一时期，礼和洋行、禅臣洋行（德商）等将德国染料代理到中国，委托上海一些洋广杂货商号来销售，如此不仅开发了新市场，还培育了中国沿海城市相关商业的兴起，及至专营进口染料的颜料行、染料庄遍地开花。约1900年前后，礼和洋行又带来了上好的靛蓝色。中国民众日常用度尤其喜欢蓝色，靛蓝很快风行城乡。从此，靛蓝成为礼和洋行染料业务的主打产品。

笔者手边的这纸礼和洋行的老商标大致是清末年使用的，原本贴在靛蓝染料罐外，商标与广告作用凸显。画面中是一家染坊正在晾晒深蓝色布的情景，伙计刚刚晾好长长的一匹布，这时候东家老爷来了，他指着布匹，好像在说："此靛真好，永不变色。"而这一句正是礼和洋行的广告语，被清晰地印在标签上方。不仅如此，画面左右两侧还写明："礼和洋行始创，染法内有仿单"。意思是说，这种颜料是我们首创的，顾客可以放心使用，至于具体用法，罐里有说明书可参考。

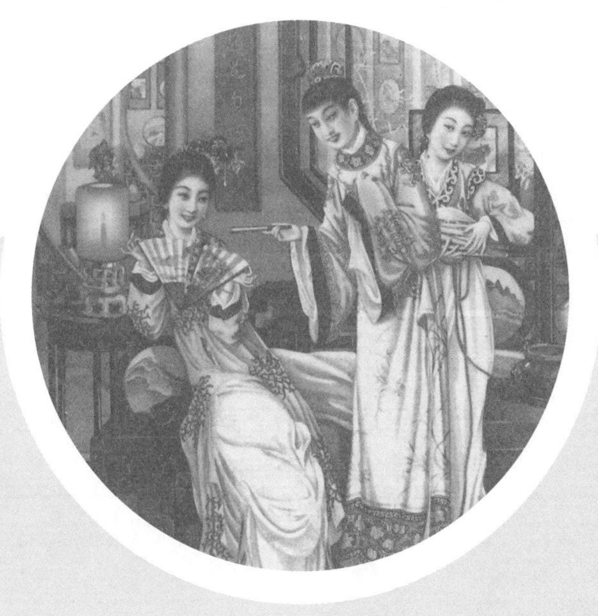

第四章

广告与书

结缘商务印书馆广告

记得2008年11月9日《每日新报》在新闻版以《清末买书，天津能“函购”——市民发现100年前商务印书馆老广告》为题，刊发了这样一则消息：

市民王女士在家中发现了一张天津商务印书馆的老广告，这幅广告距今已有100年左右，广告上的“函购”字样表明那时候就出现了“邮购”的消费方式。这张老广告纸张很薄，高60厘米，宽30厘米，上面印刷的字体全都是毛笔手写繁体字。广告上用大字写着“商务印书馆经营文房四宝、出版五彩石印”等字样，详细内容则是“本馆……编辑各学应用教科书籍……如蒙惠顾及远近函购……”从广告内容看，印书馆除经营文具、印刷业务，还办理邮购图书。记者查阅资料了解到，商务印书馆成立于1897年，最早出版教材和教科书，1906年在天津大胡同一带设立分馆。

当时，报社的记者朋友获知这一新闻线索后联系到我并传来图片，希望我能帮助解读一二。查找相关资料后，我与记者进行了电话沟通。新闻见报后，我发现文中“一张天津商务印书馆的老广告”说法有误，应为“上海商务印书馆”更准确，究其原因，大概是记者误解了我曾在电话里提及的商务印书馆曾在天津开过分馆的说法。如此也就又有了文中“天津能‘函购’”之误。

新闻见报后，笔者辗转通过关系成功购藏了这张上海商务印书馆的招贴广告，得以零距离地认真研究。

商务印书馆大名鼎鼎，清光绪二十三年（1897年）创办于上海，1954年迁址北京，是中国出版业中历史最悠久的出版机构。印书馆从小做起，初期只是承印些商业簿记表册、账本、教会图书等，故名“商务”。秉承“昌明教育，开启民智”宗旨，张元济、夏瑞芳等出版家艰苦创业，为日后的发展打下了坚实基础。

商务印书馆创立不久就成立了股份公司，同时聘请高梦旦、王云五等一批杰出人才，开展以出版为中心的多种经营，很快实力大增。他们编写大、中、小学各类教科书；编纂《辞源》等大型工具书；翻译推介《天演论》《国富论》等西方学术名著；出版鲁迅、巴金、冰心、老舍等现当代著名作家的作品；整理《四部丛刊》等古籍；编辑“万有文库”“大学丛书”等大型系列图书；出版《东方杂志》《小说月报》《自然界》等期刊；创办东方图书馆、尚公小学；生产教育器械，甚至还拍摄过电影等。

商务印书馆的创立标志着中国现代出版业的开始。比如在光绪三十三年（1907年），它在国内率先采用珂罗版印刷；在光绪三十四年（1908年），出版了第一部由中国学者自己编纂的双语《英华大辞典》；在1912年，首家采用电镀铜版印刷；在1913年，最先使用自动铸字机；在1915年，最早采用胶版彩色印刷，影响深远。

特别要说的是，商务印书馆也是中国现代出版业中最早探索开设分馆制度的出版机构。商务印书馆发展壮大后，并没有满足自身在出版业的核心地位，他们深知中国幅员广阔，若能卓有成效地普及文化、推广教育、倡导阅读，必须依靠有效的营销手段。

有鉴于此，上海商务印书馆自光绪二十九年（1903年）在湖北汉口开办了第一家分馆，接下来不断拓展，进而在各地广开分支书馆，有40多家，遍及国内各大城市，远至海外新加坡。这些分馆在书店服务之外，更成为知识界、教育界人士乐往交流的好地方。分馆能将读者的需求快速反馈，有助于商务印书馆对图书质量的提升。

话分两厢。笔者如愿以偿收藏了这张招贴广告，展卷研读发现，它实际上是上海商务印书馆在山东潍坊、济南、聊城的分馆印行的，所用纸张为薄薄的粉连纸，用木版（或石版）手工印刷的，推出时间约在清末年。根据印刷、用纸推测，这纸广告在当时的印量不会很大，它能历经百年遗存至今，且品相较为完好，实属凤毛麟角了。

此广告顶头有“上海”二字，中上核心位置醒目书写着“商务印书馆”楷体大字。馆名右侧有“总发零卖，价格从廉”字样，左边有“寓东关地瓜市同盛栈内”。另外，在此“地瓜市”分馆名下又竖排两行稍小字样“分设济南府布政司大街”和“东昌府鼓楼东大街”。

广告的下半部分是重头戏，文称：“本馆为输入文明开通风气起见，延聘通才编辑各学应用教科书籍，早蒙全国士林交相称许，又自运东西各国印刷机器，各色纸张洋墨、学堂仪器、图画标本、风琴鼓号及一切文房器具，一应俱全。又精印五彩石印钱票图画，精制铜模铅字、照相铜版、铝版花边等件，如蒙惠顾及远近函购，划一无欺。此布。”

需要说明的是，文中的“模”字，在这张清末故纸上被手写为一个异体字：左右结构，左为“木”旁，右为“算”字。此字何解？我查找了多样工具书，皆不得其解。就此，我专门向首都师范大学教授侯会先生发函请教。侯先生复函称：在收字最多的《汉语大字典》中也未查到。疑为“模”字。铜模意为“用紫铜或锌合金制的浇铸铅字的模型”。例如，鲁迅在《集外集拾遗补编·文学救国法》中有“取所有印刷局的感叹符号的铅粒和铜模，全数销毁”的表述；茅盾在《我走过的道路·商务印书馆编译所》中有“此时的商务印书馆……能制照相铜版、锌版、铜模和浇铸铅字”的表述。侯先生答疑有理有据，解我文愁，让人感佩。

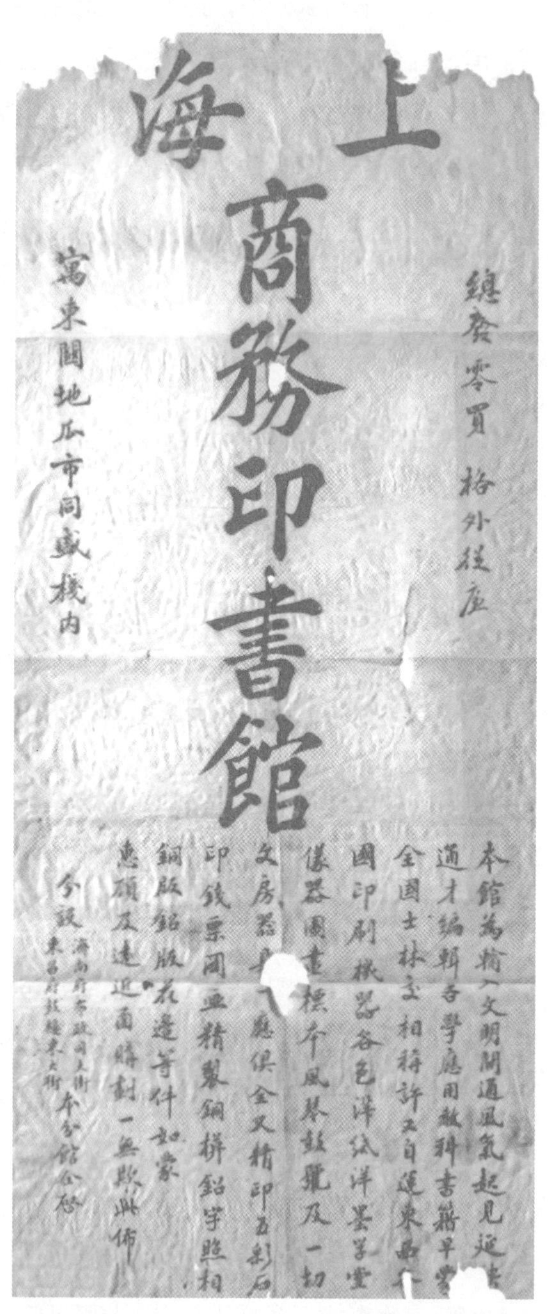

老商务印书馆广告

据广告上的地名（分馆）信息可知，商务印书馆较早就将触角发展到山东繁华地区，或驻庄或开分馆。

且说潍坊东关一带自古繁华，大小生意沿街成市，后来逐渐形成了鱼市街、估衣市街、米市街、地瓜市、针巷子等颇具行业特性的街市，商户、居民越来越多。

东昌府，即如今聊城市东昌府区。明清两代，东昌府得益于京杭大运河漕运兴盛，经济繁荣，文化昌盛。东昌府名人辈出，人杰地灵，自是文明礼仪之邦。

再说济南府。布政司大街（今省政府前街）位于布政司署前，南北向，此地周围有贡院、泺源书院、尚书府等，学子云集，文化气息浓厚。旧时，布政司街、后宰门街书铺林立，是泉城著名的文化街，可与京城琉璃厂相媲美。据济南市政府门户网站“中国·济南”之《文化之城·大事记》记载：“1907年（光绪三十三年）2月，商务印书馆济南分馆在院西大街开业，经理沃子敬，经销本馆书籍，兼营文具，为济南新书业之始。”比对发现，老广告中标示的“布政司大街”与官网《大事记》中所说的“院西大街”二者间存有不同，有待进一步考量。总之，商务印书馆济南分馆的开办推动了近代济南图书业的发展，更多市民通过优秀书籍接触到了近现代中西文化。

再说商务印书馆在老天津的故事。天津设卫建城于明永乐二年（1404年），自正统元年（1436年）天津文庙开办卫学以来，各类教育教学机构如雨后春笋，至清康熙年间，又有更高一级的书院相继出现。文风昌盛、教育兴学对各类书籍的需求量日益增加，为天津图书、出版业的兴起带来了发展空间。早年，津地书坊多位于老城北门外、大胡同、东门外、东马路一带。另外，北洋新政以来开辟了河北新区，打通了大经路（今中山路，与东马路相连），加之北洋师范学堂、北洋女子师范学堂、直隶高等工业学堂、直隶法政专门学校、直隶水产专门学校等相继建立，大量的学子文人频频光顾大胡同、东北角一带的书坊、书局。

光绪三十二年（1906年）上海商务印书馆选址大胡同开办了天津分馆，为天津图书销售走向现代带来了新风尚，并对津城文化产生了一定影响。比如当年，商务印书馆联手《京津泰晤士报》在北方地区发行代售35册一套的《大英百科全书》，书馆连续在天津《大公报》刊登广告宣传招徕。

不久，上海文明书局、中华书局、世界书局接踵而至，在津开设分号，此后陆续开业的还有大东书局、大众书局、文化书局、江东书局、南洋书店、华新书局、东亚书局、集成书局、华洋书社、联益书局等。几年间，大胡同、东北角一带书店林立，书香氤氲，甚至称得上是全国新书荟萃之地，让人流连忘返。

且读书的广告

广告，传统意义上的告白形式，不仅是市场经济的代言，对图书文化的传播作用也是显而易见的。笔者收存着一些有关于此的故纸资料，特别是老天津世界图书局、复源南纸局等广告宣传品原件，它们犹如散落的珍珠串起，不难管窥旧津文脉往事。

清光绪十二年（1886 年）四月，天津首家中文报纸《时报》创刊，该报开始发布广告不久，一则《加批红楼梦图咏出售》的信息跃然纸面，令人耳目一新。文辞晓知读者：鉴于《红楼梦》版本良莠不齐的情况，编者诚请高手精心绘图，详细校对，欢迎赐顾，此书在天津文美斋南纸局及苏沪各书坊代售。另外，张焘

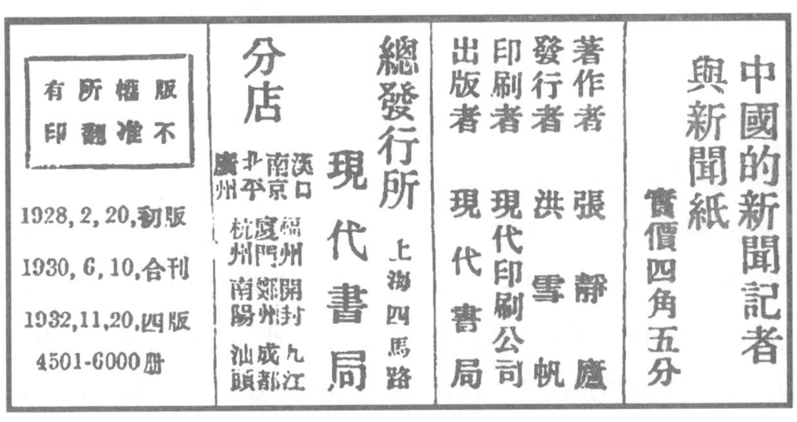

中國的新聞記者與新聞紙
實價四角五分
著作者 張靜廬
發行者 洪雪帆
印刷者 現代印刷公司
出版者 現代書局
總發行所 上海四馬路 現代書局
分店 漢口 南京 北平 廣州 福州 廈門 杭州 開封 鄭州 南陽 九江 成都 汕頭
版權所有 不准翻印
1928, 2, 20, 初版
1930, 6, 10, 合刊
1932, 11, 20, 四版
4501-6000册

1932 年现代书局版，张静庐著《中国的新闻记者与新闻纸》的版权页

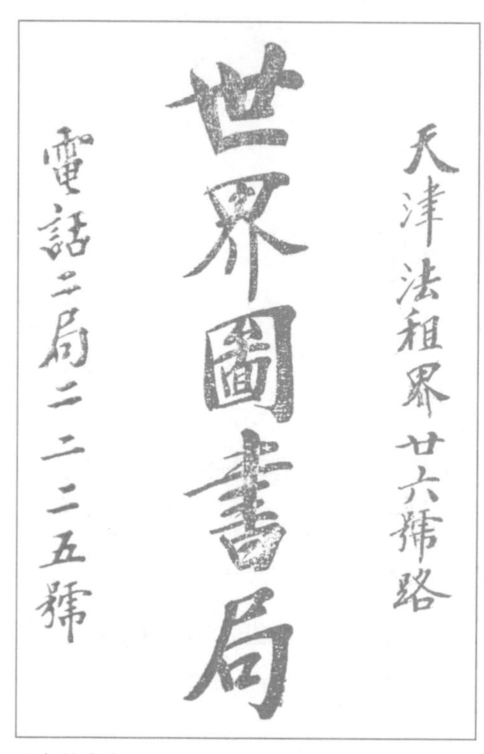

图书局广告

所著、成书于光绪十年（1884年）的《津门杂记》是后人研究天津地方史的重要文献，当年文美斋也代售此书，其广告也出现在同一时期的《时报》上。

光绪三十二年（1906年），京津泰晤士报、商务印书馆连续在《大公报》刊登广告，宣传其发行、代售的35册的大部头《大英百科全书》。清末，天津本地书店也更加注重宣传，比如光绪三十四年（1908年），天津求古堂书铺曾在《大公报》上发起推销称："庚子乱后，书籍散亡，元刊旧椠，价昂百倍。本堂主人念搜罗之不易，叹商贾之居奇，因广筹资本，分赴各省购求铭刻古本，充栋汗牛，几于大备，售价又一概从廉，以为好古之助……兹择于十月二十七日新张于北门内，务望光顾，以证不欺。"

辛亥革命后，图书出版先锋城市上海的几家大户便看上了天津的风水宝地——大胡同、东北角一带，纷纷驻庄于此设立分支，且售书范围各有侧重。商务印书馆捷足先登，文明书局、中华书局、世界书局接踵而至，这几家的规模与经营品种比较完备，颇具名气。此后陆续开业的还有大东书局（主营课本）、大众书局

（儿童书）、江东书局（套书和年历）、集成书局、华洋书社、南洋书店（三家主营新书和杂志）、华新书局、东亚书局、联益书局等。几年间，此地书店林立，书香氤氲，成为南北出版物荟萃之地，俨如“书店街”，让人流连忘返。值得一提的是，各书局常以天津报刊为纽带，不断通过广告向天津读者介绍经典书籍与优秀文化，受到各界好评。

后来，有些书局为扩大影响，或随着天津商业中心的迁移变化，又在英租界、法租界、日租界开办了新门店。笔者手边的一纸世界书局老广告上显示，其地址位于法租界二十六号路（福煦将军路），即现今滨江道。世界书局出售的各种地图最为齐全，胜于他家，尤其受到专业人士以及爱好者的欢迎。从某种层面上说，地图也为津门大众读者放眼全国、了解世界提供了窗口。

《大公报》始终为图书出版、行销广告大开方便之门。1921年2月间，《大公报》自己曾特别刊发广告称：“兼办印刷华洋文书籍……现世界进化物质愈尚文明，本馆不惜工料，精益求精。”1934年，中华书局隆重推出了聚珍仿宋版《四部备要》，出版不久《大公报》即见广告云“选切实有用之书，依最精最善之本，字体大小适宜，既经济又不伤目力，书品特别宽大，五开大本天地放宽”，热心传播文化之志可见一斑。

老广告上看“红楼”

古典文学名著《红楼梦》脍炙人口，各种相关题材的藏品素为收藏热门，让人喜闻乐见，之于老广告老商标而言同样如此。笔者在2016年7月全国商标交流拍卖会上竞得一张“红楼梦”故纸，是民国时期河北高阳瑞成亨记棉布号所属的品牌商标画。画中花园里，被紫鹃轻扶的林黛玉更显柔弱多愁之态，画家较好地再现了曹雪芹的笔意——她为流泪而来，是一部悲剧。又如早年安东市（今丹东市）同义染厂的布匹名叫“石头记”牌，商标图上的宝玉、黛玉正坐在大观园里的太湖石前说着温情话。小画边框装饰着圆月、飞燕、兰草等，进一步渲染着主题氛围。

小说中晴雯撕扇的故事最是家喻户晓。宝玉和晴雯因吵架心生不快，宝玉为博晴雯一笑，任由晴雯撕扇子，此罢，二人芥蒂全消，关系更好起来。民国时期哈尔滨源成东公司监制有“一笑图”牌纺织品，商标画中的晴雯正率真含笑地撕着小扇，旁边的宝玉见状又殷勤着递上一柄。不仅如此，上海天申染织厂曾使用过“宝玉图”商标，同以晴雯撕扇为商标画面。二者的差异在于，“一笑图”的背景环境是大观园凉亭下，而“宝玉图”则在怡红院屋内。

类似的“室内剧”还有更出色的，如老上海月份牌画高手杭

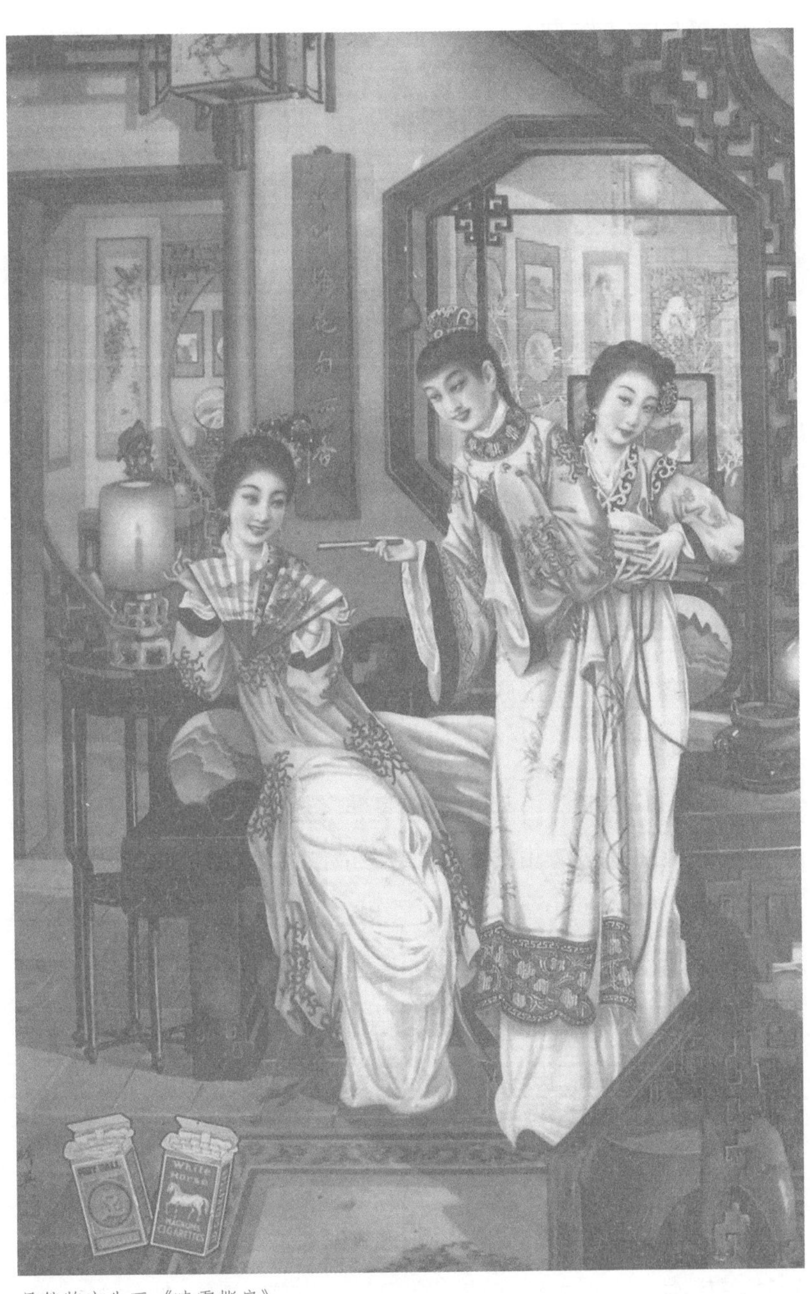

月份牌广告画《晴雯撕扇》

穉英《晴雯撕扇图》月份牌画，对开尺寸，也是怡红院内景。奉天（今沈阳）太阳烟草公司以此当赠品为载体，画面上端是公司名称，下端写有“请吸白马牌、足球牌香烟”等字样，左下角还画着这两种香烟。佳作人人爱，旧年名家画稿“一女许配多家”的现象实属正常，比如这幅，它还曾被上海汇明电筒电池制造厂相中，画面四周为明黄色装饰，两侧是手电筒、电池图，广告形式感突出。

五四运动前后，南洋兄弟烟草公司着力推销“大爱国”牌香烟，“同胞注意：君用一份国货，即为国家挽回一份外溢之权利。明乎此者，请吸南洋公司各种国货香烟”，如此彰显拳拳之心。1924年该公司以上海著名画家周柏生绘制的条屏式《晴雯撕扇图》为载体，宣传“大爱国”等品牌香烟，画中环境也是大观园凉亭下，晴雯坐在石鼓凳上撕扇，宝玉站在凉亭下，他的丫鬟麝月也在一旁观瞧。由于画风原因，画中人物的描绘显得比较沉静，不及上述两幅活泼。

“花谢花飞花满天，红消香断有谁怜？游丝软系飘春榭，落絮轻沾扑绣帘。闺中女儿惜春暮，愁绪满怀无释处。手把花锄出绣帘，忍踏落花来复去……”众所周知，《葬花吟》是《红楼梦》最成功的诗篇，是林黛玉感叹身世遭遇的全部哀音的代表。通过研读故纸藏品发现，“黛玉葬花”的故事似乎最令商家、画家青睐，所以更多地出现在广告与装潢中。

20世纪20年代初，同样为推销“大爱国”香烟，南洋兄弟烟草公司请周柏生绘制了一幅月份牌画，画中是大观园沁芳闸桥畔的景致，黛玉坐在桃树下假山石上，石上倚着花锄，她的左手轻轻扶在花锄上。刚才正在读《会真记》的宝玉呢？他站立一旁，似在听黛玉喃喃道：“那犄角上我有一个花冢，如今把它扫了，装在这绢袋里，拿土埋上，日久不过随土化了，岂不干净……”值得一提的是，自1916年1月梅兰芳在北京吉祥戏院首演新戏《黛玉葬花》以来，获得空前反响，梅兰芳饰演的林黛玉形象由此在观众心目中留下了难以磨灭的印象。最具典型性的是梅兰芳扮演的黛玉葬花图，此月份牌画由英商亚细亚火油公司推出，画面左右附1927年新年历。当时，该画专为推销蜡烛（洋烛）而发行，画中的黛玉形象与京剧中梅兰芳的扮相如出一辙。

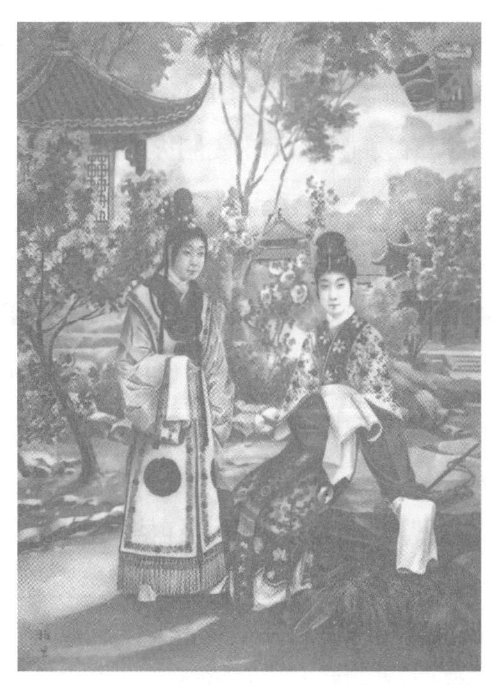

周柏生绘《黛玉葬花》

异曲同工的还有老天津估衣街德春林香粉庄出品有“梅兰芳”牌香粉，包装盒上是梅兰芳演黛玉葬花的画面。奉天北门里春生茂糖果庄出品的果露糖也叫

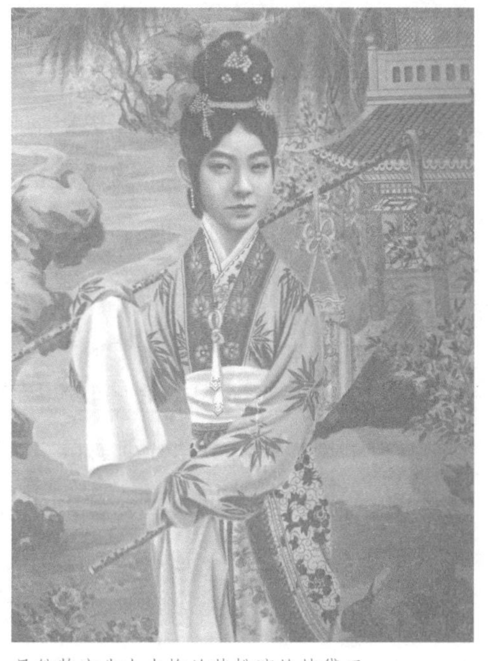

月份牌广告上由梅兰芳扮演的林黛玉

"梅兰芳"牌，包装袋上为京剧梅版葬花图。辽宁营口熊岳荣增祥针织厂出品的机织丝袜名"黛玉"牌，商标画面如出一辙。直到改革开放前后，河南安阳火柴厂推出过一套《红楼梦人物》火花，16开大小的封箱标上依旧画着黛玉葬花图。顺便一说，笔者收藏有一个"黛玉"牌香皂铁皮包装盒，它是民国时期上海中华兴记工厂出品的，盒面上画着黛玉执花图，立边四周布满花草纹样。

不仅如此，《红楼梦》的其他情节也被悉数绘入老广告画中。先说大场景的画面。老上海大名鼎鼎的英商元芳洋行曾大搞纺织品贸易，拥有不少自主品牌，"红梅白雪"即为其中之一。"红梅白雪"商标画取材于《红楼梦》第四十九回"琉璃世界白雪红梅"，画工精细，犹如一幅传统仕女图卷，引人入胜。若说横幅长卷类场面最大最热闹当数《贾母大观园赏桂花图》了，此画由启东烟草公司于30年代推行，画面横长108厘米，宽度38厘米，是著名画家倪耕野的手笔。画中以衣着华贵、持沉香拐杖的贾母为中心，共涉及人物25位，粉面佳人们个个身姿窈窕，落落大方，眉目传情，再看大观园的景致也被刻画得丝丝入扣。如此，曹雪芹笔下的喜庆；倪耕野笔下的香艳立时跃然纸上。画面以古铜色暗花纹为边框装饰，像国画装裱，左右两侧附加《红楼韵事》细节文字："秋爽斋探春偶然起了个结诗社的念头……次日便去请贾母赏桂花，贾母等都道倒是她会有兴头，须要扰她这雅兴，至午，果然贾母带了王夫人凤姐兼请薛姨妈等进园来……"图画虽妙，但意在推销，见左右下角分别画着"钦差"与"金砖"品牌香烟，潜台词——赏画莫忘买香烟。后来，启东烟草公司只将上述两包烟替换了一下，仍采用倪耕野这幅力作来推销"大前门"牌香烟。

类似的横幅长卷月份牌画还有杭穉英的作品。画面内容取自《红楼梦》第四十一回"栊翠庵茶品梅花雪，怡红院劫遇母蝗虫"，画面横长95厘米，宽度为43厘米。据小说原文故事与画面描绘，大意是宝玉、湘云等看着丫鬟们将攒盒搁在山石上，且见有人坐在山石上，有人坐在草地上，还有人靠在大树上，也有人傍水站着，倒也十分热闹。一会儿，鸳鸯来了，她要带刘姥姥到各处逛逛，众人也都赶着取笑。大家来到省亲牌坊前，刘姥姥道，嗳呀！这里还有个大庙呢。说着，刘姥姥便趴下磕头。再看各位都笑弯了腰。

这里的省亲牌坊颇具看点，它是曹雪芹笔下大观园中的宏伟建筑之一，由汉白玉雕砌而成，牌坊含波抱水，洁白如玉，矗立在沁芳池北岸。画中可见牌坊后就是元春省亲时的顾恩思义殿。这幅画为南洋兄弟烟草公司推行，画面两侧是该公司的“长城”“大联珠”“白金龙”等品牌香烟广告。

启东烟草公司另有《西厢记妙词通戏语》一画，为宣传“金砖”牌、“钦差”牌香烟而发行。画面源出《红楼梦》第二十三回，说三月桃花开的时节，宝玉正在大观园里偷偷阅读《西厢记》，黛玉来后发现，于是也认真阅读记诵起来。再有，英美烟草公司推出过《潇湘馆抚琴图》以及《宝钗扑蝶图》等，画上附加着“大前门”或“老刀”牌香烟广告。另外，杭穉英也曾作《宝钗扑蝶图》，后被南洋兄弟烟草公司、烟台进德会烟行（代理“大东”牌、“美美”牌香烟）选用，成为引人注目的宣传品。

昔时，香烟牌子小画片作为香烟的附属品，具有一定的广告促销作用，自清末在我国市场肇始以来，很快呈现出蔚为大观之势，香烟牌子画面内容十分丰富，且重传统，对中华文化的传播起到了促进作用。二三十年代，英美烟草公司曾大量发行《红楼梦》《三国演义》《水浒传》《西游记》《说唐》《说岳》等系列香烟牌子，顾客、民众趋之若鹜。福新烟草公司、南洋兄弟烟草公司

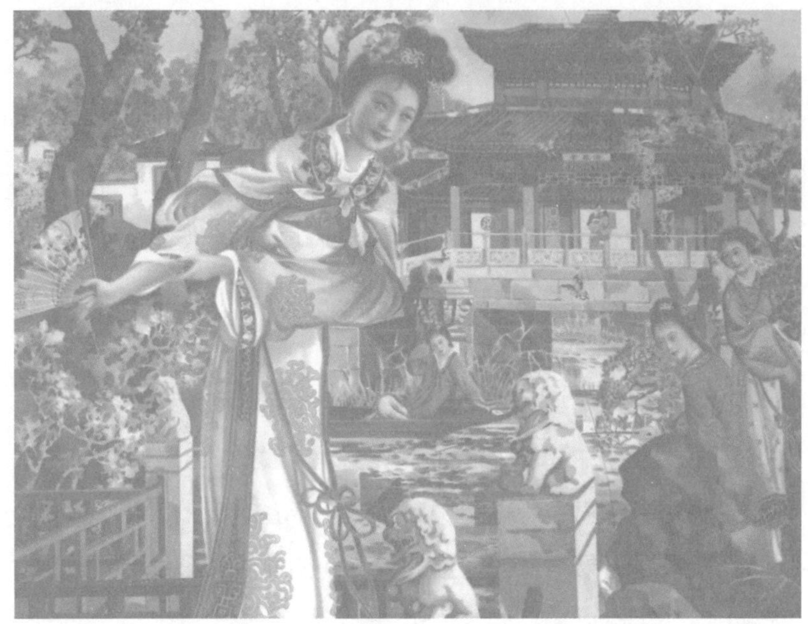

月份牌广告画上的《宝钗扑蝶》

都印行过《红楼梦》香烟牌子，南洋兄弟那套达120枚，早在2000年上海春季艺术品拍卖会上就以近万元成交。据2013年10月《新闻晚报》报道，上海收藏家冯懿有收藏20套近千枚《红楼梦》香烟牌子，与其他“四大名著”香烟牌子一起足谓洋洋大观了。

不仅仅是月份牌、海报、装潢商标、香烟牌子等印刷品广告，《红楼梦》故事也出现在报纸广告中。如说潇湘馆中自有怨叹烦心事，这也被商人巧借到广告中。1936年6月，英美烟草公司推出一组宣传“大炮台”牌香烟的报纸广告，图中黛玉在床前愁眉不展，这时，宝玉送上“大炮台”香烟，相随的广告词称“‘大炮台’是解闷儿的妙品”。如此独具匠心的策划怎不让人拍手叫绝呢。

《信谊字帖》独辟蹊径

曾在旧书堆里发现了一本《信谊字帖》，它的名字首先吸引了我的注意力，听说过颜真卿、欧阳询，这“信谊”二字意在何处呢?

原来，线装本的《信谊字帖》是由老上海信谊化学制药厂于1941年专为其长命牌各种药品策划发行的宣传品。一个药厂何出此创意？字帖首页的序言写道：“本厂创制国产各种最新良药，迄今已历十余寒暑，频年孜孜探讨，无时不在改良迈进中……因念国之盛衰，系乎文字之隆替。我国自海禁开后，欧风东渐崇尚西文蔚成风气，遂之相传数千年之固有文字视同弁髦，文化沦湮，识者讥焉。爰将本厂著名出品书成正隶各体，名曰信谊字帖，非敢云保存国粹，

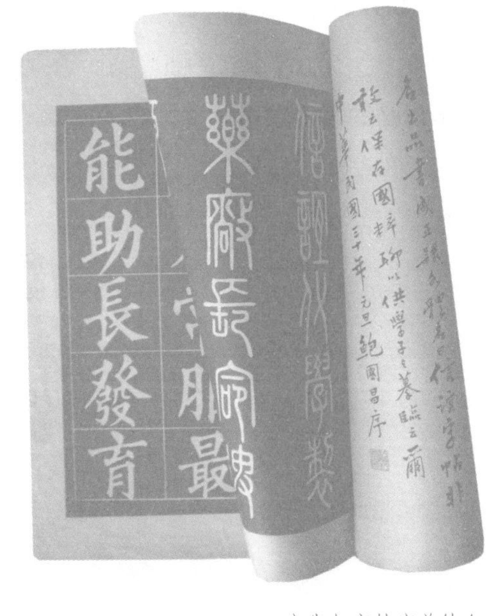

聊以供学子之摹临云尔。”通过鲍国昌潇洒清秀的序文可见，在当时社会动荡传统文化日渐衰微的大背景下，信谊药厂精心编辑出这本字帖，无疑是拳拳爱国热情的流露。

又名为《信谊化学制药厂长命牌良药辑要》的字帖，由民国书画大家郑午昌题签，是当时客居上海的浙江剡南名士俞化行的墨迹。字帖采用端庄的正楷体，以240个字介绍了该厂物质精美、风行全球的“维他赐保命”“四维葡萄糖”等药品的性质与功效，字斟句酌，简洁明确。字帖书法颜柳合为一体，劲健厚重，耐人品味。

《信谊字帖》的封二为多种药品的图片，封三刊印了信谊药厂在国内及东南亚等地的总厂、分厂、办事处等，与字帖内容相得益彰，广告意图凸显。如此创意实在是巧，巧在它独辟蹊径地将本是枯燥的药品广告与书法艺术、国文教育有机结合在一起。据笔者所见，旧时一些地方的鞋帽庄也刊行过类似的广告字帖，页间常为历代碑帖附加广告，书法与商品缺乏关联，像信谊这种版本的并不多见，《信谊字帖》赠送各界学人，在潜移默化中起到了事半功倍的宣传效果。

凤祥号出刊《临池清赏》

笔者收藏有一本册页，名叫《临池清赏》，它是老天津知名鞋帽庄凤祥号遗存的广告宣传品。拂尘展卷，有趣发现诗书画印与风光名胜的儒雅中穿插着鞋帽广告说明，可谓宜文宜商，潜移默化，深入人心。

开业于民国初年的天津凤祥号经营伊始即卷入激烈的市场竞争中，各商家在精工细制、热情服务的同时，对于如何出奇制胜地进行宣传也殚精竭虑，《临池清赏》盖缘此而生。首期《临池清赏》的问世时间在1935年中秋前后，随即在天津学界、工商界引起强烈反响，“刊行后不旬日罄数万本，士林交相赞许”。

凤祥号财东张誉闻是一位善丹青、好收藏的商人，他不仅主持编辑《临池清赏》，还亲自绘制封面图画并撰写序言。第二期的封面画题为《凤祥染翰》，画中的学童在案前专心临帖，帖上书有“后生可畏”的字样，寓意深刻。在这一期开篇的自序中，张誉闻以简洁的文字评析了历代书法艺术的神采，阐明了尊古临池的意义所在，小楷笔迹不乏功力。《临池清赏》可谓一炮走红，始料未及的盛况给了张誉闻很大鼓舞，他在第二期的序言里说“首册迫于时间，限于篇幅，辑未尽惬意，兹当续印”，以满足书法爱好者和各界的需求。在《临池清赏》第四期中又可见张誉闻进一步的

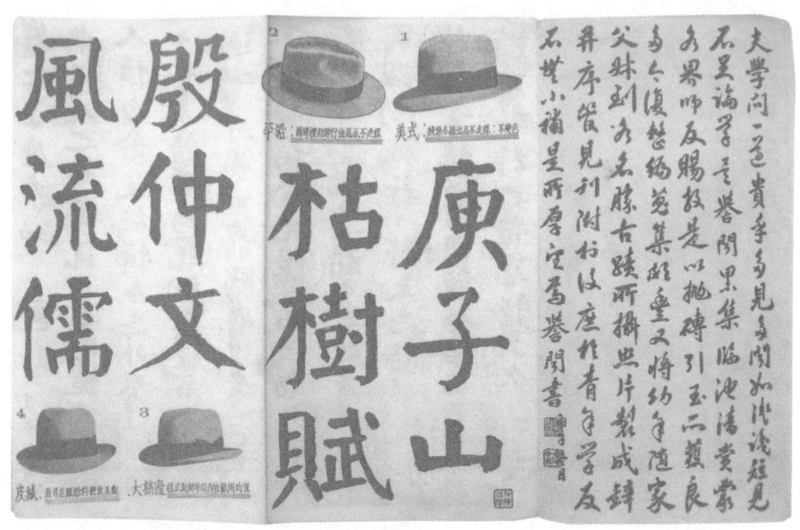

凤祥号的册页广告

观点："夫学问一道，贵乎多见多闻，如浅识短见不足论学矣。誉闻累集临池清赏，蒙各界师友赐教，是以抛砖引玉，所获良多。今复整编搜集颇丰……庶于青年学友不无小补，是所厚望焉。"

系列《临池清赏》正背30面不等，展开达两米左右，其中可见柳公权的《玄秘塔碑》、颜真卿的《庾子山枯树赋》、欧阳询的《温恭公碑》，以及《张迁碑》等诸多墨宝，精粹尽赏。第四期中还刊有书法扇面两幅，其中刘墉（石庵）摹北宋大家蔡京的诗作很有特色。另外，《临池清赏》册页背底有郑孝胥题书的"凤祥号"大字，风格独蕴。

穿插在名墨中的是凤祥号琳琅满目的鞋帽商品，每款皆附温文尔雅的广告语词，且明码标价，童叟无欺。第二期中还特别印有凤祥号鞋帽量尺法实际操作的实景照片，已属难得一见。《临池清赏》竖长如尺牍，易装入函套，函索即寄，分文不取，促进四乡八镇及外埠生意的同时，也为书法艺术的更广泛传播起到了积极作用。

按说，故事至此也该结束了，可无独有偶的缘分在2014年初又出现了，在旧货市场发现了凤祥号装帽子用的老帽盒。

老帽盒为圆柱形，高15厘米，直径20厘米，是用厚纸板制成的，帽盒的顶盖有残损，帽盒上部两侧的原装挂绳还在。帽盒外观裱糊着彩色装饰纸，整体设计风格为浅红色碎花装潢，似碎冰纹，其上穿插着大小不等的圆环、三角形等几何图案，可谓中西合璧。

先说帽盒盖面图样。上部似匾额的方框内有“凤祥”两个红色大字，为郑孝胥题书，左下角可见“孝胥”款式及印章两方。有趣的是，“凤祥”字样上后来被人用毛笔写上了“子彬”二字，行书体，疑为原帽子主人的名字。“凤祥”二字的下方是凤祥鞋帽店总店、支店、第二支店的地址、电话等字样，但因盒盖有灰尘，字样已模糊不清了。

帽盒盒身上有“凤祥鞋帽店”五个颜体榜书红色大字，每个字高7厘米上下。书法遒劲有力，端方厚重，为前清翰林、天津书法名家华世奎所题。传统匾额、牌匾是老广告文化研究的重要层面，我曾着力研究、关注，然关于华世奎为凤祥号写过牌匾的实事，在此前是鲜为人知、未见提及的。如此说来，这个帽盒的显身也可谓新史料的发现，且当时天津学界正在搞纪念华世奎诞辰150周年的相关活动。

盒身上单独贴附的凤祥号商标图最为漂亮。商标宽18厘米，高10.5厘米，整体为明黄底色，画面四周有牡丹装饰。商标图上方的“凤祥鞋帽店”字样照录的是华世奎书法。正中为“注册丹凤商标”图，在丹凤朝阳的画面中，除了红日、祥云之外，凤凰左右还有谷穗装饰，显现着生机活力。此商标图整体画工、印刷很是精细，凤毛麟角纤毫毕现。

丹凤商标图的右侧、左侧是隶书体广告语："本店督造貂骚海龙水獭四季帽品俱全"；"专门制造各界男女应时名鞋物美价廉"。图下有店址信息——总店：估衣街万寿宫胡同，电话：二一八四三号；支店：东马路东门南路西，电话：二二九七四。另据帽盒盖上的信息，凤祥号的第二支店在法租界天增里，电话：三零七八五。

再看盒子底部，有毛笔手写的"文"字及价格（苏州码）。

值得注意的是，盒中有黑色夏帽一顶，为老天津同陞和出品，同时另附同陞和广告纸一张。据凤祥号后人介绍，同陞和的前身乃凤祥号，是后来从凤祥号分出另立的买卖。

此黑色夏帽内径17厘米左右，高11厘米左右，帽内还有精致的细目藤胎。帽顶端的帽结为手工编结，高2厘米左右。这个帽子整体轻薄，内中透亮，有利头部散热享清凉。帽内另有粉红色厚纸商标签两枚，横式商标上有"天津；同陞和；三大"字样，方形商标上有龙和凤图样，标有楷书"龙凤"二字。

那张广告纸为菱形，四边各长21.5厘米，其上印红色图文，虫蛀较多。广告纸上端列出了同陞和的店址信息：

老店：估衣街中间，电话：二局一八七零。

总店：法租界梨栈大街，电话：二局二零二六。

支店：法租界光明社旁，电话：三局零七八零。

新店：东马路北首，电话：二局一四二六。

另外，在广告纸的下端还列出了同陞和北平分店的信息：

店址：王府井大街，电话：东局四六一一。

广告纸的中部为宣传重点，绘有几款帽子，从右向左依次为：

窄边库纱小帽：价洋一元整、九角、七角五。

万字绮霞纱帽：藤胎一元一角五、红纱里一元三角。

芝地绮霞纱帽：藤胎一元一角五、红纱里一元三角。

新式六折纱帽：价洋七角五至一元三。

最高剪绒帽：价洋二元、一元五。

新式六折缎帽：价洋一元整、九角、七角五。

窄边新式缎帽：价洋一元整、九角、七角五。

最高毛葛帽：一元九。

双丝葛帽：一元整。

在以上数款帽子图样两侧又有广告语，右为“种类繁多不及细载”；左为“以上价目帽结另算”。

“诚文信”传播文化

1935年的时候，一家名叫诚文信的书局在天津大胡同锅店街开业，主营古今书籍、名人法帖、文具纸张、印刷、油墨等，生意工商兼备，可谓风生水起。诚文信字号的创始人刘作信是山东招远孟格庄人，他早年在胶州成文堂书局当伙计，据《招远文化志·大事记》载“光绪元年（1875年）刘作信与南方巨商在潍县（今潍坊）合伙开设诚文信书局”，后来其家族又在各地办分号，业务飞速发展。其中，刘作信三子刘子善（重先）于1915年在辽宁安东（今丹东）所办的诚文信书局更为兴盛，且始开当地印刷业先河。

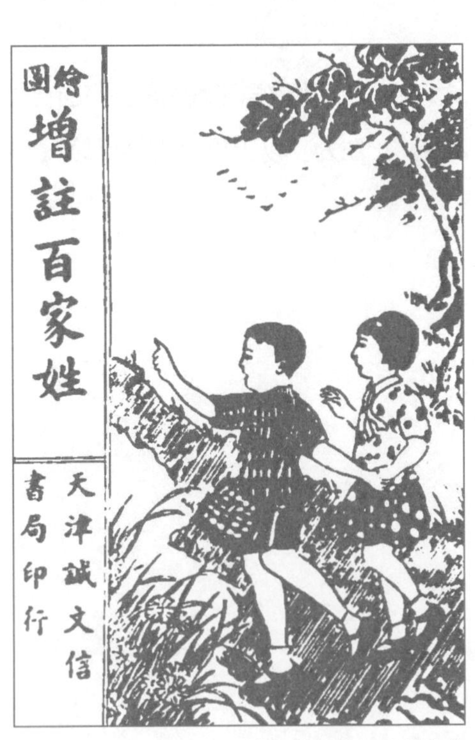

诚文信印行的启蒙读物

1926年，刘氏同乡郭尧庭（招远大董家村人）到安东诚文信当学徒，他聪明勤奋，逐渐成为独当一面的业务能手。自1932年3月至1945年8月，日本侵略者在我国东北地区建立伪满洲国，实行殖民统治。1934年，为避开日寇的经济管制，进一步开拓市场，诚文信委派郭尧庭到天津搞推销，并筹建分店。1935年，天津诚文信德记书局开业。字号命名不乏内涵，以“诚文”谐音“成文”，一可寓“成就文化”之心，二要表明诚信乃经商宗旨，三是连刘作信名字中的“信”字。诚文信恪守诺言，表里如一，真挚待客，很快在天津这个大码头打开局面。

诚文信注重传统文化的传播，他们选择一些版本好的经、史、子、集，以及童蒙读物、工具书等，复经悉心编校、印刷、发行，一条龙式经营。如陆续出版了《论语集注》《校正二论典故最豁集》《白话句解幼学琼林》《双音对考山西杂字》《绘图日用杂字》《国音字典》《手工讲义》《绘图增注历史三字经》《绘图增注百家姓》《言文对照儿童现代尺牍》等。出版字帖也是诚文信的特色之一，如经折本《王右军州草诀百韵歌》《柳公权玄秘塔碑》《陆润庠西湖风景记》等。诚文信书籍字清墨黑，装帧大方，广受读者欢迎。

旨在丰富学子生活，诚文信特编辑出版过《现代儿童歌选》，编辑部在序言中称：“方今文化昌明，科学进步，而莘莘学子，若终日伏案研究，不免脑筋为之疲乏，心神为之厌倦，势须择以怡情悦性之道，而辅助之，如是则唱歌一科尚焉……本集采选中外音乐专家词曲，精印成帙，学者得于课罢之暇，奏之歌之，庶可以陶情淑性也欤……”

当时，通俗小说颇有市场，诚文信本版出版过《芙蓉花下死》《摩登女郎》《金钱罪恶》等，也翻印过张恨水的《啼笑姻缘》《金粉世家》《欢喜冤家》，以及刘云若的《春风回梦记》《红杏出墙记》等畅销书。鼎盛时期的天津诚文信与天津各大出版商，乃至上海的商务印书馆、中华书局、世界书局都有一定的业务往来。

在诚文信所售的文具中，日本进口算盘俏销，书局配合印行《袖珍珠算课本》等相关辅导书，连带互促。另外，诚文信在后来购置印刷设备，在津开办印刷厂，曾大量印制彩色点心笺，业务广涉周边省市。

值得一提的是，主持诚文信书局业务的郭尧庭奋发图强，爱国情深，自20世纪40年代初他潜心研制蜡笔、复写纸、书写墨水等，希望早日结束洋货对我国市场的垄断。1945年，可与洋墨水媲美的鸵鸟牌墨水获得成功，旋即畅销大江南北，进而享誉世界。

义华碑帖社宣传忙

笔者曾见老天津义华碑帖社出版的旧字帖多种，探究兴趣陡增。旧年，义华碑帖发行量很大，书法爱好者大为获益。民国时期的《天津地理买卖杂字》可谓描摹地域人文、市俗生活的小百科，其中有道“买碑帖，上义华，天津出版头一家”，借此也可管窥一斑。

义华碑帖社在哪儿？义华碑帖多为传统经折装（类似现代折页），一般在底页会印自家广告，所标地址清清楚楚“开设天津旧津道”。旧津道不是路名，乃老天津的道署衙门，具体位置在鼓楼东大街，即常说的东门里大街北侧。清道光二十六年（1846年）新镌版《津门保甲图说》中可见，道署东侧有经司胡同，西侧为公议胡同，南侧隔街与弥勒庵相对。

天津道署历史悠久。明永乐二年（1404年）天津设卫筑城，最初不过是一军事重镇，但漕运、盐业让天津卫活力大增，繁华日起，亟待管理。于是，朝廷与官家相继设立镇署、府署、户部分司、盐运都司署、海运漕运总兵署等众多衙门，天津道衙门便是其中之一。天津道，全称天津兵备道，设于弘治三年（1490年），曾隶属山东按察使司，在津设副使一名。兵备道的职责是什么？“专督兵备，凡城池、兵马、词讼、盗贼之事皆隶之”，换言之，统辖三卫军事、操练兵马、修建城池，同时兼管司法、财政、安全、运河等诸多事宜，乃天津设巡抚之前的重要机构。

担任过整饬天津道副使（加六级）的薛柱斗曾撰《修道署记》，其中称："兵备司于国朝康熙四年间改为整饬天津道署，其署今在学宫之西，仓廒之东，考其形势即故明之初天津左卫署基也。"道署衙门原有房舍众多，康熙九年（1670年）薛柱斗到津任职后即进行了大修，"未动民间一夫一草，而数百年之传舍，数十年之颓圮，至此焕然一新而形势全备矣……"文中的"学宫"即文庙，"仓廒"，漕粮仓库，遗地名仓廒街。后来随着权限调整，天津道更名天津河间兵备道。

东门里大街是老城厢重要的权力中心，又是文庙所在地，这一带居住的达官显贵、文人墨客众多，民间素有"东门贵，北门富"一说，文风之盛经久传承。后来的天津义华碑帖社选址于此，所得地利、文脉优势自不待言。

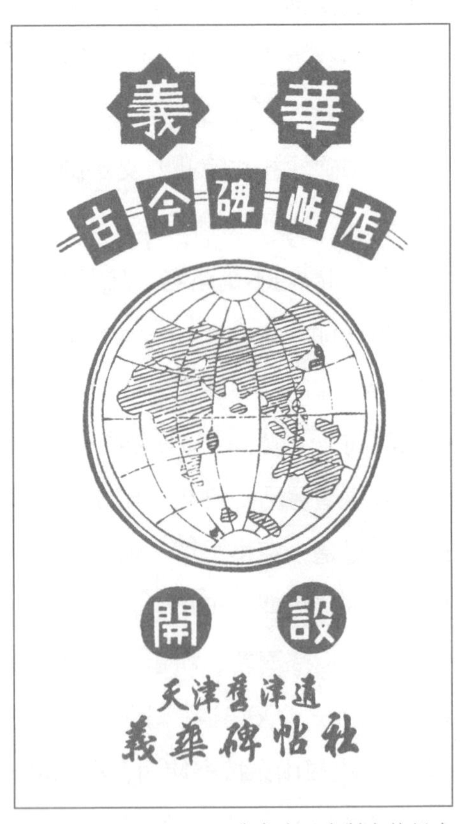

义华书店以出版字帖闻名

民国时期，义华碑帖社陆续印行过《颜鲁公诗品》《颜鲁公竹山连句》《柳公权玄秘塔》《赵孟頫书读书乐》《欧阳询九成宫》《翁方刚隶书习字帖》《王右军草诀百韵歌》《华世奎烈女碑精华》《潘龄皋弟子规》《刘春霖木兰辞》等一大批精良碑帖。上述经折碑帖外，20世纪30年代义华社还以竹纸石印的形式，出版了不少字帖与启蒙相结合的小册子（一般尺寸17×11厘米），如《郡名百家姓》，封面右上角还特别大字注明“校正无讹”字样，可知编辑严谨精神。又如图文本《千字文》，页面中上图下文（字帖），图版有《至圣先师图》《洪武举义图》《炀帝游幸图》《中令勤学图》《李渊起义图》《陈桥即位图》等。类似的本子还有绘图双裱《三字经》《名贤集》《弟子规》之类，不胜枚举。

据天津义华碑帖社广告云，除各种字帖之外，该社还出版普通白话尺牍、正草商务尺牍、大小珠算本、美术金兰谱。值得一提的是，老上海也有一家义华碑帖社，出版过《李瑞清先生魏碑》《何绍基先生墨宝》《黄自元正气歌》《翁方纲初学之宝》《姚孟起陋室铭》《成亲王竹枝词》等。笔者目力有限，虽多方查阅文史资料，但所见义华碑帖社信息微乎其微，暂无从明晰津沪两家的总分号关系，可有一点是明确的，两号在碑帖底页发布的广告，设计、图案、字样、标识（地球，象征中国传统文化走向世界）是完全一致的，所差仅为“天津旧津道”与“上海平安里”之不同。

“开明”广告

笔者有一张民国时期开明书店《半月新书》广告，缘此展开研究。1926年，开明书店始设于上海，创办人章锡琛。开明网罗夏丏尊、叶圣陶、丰子恺、王伯祥、徐调孚、宋云彬等一批知名学者、作家担任编辑，殚精竭虑严肃认真出好书。出版物注重质量，内容、编校、纸张、装帧、印刷等各层面都十分讲究，深得读书界赞誉，乃至成为20世纪上半叶著名的出版机构。

开明书店始终重视广告宣传。所藏广告页四折八面，实为开明1935年中期开始推出的《半月新书》，每月一日、十六日出版。广告中，开明突出“切实、迅速、周到”六字方针。其一，坚持实事求是，不同其他书店，不用“取巧”言辞自我标榜，切实为读者提供便利且节省额外开支。其二，对于读者的购书款“随到随配，并不延搁”。其三，读者对某书内容、价格若不明，可写信给开明，书店负责代查并及时回复。

为方便国内更多读者阅读，开明着力开展函购业务，并推出一系列举措。广告右上角可见一个大大的“免”字，黑底反白，煞是醒目——开明积极与银行合作，晓知读者，若购书可以直接到当地中国银行、交通银行汇款，“江浙两省每次在百元（大洋）以内，其他各地每次在十元以内，均无需缴付汇费”。假如当地无合适银行呢？那么可以给开明寄去通用邮票来冲抵购书款，“本店十足收受，不折不扣”。开明是免收邮寄费的，但千里迢迢，恐有万一，开明就此提示“为邮递稳妥计，一律挂号寄发，每包只取挂号费八分”。

《半月新书》上的书籍，半月内特价七折（上海以外的函购优惠期为一个月），以吸引读者。图书馆大宗购买可享受六折价格。第二期《半月新书》上特惠书有陈之佛编《艺用人体解剖学》、黄石著《星座佳话》、赵宧怀著《秋之星》、谭湘凤编《英语图解法》等。第三期所列打折书有张长弓著《中国文学史新编》、张石樵编《开明实用文讲义》、任一碧译《化学的故事》等。这一期上还宣传了开明新近出版的金步瀛编《增订丛书子目索引》、叶绍钧编《十三经索引》、朱起凤撰《辞通》等。

故纸上，开明特拿出两页隆重推荐金兆丰所著的《清史大纲》一书。浙江金华人金兆丰（1870—1934）鼎鼎大名，他自幼秉承家学，清光绪二十九年（1903年）殿试二甲第五名，赐进士，成为翰林院庶吉士，几年后被派赴日本留学，光绪三十四年（1908年）回国，任翰林院编修。金兆丰历任京师大学堂提调、京师督学局视学、国子监师范学堂监督、国史馆编修、武英殿校对等，学识渊博。1935年8月开明出版的《清史大纲》为湖色布面、深蓝书脊、烫金字书名、带护套的精装一厚册，内页用“古色道林纸印”，

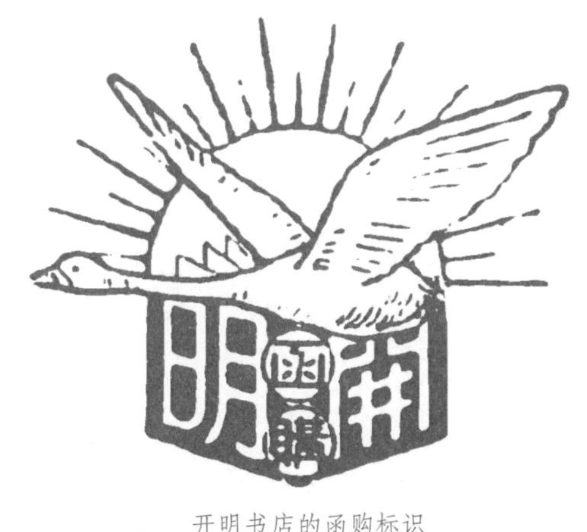

开明书店的函购标识

计530页，整体感非常雅致。开明广告称：金兆丰“平生所见实录秘档及四方计书既富，晚岁乃有《清史大纲》之纂集……故珍文络绎，纪事独详。去岁遽归道山，本店得其遗稿，即付植印”。开明特以原貌刊出一页样张，让读者心明眼亮，且告知：“得此，当有大快朵颐之感也。”《清史大纲》定价两元八角，广告显示，若于1935年10月底前购买，特价只要一元八角。

《少年周报》封面意趣足

得见一张民国时期中华书局推广新刊物《少年周报》创刊号的广告纸，感觉颇有眼缘。说起来，《少年周报》创刊于1937年4月1日，据广告获知，《少年周报》以“灌输少年时代知识，培养少年良好德行，陶冶少年活泼情感，训练少年实用技能”为办刊宗旨，力图“用简练的文句附精美的插图，介绍现代少年应该获得的知识”。广告上附有创刊号的封面样，主图是一处小山巅天文台的风景，到底是哪一家？广告与封面样上皆无注明。

经过仔细辨认、查考得知，《少年周报》广告与封面上画的小赤道仪室是紫金山天文台最早的著名建筑之一。小赤道仪室奠基于1933年9月23日秋分那一天，其园顶是由老上海礼和洋行在德国制造后运到南京再安装的。这一时期，天文台整体工程正如火如荼向前推进……

紫金山天文台位于南京紫金山上，是中国人自己建立的第一个现代天文学研究机构，被誉为“中国现代天文学的摇篮”。天文台的建设历经周折与坎坷，到了1927年4月，国民政府迁都南京，为颁布授时的需要，教育行政委员会内附设时政委员会。此后中央研究院设立，时政委员会改称观象台筹备委员会。1928年2月，观象台筹委会被划分为天文、气象两个研究所。最终，1934年8

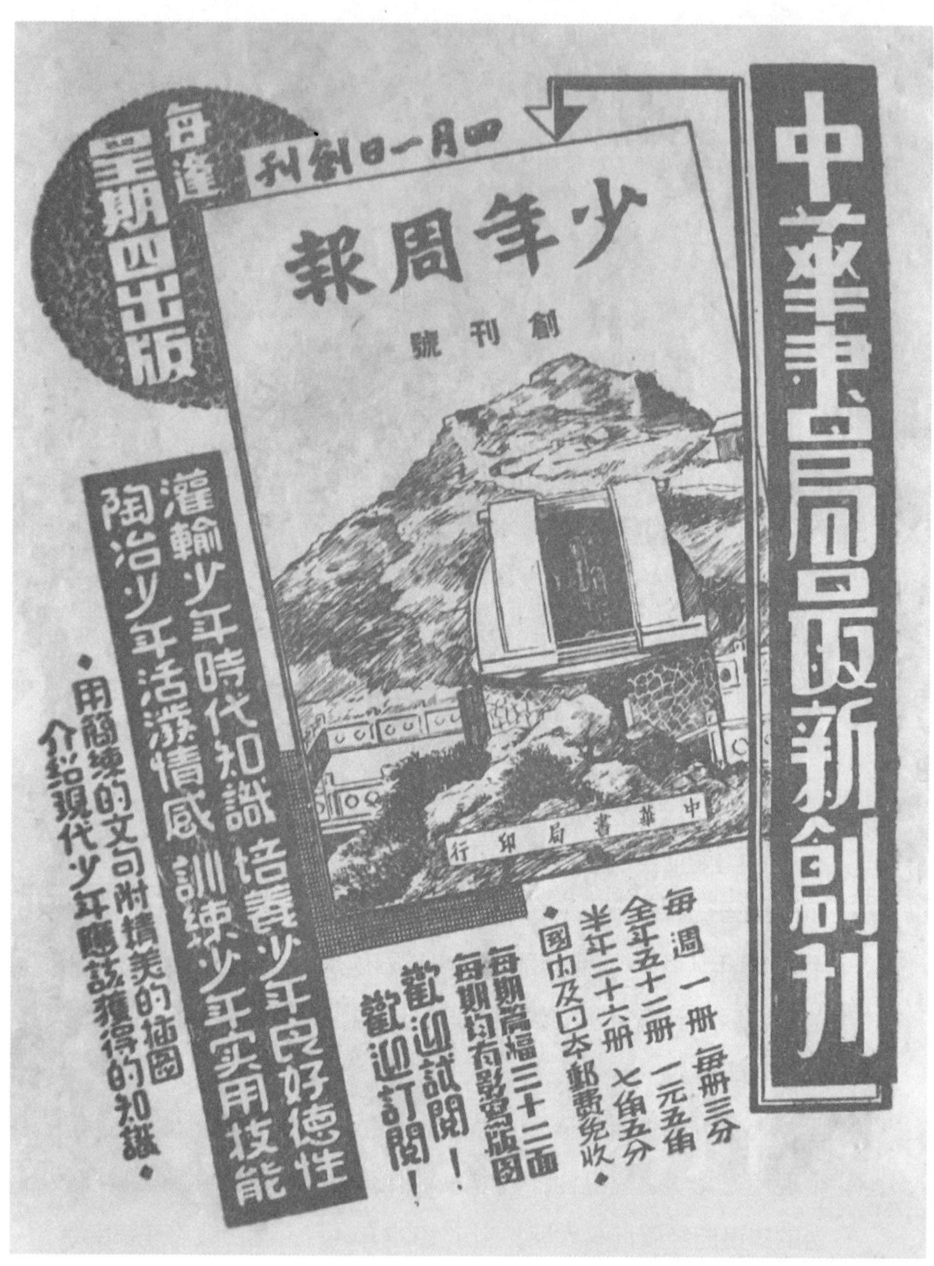
中華書局最新創刊
四月一日創刊
每逢星期四出版
少年周報
創刊號
中華書局印行
灌輸少年時代知識 培養少年良好德性
陶冶少年活潑情感 訓練少年實用技能
•用簡練的文句附精美的插圖
介紹現代少年應該獲得的知識•
每週一冊 每冊三分
全年五十二冊 一元五角
半年二十六冊 七角五分
•國內及日本郵費免收•
每期篇幅三十二面
每期均有影寫版圖
歡迎試閱！
歡迎訂閱！

《少年周报》广告

月紫金山天文台建成，9月1日举行了落成揭幕典礼。天文台各个建筑间以梯道和栈道通连，各层平台突出中国建筑风格，朴实厚重，与紫金山浑然一体。《少年周报》创刊号封面上采用了紫金山天文台风貌图，正说明天文台在当时的广泛影响，特别是对青少年的强大吸引力。

中华书局推出的这本刊物，每星期四出版一册，每期篇幅为32面，广告上特别注明“每期均有影写版图”，这档次在当时不算低。《少年周报》每册3分（银圆），全年52册仅需1.5元钱，且开展函购业务，寄往中国国内以及日本是免费的，可谓超值的文化享受。

细说《茶话》

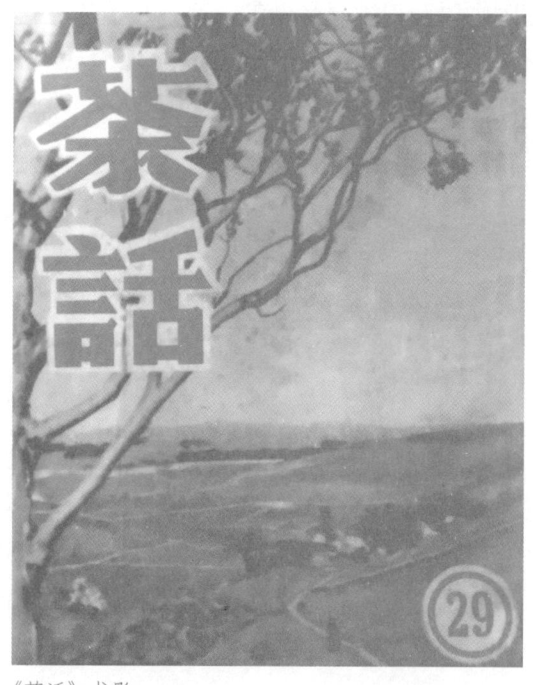

《茶话》书影

20世纪二三十年代，新文化、新文学热潮在上海等沿海发达城市方兴未艾，但自1941年太平洋战争爆发后情况发生改变，上海的新文学圈层大多转向他地，而通俗文学群体趁势发展起来，此格局约持续到40年代末。这期间重要的标志便是通俗文学刊物的办刊蔚然成风，近十年间相继涌现出知名的《小说月报》《紫罗兰》《万象》《永安月刊》《春秋》《大众》《茶话》等，成为广大读者消闲阅读的热衷。笔者存有《茶话》几册，解读分析大抵可管中窥豹。

创刊伊始

《茶话》创刊于1946年6月5日，月刊，由当时著名的联华图书有限公司（位于上海宁波路470号）出版，发行人是陆守伦。其人并非俗客，早在1940年前后，抗战时期的上海通俗文学已经复兴，上海第一本通俗文学期刊《小说月报》于1940年10月1日创刊了，发行人即陆守伦。他也是实业家，1941年与徐大统（造纸大王，笔者收藏有其公司广告）、何月池、王定源等人合伙，接手了经营粤菜的南华酒家（南京东路）。

关于编辑人，刊物第1期至第5期由顾冷观、吕白华编辑；第6期、第7期时加入申小迦，三人共同编辑；自第8期开始，吕白华退出，顾冷观、申小迦二人编辑直至终刊。前后四名编辑都有比较突出的经验，如顾冷观曾任《小说月报》主编，还编辑过《上海生活》《东南风》；吕白华编辑过《大上海》周刊等。

《茶话》是约17厘米高、14.5厘米宽的方本子，小巧玲珑的口袋书易坐卧上手轻松阅览。其彩色封面也突出闲雅风格，题材以田园、美食图画为主，一如“茶话”二字。如创刊号的封面上满画着一棵红叶茂盛的大树，树下小景是西式房舍和远山。第9期封面上画着男女二人秋游至山巅松下，湖光山色尽收眼底的画面。再如第24期，封面是夜空图，圆月高挂，一架大飞机正在星空翱翔。第26期封面则画着六七样精美的蛋糕与冰淇淋，足以让人垂涎欲滴。

主旨近民生接地气

《茶话》创刊号上并没有创刊词、编后记之类的“常规动作”，只是到了1947年4月10日出刊的第11期上“记者”所写《风雨集》的前序中才表白一二：“我们是在风雨飘摇之秋，现代无论是……家庭、个人方面都感到十二分的惶恐不安。诗曰：风雨如晦，鸡鸣不已。但对照‘茶话’的意义，不过‘忙中偷闲，苦中作乐’而已。”当时正值内战频仍，普通百姓生存不易，相形之下的兴趣点也发生改变，而新刊《茶话》好似精神慰藉。比如第22期中的《买西装》一文，作者就用诙谐幽默的文字讲述了物价飞涨导致小知识分子生活困顿的故事。

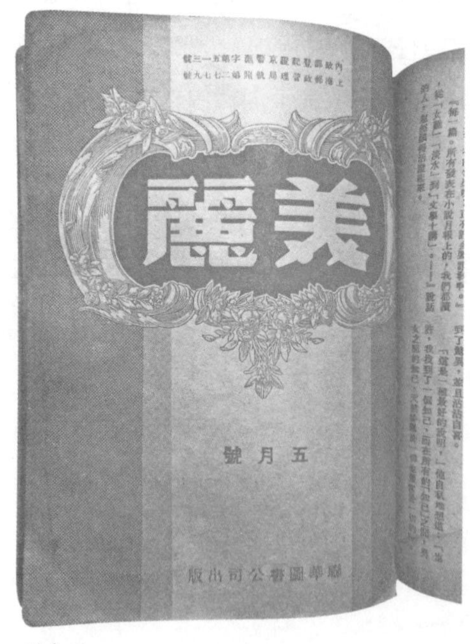

刊中刊

在《茶话》中的一些小说、游记中，各地的名胜古迹、风土人情也有所表现，让读者喜闻乐见。不仅如此，《茶话》内容对普通市民在现实生活中遇到的难题同样予以关照。比如面对住房窄小，刊出“人多屋少怎样避免争吵”等文章；迎合女子爱美，登载如何培养优秀的仪表与谈吐；针对夫妻感情问题，讲说“怎样消除夫妇暗礁”“订婚是离婚的保证”等等。

诚如，茶本是苦的，现实也是苦的，生活是忙碌艰辛的，时局动荡，但人们依然要好好善待自己。说到底，茶话无非是一种闲聊，海阔天空，家长里短，儿女情长，甚至道听途说八卦故事等，多少悲欢离合事，都付茶话中。作为通俗文学出版物，在办刊宗旨方面，《茶话》较好地把握了“俗”的方针——贴近大众生活，满足百姓审美，较少关照身外之纷扰，即便偶有表达也是间接婉转的。

如此，趣味、知识、实用等特点与定位便凸显出来。

那么《茶话》缺乏思想性吗？并不是。其实刊物并没有将所谓的“思想”以常见的晦涩高深、曲高和寡的表面形式展现，而是与民生有效融合接地气，用平视、谦恭的姿态为市民的三观服务，其中或许也不乏大俗即大雅的意味吧。关于此，上述其他刊物与《茶话》的旨趣也有一些共性，亦可谓当时通俗文学期刊的大略状态。

内容蔚为大观

《茶话》内容丰富，长篇小说、短篇小说、杂感、随笔、日记、人物传记、名胜游记、翻译作品、剧本、国际知识、卫生常识、科学小品等一应俱全。小说当然是主打，纵观《茶话》，连载过的长篇小说有包天笑的《新白蛇传》、还珠楼主的《北海屠龙记》、陈汝惠的《风尘》等。杂感与随笔主要有徐大风、郑逸梅、林如稷等人的作品。总览《茶话》的作者也颇有排面，除上述名家之外，还有徐卓呆、范烟桥、胡山源、施瑛，以及虞车、幽谷、小隼等。包天笑的小说曲折离奇，徐卓呆的美文幽默滑稽，钱今昔的散文意境幽深，胡山源的童年杂忆清新优美，郑逸梅的文史掌故趣味盎然，这都为《茶话》带来重要销量。

该刊并非唯通俗文学“独尊”，也陆续介绍过鲁彦、胡适之、朱湘、熊佛西、罗家伦、钱玄同、赵景深、闻一多、田汉、刘大白、陆小曼等著名新文学作家与作品，这类内容倒也符合大众喜欢读名人故事的需求。

《茶话》的内容与题材较为宽泛，不断刻画了达官显贵、落魄文人、报人、退伍兵、农民、丫鬟、纺织女工、舞女、商人、大学生、太太小姐等各色人物，与此同时，黄浦江两岸、苏州河畔的西餐厅、咖啡馆、冷饮店、医院，以及小资家庭的客厅、亭子间、石库门、电影院、饭店、租界马路、公寓、舞厅等，好似一幅幅都市风情图画，时髦摩登、光怪陆离、悲欢离合、嬉笑怒骂等尽在纸页间。

笔者新搜罗到的《茶话》中，有一册是1948年5月10日出版的第24期，内容简明如下：记者写的《风雨集》，实为12则短新闻；谭正璧的《珠玉词》，有插图；卓呆的《草鞋村》；帅雨苍的《越南忆旅》，附照片；天笑的《三姊妹》下篇；泽夫的《鹅鸭杂谈》；徐行的《女人之强——武则天》；恒永的《记“退伍”报人马荫良》；蓝濛的《琴韵》，有插图；钏影的《钏影楼日记》之十七；杨无恙述的《甲秋纪闻》之四；紫谢的《幻女》之四；陈汝惠的《风尘》之二十一至二十三，能着实吸引读者。

《美丽》与其“合体”

有意思的是，自1947年11月10日的第18期，读者悄然发现《茶话》改由两部分组成了，前半仍为《茶话》，加量的后半出现了《美丽》月刊，成为刊中刊，二合一发行。

《茶话》封面风格未改，依旧是彩色的，里面百多页内容后，《茶话》暂结，《美丽》封面接续。《美丽》封面是单色的，用纸比内页用纸稍厚一点，设计相对简洁大方，一般为几何线条加块面的组合，中上方是西式卷草图案框起“美丽”二字，粗壮老宋体很醒目。封面顶端有刊物登记号，下端有“联华图书公司出版”字样，与《茶话》的出版商实为一家。

《美丽》自“1”单开新页码，整体内容以外国人文为主，如美国电影明星逸事、西方名人故事、各国风土人情，以及不少翻译作品等，篇幅也相对短小精悍。众所周知，《茶话》内容侧重中国人文，这样一来，《茶话》与《美丽》一前一后形成呼应、对比，也不失意趣。

以第24期《茶话》中的《美丽》为例，其内容有《有生命的发电机——电鳗》（译文）、《当你四十岁时候》、《世界银行与麦克劳行长》（译文）、《文坛珍闻》（赵景深撰，附图照）、《毒菌战远胜原子弹》、《节育会解决粮荒吗》、《说哭的心理》、《男女独身的秘密》等。

插图丰富悦读

通过上述目录大略不难所见，图文并茂又是《茶话》与《美丽》的一大特色。刊物中的一些小说专门配有线描插图，杂文、游记等往往还配发照片，大大增加了可视性，同时活跃了版面。且看《琴韵》中，虽篇幅不长，但配发了三幅插图。如男主角费青在黄昏洗完澡后坐在阳台上休息，他望着邻居家的窗里，见一女子正在弹奏哀婉凄清的《魂断蓝桥》……再一幅插画表现的是西装男子在一处西式庭院门口与旗袍女子约会的情景……好似爱情故事片的蒙太奇了。

不仅是文学插图，《茶话》也热心传播书画艺术，如1946年7月的第2期中有马公愚的《菊蟹图》；项和的《山水》；许兆兰的《花卉扇面》等。同年9月的第4期中有郎世宁的《开泰图》；范志宣的《山君》等。11月的第6期中有苏轼的《墨竹》；康熙的《硃谕》；唐寅的《山水》等。1947年5月的第12期中有雍正御题的《耕织图》；任伯年的《碧梧双禽图》等，无不让读者有饱赏之感。

刊物的最后一页是版权页，发行人、编辑人、出版人、经销商名录当然是首要信息。前三条信息前文已述，《茶话》的经销处在全国有七八十处，在东南亚各地也有售卖。除此之外再说定价，如1948年中期的零售价为“15万元”，订户价打八折。当时通货膨胀严重，“10000元”大致相当于今下概念的1元钱。

广告是生命线

值得注意的是，版权页上还专门登出广告刊例，如封底800万元、封里650万元、目录前600万元、文字前550万元、普通全页400万元、普通半页200万元等，印色另议。

说起广告，实乃《茶话》的重头戏、生命线。《茶话》的广告大多以百货、香烟、文娱、化妆品、药品广告为主。

以第24期《茶话》（含《美丽》）为例，内中多达七八类51个广告，实可谓琳琅满目。笔者统计，计有烟草广告12个，如白兰地牌（广告语：花前月下，洵为隽侣）、马蹄牌、三猫牌（志同道合，名烟不凡）、船主牌、双斧牌、大克雷斯牌、大乾坤牌香烟等。有布匹、服装、鞋帽广告8个，如时美花布（花洋纺、花麻

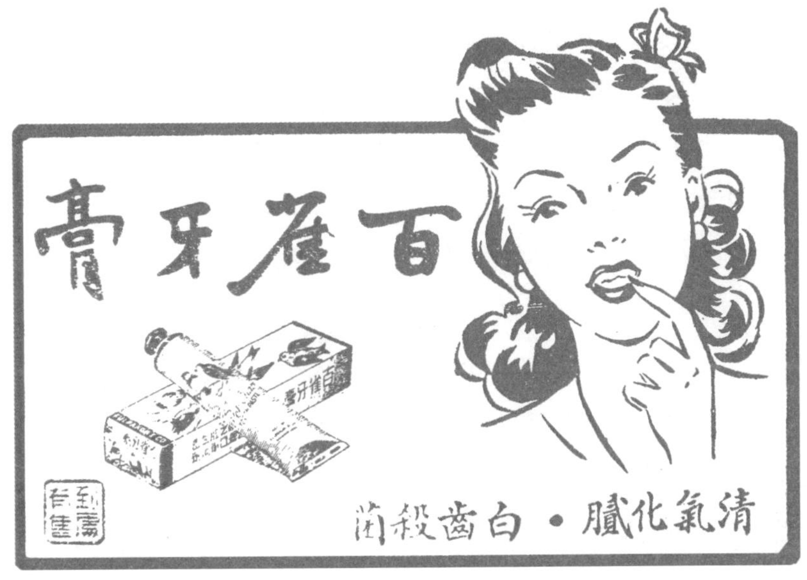

《茶话》中的广告

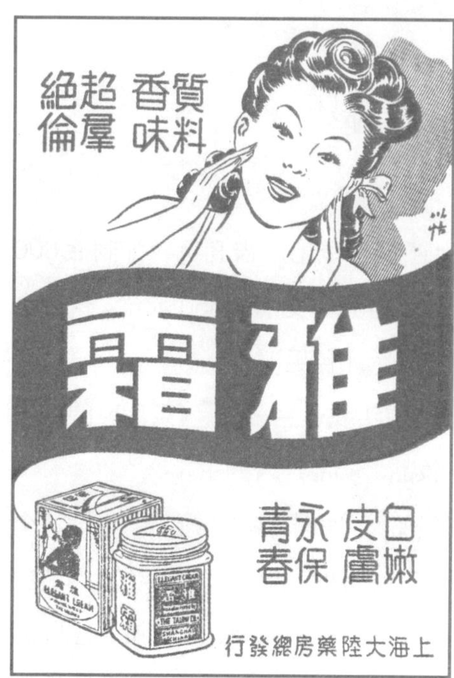

《茶话》中广告多，说明刊物很热门

纱）、送子图牌印花哔叽、司麦脱衬衫、好字牌橡胶鞋、康福牌夹底花袜、福利多印花色布等。有日化百货类广告11个，如百雀牙膏（清气化腻，白齿杀菌）、友罗洗发香波、维他命生发水、长城牌热水瓶、钻石牌电钟、雅霜（白嫩皮肤，永葆青春）、钟牌毛巾等。有新闻出版类广告2个，如东南日报、正言报广告。有工商、银行广告11个，如光中商业银行、通汇信托公司、民华织染公司、景泰蓝徽章公司、泰昌信托公司证券号、大美理发公司、舟山土产公司、利闻无线电行广告等。有医药类广告7个，如咳舒钙、九九维他、康福多药水、四明堂药酒局广告等。

第26期《茶话》中的广告也达60个，共占48页，占刊物总页数的四分之一，可谓林林总总，不胜枚举。

再翻开《美丽》封面，见封二便是联华广告公司自家广告，称“办理一切广告业务：全国报纸、杂志、路牌、银幕、灯片、图书、印刷（广告）等。设计：有专门人才；绘图：有著名画师”。另一看点是，《茶话》的封底一般是美丽牌香烟广告，画面当然是比较花哨引人的。

也许有读者会问，缘何这么多广告呢？答案只有一个字，钱！

给读者提供精神食粮的经费，维持刊物持续运营的经费。20世纪40年代，社会经济濒临崩溃，通货膨胀不断加剧，办好一份刊物是相当困难的，所以能有较大影响且出版时间较长的通俗文学期刊并不算多，《茶话》《永安月刊》《春秋》等堪称佼佼者，不能不说充足的广告费赫赫有功。

曲终人散

古有道，好花不常开。《茶话》历经三载，于1949年4月15日终刊，前后出满35期（其中《美丽》为18至25期）。

曲终人散后，为《茶话》曾倾注大量心血的才子顾冷观仍在联华广告公司工作，但没了刊物，个人收入不济，他不得不兼职教高中语文。到了1951年4月，顾冷观彻底离开联华广告公司，成为专职中学教员。顾冷观仍珍爱“自己的孩子”，收藏有不少《茶话》与《小说月刊》等，可到头来呢？顾冷观的女儿顾晓悦曾回忆：“只是一个偶然的机会，我才发现被柜子遮挡掩盖住的壁炉里面有很多《小说月报》和《茶话》期刊，打开一看才知道父亲是主编，许多撰稿人都是我耳熟能详的名家……可惜家中珍藏多年的《小说月报》和《茶话》，还是没逃过浩劫，如今已荡然无存。”

总体来看，《茶话》内容好似记录与折射民国时期（尤其是40年代中后期）海上生活的笔记本、多棱镜，除了白纸黑字的文字性与研究价值之外，如今看来无疑也具备了一定的社会人文发展的史料价值。

纸上风景有《雷雨》

名著经典，久盛不衰。《雷雨》是杰出戏剧家曹禺的第一部作品，也是中国现代话剧成熟的重要标志，堪称“中国话剧现实主义的基石”。

《雷雨》描写了一个闷热夏日的雷雨前夕，在煤矿主周朴园家中发生的故事。周朴园专横，这让周公馆内的繁漪过着近乎窒息的生活，她与年龄相近的继子、大少爷周萍发生了不伦之情。后来，周萍爱上了年轻单纯的侍女四凤，便想用一走了之的办法结

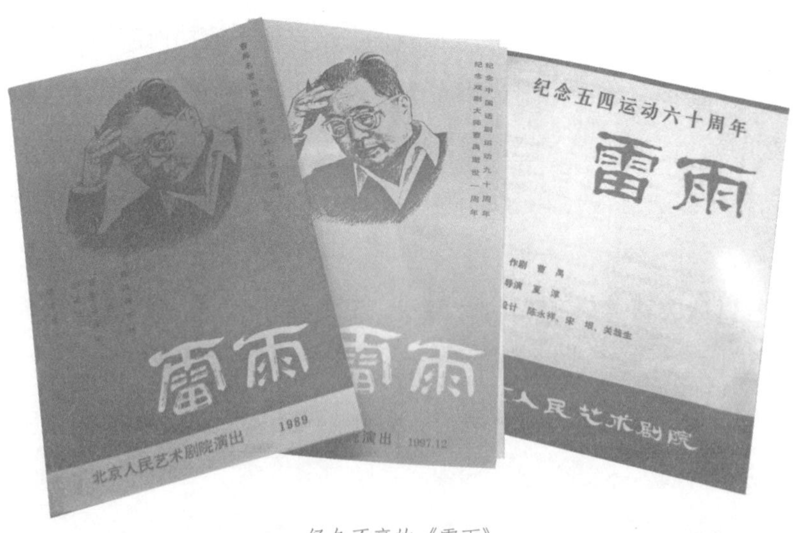

经久不衰的《雷雨》

束尴尬。同时，二少爷周冲也爱着四凤。四凤的母亲鲁妈来到周家看望女儿，却意外发现东家竟是30年前抛弃了自己的周朴园，而四凤与大少爷的爱情更让鲁妈很痛苦。无奈之下，鲁妈答应了四凤与周萍私奔。突然，繁漪阻拦，并唤出了周朴园，还揭穿了周萍与四凤的关系。周朴园承认鲁妈是周萍的生母，此刻的四凤与周萍才恍然大悟，他们原是同母异父的兄妹。四凤痛不欲生地冲进雷雨，还有跑出去救她的周冲，双双遭雷电身亡，而周萍也无颜活在世上，饮弹自尽……

扣人心弦的情节，简练含蓄的语言，各具性格特点的人物，以及丰富的潜台词，都如刀刃一般在读者、在观众的心弦上缓缓划过，余音绕梁，至今未息。在迎来经典剧作《雷雨》诞生80周年之际，让我们在温暖的故纸间，重读它那别样的风景吧。

《雷雨》的封面

1936年1月，《雷雨》单行本首度由上海文化生活出版社出版。《雷雨》的封面设计简洁大方，右上是“文学丛刊”小字；左上是书名，为红色的仿宋体，作者的名字紧随其下，皆不瘟不火的样子；中部大面积留白，右下则是出版社名称的小字。整体感无一笔多余，静雅内敛。到了转年3月，《雷雨》已连出7版，其热销可见一斑。而此书所在的由巴金主编的“文学丛刊”第一集系列也有了16部作品的总规模，书衣风格不乏新文学出版物书衣装帧的典型韵味。

素来，艺术设计紧随时风，书衣莫不如此。当年，封面图样的凝练感成为一些大牌出版机构的共识，也是美术家书籍设计的重要理念之一。巴金主持下的文化生活出版社同样与时俱进，他认为“学术著作、文学作品，要有书卷气……文化和学术图书，一般用两色，最多三色为宜，多了，五颜六色，会给人闹哄哄浮躁之感”。关于《雷雨》初版本，老一辈装帧设计家范用曾评价说：“曹禺的《雷雨》、《日出》，封面简简单单，除了书名、作者名，没有更多的东西。一直到现在，也还觉得非常好。”

《雷雨》自1934年7月在北平《文学季刊》发表以来，紧随“文化生活版”单行本之后，加之话剧《雷雨》历演不衰，原著的不同版本层出不穷，封面也各有特点，始终为读者、观众所喜爱。

1951年1月，文化生活出版社推出了《曹禺戏剧集》，共8种。《雷雨》的封面上有大面积的淡黄色的卷草缠枝图案环绕，衬托着书名与丛书名，颇具民族文化之感；手写的老宋体美术字“雷雨”两个大字横卧下部，古朴厚拙，夺目醒人。此版《雷雨》的版权页上可见“一九三六年一月初版，一九五一年一月二十五版”字样。

其实，关于封面设计的民族文化美，是鲁迅较早便推崇的。据书画家、篆刻家、书籍装帧艺术家钱君匋在忆往文字中提及，鲁迅曾说，封面设计可以多运用一些民族形式，如我国古代的青铜器、汉画像都有极其优秀的图案纹样和人物线描，如果把这种传统用到封面设计上去，可增强民族风格。

以《雷雨》及《曹禺戏剧集》整体为例，放眼那个时代一些知名出版社的诸多出版物，再次欣赏那些温暖的书衣封面，不难得见美术家对传统文化与民族心理的探索、继承，而封面艺术美的呈现，也正传扬着民族精神与文化底蕴。

中国戏剧出版社于1957年6月、9月先后出版了《雷雨》和《日出》的单行本，封面设计类似。《雷雨》封面覆以浅灰色的细网纹，《日出》封面覆以浅黄色的细网纹，书名的上方都有“五四以来话剧剧本选”字样。该社在1980年又重印《雷雨》，为“现代戏剧创作丛书”的一种。其封面呈竖向视觉感，仅用白、湖蓝、黑三色，稍左的中心位置是硕大的黑色宋体“雷雨”二字，字下所衬托的湖蓝色底纹乃民族花草图案，装帧总体感大有1951年版之遗韵。

1984年12月，四川人民出版社出版了包括《雷雨》在内的《曹禺戏剧集》，素雅的封面上是曹禺伏案笔耕的速写画像，这种设计形式在《雷雨》各版本中是相对少见的。此套《曹禺戏剧集》的封面设计者是书籍装帧艺术家戴卫。

连环画更适宜青少年阅读。1979年11月，上海人民美术出版社根据上海人民艺术剧院二团的演出，出版了剧照版《雷雨》连环画。它以彩色剧照为封面，具有一定的现场感。1982年5月，辽宁美术出版社出版了谢京秋所绘的《雷雨》连环画。同年10月，江苏人民出版社也出版了话剧改编版《雷雨》连环画，由陈贻福绘画。上述两册连环画的封面皆为人物辅景式的水粉画。1984年上海电影制片厂拍摄了《雷雨》，花城出版社于当年6月出版了电影版连环画，封面水粉画由李碧华绘制。2006年3月，黑龙江美术出版社再出谢京秋绘本《雷雨》连环画，封面画是国画人物的形式（2010年3月又出硬精装本）。

20世纪七八十年代，香港地区的出版机构也热衷《雷雨》的出版。在东亚书局版的封面上，布灰色与玫瑰色两大色块，上半部分的灰色似乌云密布的天空，其间写着几何体的“雷雨”二字，“雷”字中的4个点儿被设计成白色闪电状；“雨”字中的4个点儿则似骤然落下的雨。另外，在宏智书店版的封面上，上部为赭黄色的带有细碎花饰的窗帘图，对称拉开；下部为绿色背景，衬托着白色的雨丝如珠帘垂落。那窗帘又好像徐徐揭启舞台帷幕，上面写着隶书“雷雨”两个白字，整体感较有深意。鸿光书店版的封面采用的是话剧情节的绘画图，相对直白。

《雷雨》名传四海，多种外文版更显精致。早在1958年，外文出版社就推出了王佐良、巴恩斯所译的英文版《雷雨》，后来相继再版。英文版的封面上，只见一道亮黄色的闪电撕开了整个深蓝色犹如夜空的画面，非常醒目，衬托着“Thunderstorm”斜向手写体书名。1984年，西班牙文版《雷雨》出版，封面画采用钢笔速写画法，勾勒了两扇推开的周公馆洋房之门，门外、栏杆外的夜色中雷雨交加，绘声绘色。

实际上，曹禺对于有些自著的封面并不满意，即便身为中国文联主席、剧协主席也只能抱有无奈。据中国话剧历史与理论研究会会长、曹禺研究专家田本相在2010年10月接受某媒体采访时介绍：比如最早的一版《曹禺文集》，曹禺觉得不太满意，“封面粗制滥造，说要出7本，实际只出了4本”。

名著名剧如薪火，几十年来的《雷雨》版本林林总总，蔚为大观，而形影相随的封面，特别是近时以来的电脑设计版，更是不胜枚举。与此同时，“初版本”与“旧平装”越发博得研究者、收藏家的青睐。

《雷雨》的广告

1935年5月，吴朗西、伍禅、郭安仁等人在上海创办了文化生活出版社，但刚开始资金匮乏，只好编辑一些无须稿酬的书籍，可谓惨淡经营。于是，吴朗西致函正在日本东京的巴金，恳请他来主持工作。这一年8月，31岁的巴金归来不久即出任该社的总编辑。巴金思想活跃，入主后重新思考和定位了系列出版选题，更加侧重文学、大众哲学、社会史等。

1936年1月首度出版的《雷雨》单行本正是巴金倾力推出的“文学丛刊”中的重磅作品，曹禺也由此声名鹊起。

好酒也怕巷子深。重视图书宣传、认真撰写广告是巴金工作的重要组成部分。之于文学丛刊，之于《曹禺戏剧集》中的开篇大作《雷雨》，巴金确是殚精竭虑。他专门为丛刊写了推介广告：“我们编辑这一部文学丛刊，并没有什么大的野心。我们既不敢担扛起第一流作家的招牌欺骗读者，也没有胆量出一套国语文范本贻误青年。我们这部小小的丛书虽然包括文学的各部门，但是作者既非金字招牌的名家，编者也不是文坛上的闻人。不过我们可以给读者担保的，就是这丛刊里面没有一本使读者读了一遍就不要再读的书。而在定价方面我们也力求低廉，使贫寒的读者都可购买。我们不谈文化，我们也不想赚钱。然而，我们的文学丛刊却有四大特色：编选谨严，内容充实，印刷精良，定价低廉。”

《雷雨》的出版，话剧的上演，皆大获成功。不久，文化生活出版社再度加力推广，同时发布的广告称：“《雷雨》是曹禺先生的第一部剧作，发表以来，轰动一时，各地竞相排演，开未有之盛况。两年以来，《雷雨》支持了整个中国的话剧舞台。我们可以说，中国舞台，是在有了《雷雨》以后才有自己的脚本。全剧共四幕，前有序曲，后有尾声，都十余万言，皇皇巨制，可入希腊古典名作之林。现已被译成英日各种文字，备受国际推崇。”

从《雷雨》在北平《文学季刊》首次发表的鼎力支持开始，巴金便与曹禺结下了深厚的友情。1940年10月，巴金从昆明飞抵重庆。当时，曹禺正在距重庆150公里远的江安。得知好友的消息，曹禺即发函邀约巴金来小城一游。11月初，巴金乘船而至，老友阔别3年重逢，显得格外高兴。

不日回到重庆后，巴金仍沉浸在温馨之中。这一年的12月间，巴金在沙坪坝为曹禺即将出版的剧本《蜕变》写了一篇后记，他深情道："我喜欢曹禺的作品，我也多少了解他的为人、他的生活态度和创作态度……从《雷雨》起我就是他的作品的最初的读者，他的每一本戏都是经过我和另一个朋友的手送到读者面前的……"巴金进而写道，《雷雨》感动过他，《日出》《原野》也是。"现在读《蜕变》，我也禁不住泪水浮出眼眶……六年来作者的确走了不少的路程。这四个剧本就是四块里程碑。"他接着言明之所以把《蜕变》介绍给读者的缘由，就是"让希望亮在每个人的面前"。巴金如此推介，也算得上是为曹禺所做的一段广告吧。

1942年末，曹禺应导演张骏祥之邀，将莎翁的《罗密欧与朱丽叶》改译为五幕话剧在重庆公演（时称《柔蜜欧与幽丽叶》）。转年2月，巴金依旧力挺老友，特为此剧撰写了说明书"广告词"，赞誉其"是一部伟大的典型的爱的悲剧，也是青年莎士比亚的抒情诗"。巴金说全剧表现了"热烈、坚定、强烈、不幸的爱：唯其热烈，所以它冲破了一切藩篱；唯其坚定，所以它在幸福和死亡之间找不到一条中间的路；唯其强烈，所以它把两颗年轻的心永远系在一起；唯其不幸，所以爱的陶醉之后紧跟着就来了死亡"。

文学是情感艺术，巴金撰编广告、宣传书籍同样是用心用情来写的，对曹禺而言，对《雷雨》等名著来说，更可谓倾情至深，就好似他们的友谊。

《雷雨》的戏单与海报

《雷雨》堪称中国现代话剧史上的里程碑，是中国话剧成熟的重要标志。自20世纪30年代中期以来《雷雨》历演不衰，几十年深受广大观众与读者喜爱。

传统的纸质戏单也可谓一种文化类广告。实用的戏单大致可分为京剧（及其他剧种）戏单、话剧戏单等，自清末民初普遍兴起以来，或简或繁，或素或艳，对观众大有裨益。随着话剧热演，戏单应运而生，集演出信息、剧情、广告于一身，且具有一定的观赏价值。

《雷雨》是北京人民艺术剧院的经典剧目。1954年，北京人艺成功上演了这部作品，深深打动了观众。当时的戏单乃素纸一张，在红色的细边框内，上端是毛泽东主席的手迹“北京人民艺术剧院”字样；中间为大大的老宋体“雷雨”两个红字，端方厚重；下方的小字是演职员信息，整体简洁大气。

同一时期，北京民艺话剧团也在排演由张雪峰导演的时装话剧《雷雨》，并到各地巡演。在武汉三镇，“首次旅汉公演”和“首次来武昌公演”的字样写在戏单封面最上方。戏单为铅印的横折页，暗红色的“雷雨”美术字被植入了数道闪电图形，声色顿显。戏单文字还特别提请注意：“迟到观众，节目进行中谢绝入座。”1955年底，话剧团回到北京，一年后更名为北京实验话剧团，标志着民间话剧艺术工作者“流浪生涯”的终结。

上海电影制片厂演员剧团所演《雷雨》的戏单，其中一种是土黄色的封面，其上画着像似周公馆的窗口，黑夜中的疾风吹开

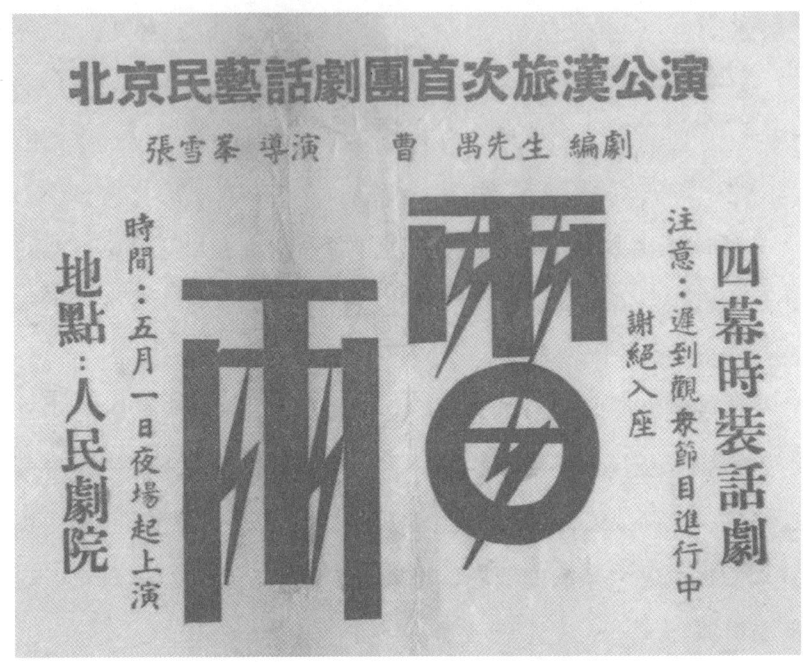

汉口演出《雷雨》时的老戏单

了白纱帘，明黄色的闪电刺射进来。1984年西班牙文版的《雷雨》面市，该书的封面设计与上述有异曲同工之笔。后来，烟台地区话剧团也演出过《雷雨》，戏单上采用黑白蓝三色，蓝色的公馆小楼在夜色中摇摇欲倾，白色的“雷雨”二字化作了重重的霹雳，让人备觉惊悚。类似的暗色调大反差“悲恐”设计还表现在芭蕾舞剧《雷雨》的戏单上，该剧是改革开放初期由上海芭蕾舞团演出的。

1983年2月，上海市徐汇沪剧团上演了四幕大型沪剧《雷雨》，当年的戏单设计比较简明，竖长折页的封面仅为红色印刷，上中位置的“雷雨”二字是毛笔行书，厚重且不失灵气。顺便一说，旧版话剧、沪剧《雷雨》等录音带的封套设计也不乏特色，或可成为全面解读《雷雨》的又一视角。

《雷雨》在北京人艺的舞台上经久不衰。1989年纪念《雷雨》发表55周年之际的特别演出期间，观众拿到的戏单上是曹禺的素描画像，他正抚着额头深深思考创作，非常传神。这一戏单也是相对少见的设计形式。2010年，曹禺诞辰100周年纪念演出《雷雨》，戏单封面图为舞台上周公馆客厅的剧照。以此为例，面对如今五花八门的电脑设计，一些老观众、研究者却更加回味起老戏单、旧故纸里的韵味来。

再说电影，它岂甘人后呢。1938年，上海新华影业公司出品了由方沛霖编导，陈燕燕、梅熹等主演的《雷雨》。1957年，香港华侨电影公司拍摄了由吴回导演，白燕、卢敦、李小龙等主演的《雷雨》，后来的“怀旧影碟”宣传画上特别注明着“李小龙仅此一部文戏小生”的广告词。1961年，香港凤凰影业公司出品了由朱石麟导演，高远、龚秋霞等主演的《雷雨》，随后在内地放映时的一种宣传单相对粗糙些，纸页左上角画着凄风苦雨般的小图，接着便是密密麻麻的剧情介绍文字。物以稀为贵，上述电影海报或说明纸旧件一旦出现，想必会得到收藏家的青睐。

上海电影制片厂于1984年隆重推出改编自曹禺话剧的《雷雨》，由孙道临导演，孙道临、秦怡、张瑜等主演。当时发行了1开大幅彩色海报，成为了《雷雨》电影海报中最经典的一幅。

话剧，戏单；电影，海报，从演艺本体，到美术设计，皆可让今人清晰感触到曾经的时代脉动。页页故纸也反映着《雷雨》在多领域多层面的发展与影响，折射着代代艺术家、演职员的信息，具有一定的史料价值。

《无锡景》与《少奶奶的隐痛》

苏州评弹《无锡景》作为江南民间小调也好，曲牌也罢，也许有些读者还不大熟悉它，但若听到电影《金陵十三钗》中的旋律、曲词便可知一二了：“我有一段情呀，唱给诸公听，诸公各位静呀静静心呀，让我来，唱一支秦淮景呀，细细呀道来，唱给诸公听呀……”

没错，这段《秦淮景》其实就改编自《无锡景》。清末民初之时，尚属雏形的《无锡景》不过是风月女子卖唱的小曲，内容随口编唱，自由发挥，并没有固定版本。到了19世纪20年代，江浙沪已非常繁华热闹，文娱消闲日趋活跃，1921年上海百代唱片公司灌录了“湘林四小姐”演唱的（红公鸡唱片）《无锡景致》；次年，上海文益书局出版的《时调大观・二集》中收录一段《无锡景》唱词，是目前所知最早的文本载录：“我有一段情呀……小小无锡城呀，盘古到如今，东南西北共有四城门呀，一到那宣统三年份呀，新造那一座光呀光复门……”不久，1924年版的《风琴小曲指南》中也收录了《无锡景》。

《无锡景》的重要飞升在1934年，上海滩簧演员王美玉（无锡籍）演唱了《改良无锡景》，曲中描画了当时无锡城的繁荣市井、优美风景名胜：“我有一段情呀……光复真闹猛，造起电灯厂，处处贯通造得嘞能有样呀，夜里厢，电灯澄澄亮呀，男男那个女女末，侪呀侪好行。粉厂毗布厂，纱厂搭丝厂，厂里做工乡下大姑娘呀，一进末丝厂学时样呀，身浪厢个香水末洒得喷喷香……”以滩簧唱法加工后的《改良无锡景》风趣诙谐不庸俗，不再是卖客之曲，特别是经高亭唱片公司灌录发行后，小曲莺声呖呖，歌喉曼妙，越发酥软到众人心间。重要的是，这次改良奠定来日《无锡景》词曲的基调，后人再唱这个调皆绕不开美玉版本从中取材，《无锡景》由此流行大江南北。

众人皆知带来的热闹与流行往往能带来商机。老上海剧作家汪仲贤在《上海俗语图说》中述：“一样开店铺做生意，会掉枪花的老板，三日两头大减价，常常叫一班乐队来吹吹《毛毛雨》，唱唱《无锡景》，生意自会兴隆发达。”看来，大众喜闻乐见、耳熟能详的《无锡景》已自然而然地成为商人、广告主赚“流量”的利器。

1938 年，上海药商、广告公司、广播电台三家联袂，套用《无锡景》的调子改编出系列广告歌《少奶奶的隐痛》，请当时上海滩有名的独角戏演员、滑稽剧作者於斗斗（莲卿）、李小呆（师从何双呆）反串演唱，在上海元昌广播电台轮番播出，推销黑鸡白凤丸（即乌鸡白凤丸），引得一时之盛。

《少奶奶的隐痛》中的角色为 100 岁的俞老太太、12 岁的李小妹，二人闲聊家常，老太太向李小妹倾诉其儿媳一直怀不上身孕的烦恼，俞老太唱：“我是俞老太

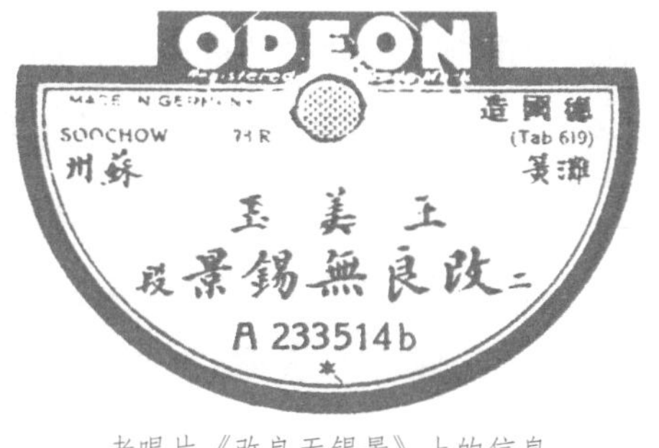

老唱片《改良无锡景》上的信息

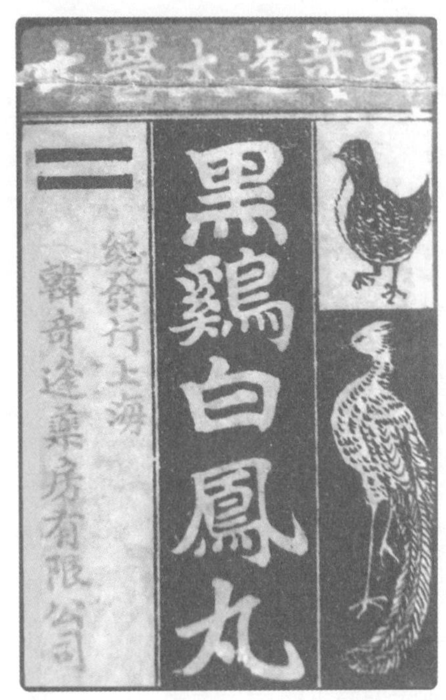

乌鸡白凤丸的前身

呀，年纪一百岁，讨仔一个媳妇么，毛病是交交关（注：很多）呀，面黄肌瘦，一日到夜勿吃饭。让我来问问呀，隔壁的李小妹呀……”李小妹唱：“我是李小妹呀，今年十二岁，嫁仔一个男人么，洋行里做买办呀，养仔么，几个男小囡（小男孩），从早到么夜里厢，烦呀么烦煞哉呀……”瞧，李小妹是否有“饱汉子不知饿汉饥”的意味呢？一边是盼孩儿，一边是嫌孩儿多烦。

唱到这，李小妹把秘方药——黑鸡白凤丸介绍给俞老太太，让她赶紧给儿媳吃上。李小妹继续道：“各种那个仙丹么，才是买得来呀……”俞老太接茬：“听侬说一番话呀，完全明白来，侬吃仔个白凤丸，伲子（儿子）么交交会关（很多）呀，说起来，一定勿坍板（不会差），黑鸡那个白凤丸，赛过像仙丹呀……”最关键的一句在后面：“‘韩奇逢’老招牌呀，一定要记心怀，电话号码么，37228呀……”广告歌最后还告诉听众，可将购药发票寄到电台，有机会获得於斗斗、李小呆签名的剧照。

需要说明的是，元昌广播电台是由元昌广告公司设立的，据《上海广播电视志·大事记》载，该台于1932年11月在南市老西门安纳金路（今东台路）323号开播，1935年1月遭火灾，停播数月后迁址菜市路（今顺昌路）170 弄 7 号新址恢复播音。元昌台节目以教育类为主，曾举办过空中教育及知识讲座，如此说来，权算从侧面科普生育常识的《少奶奶的隐痛》在这播出也可谓相得益彰。遗憾《少奶奶的隐痛》广播原始影音资料目前尚未发现，有幸的是其广告文本资料保存了下来，近时，纪录片《行走的歌谣》请上海艺术家重新演绎了那段《少奶奶的隐痛》，风趣诙谐，让人深获回味。

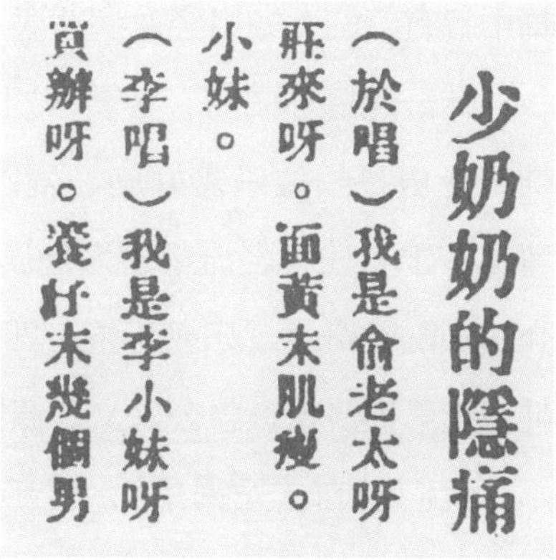

《少奶奶的隐痛》广告歌词一瞥

广告歌中的“韩奇逢”是谁？乌鸡白凤丸的主家。韩奇逢（1900—1953）是辽宁人，早年在东北地区悬壶行医，特别对妇科疾病钻研最深，1931 年九一八事变后离开家乡行走京津沪行医。1935 年韩奇逢在上海以科学方法成功研制出妇科良药乌鸡白凤丸，并在四马路中和里设厂生产，发行所（药房）位于英租界宁波路。乌鸡白凤丸疗效确切，深得市场认可，很快行销全国。

天津，也是韩奇逢与乌鸡白凤丸的大舞台，据相关老广告信息，韩奇逢药房在法租界 33 号路义善里 1 号（今河南路）、英租界 17 号路 94 号（红墙道，原新华南路）、锅店街路北等处皆有开设。乌鸡白凤丸在津也大肆宣传，据 1927 年 2 月进入《大公报》的老报人李清芳回忆文章表述：“东北有个韩奇逢登乌鸡白凤丸的广告，经常以半版地位刊出，当时在天津尚不多见，它开风气之先，引起广告刊户争先扩大版面的想法。”再有，天津公余图书社 1934 年出版了刘云若的小说《碧海青天》，书中每一回前皆插广告页，其中就有“妇女如患经血病速服‘韩奇逢’”的图画，也算一巧。

韩奇逢堪称儒商，曾著《妇科必读》一书，还创办几家报纸。韩奇逢更是一位乐善好施、爱国兴学之士，载誉无数，孙洪伊、曹锟、于右任等名流都曾为他题词美言。尤其是1950年7月，蒋介石颁赠韩奇逢“乐善不倦”四字匾，语出《孟子》，凝练概括了韩奇逢悬壶济世、急公好义、慷慨倾囊的品格。

我们说回《无锡景》，它在清末萌芽之时与“侉侉调”有关联，与各地流传的《一支更儿里》《照花台》《盼五更》《探清水河》等也属同源。至30年代中期《无锡景》已是成熟曲牌，俗称“无锡景调”或“景致调”，三教九流各取所需，不断变换花样填词，用此调来唱，韩奇逢的乌鸡白凤丸广告歌便是活生生的特例，宣传效果事半功倍。不仅如此，且听“满园鲜花开，独自徘徊，郎君一去不回来呀……”《无锡景》还被改编成很多流行歌曲、电影插曲，如周璇的《花开等郎来》、吴莺音的《我有一段情》、电影《三笑》中的《真心来相诉》等，吴侬软语流传至今依旧惹人醉。

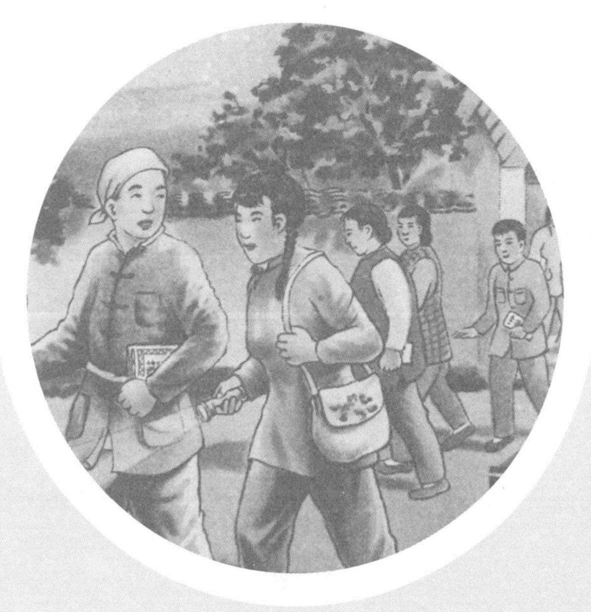

第五章

淘宝手记

“驴美人”蹉跎记

那年在某旧书网发现一幅老商标画，名叫《驴美人》。网购乃潮流，可故纸不同于一般旧书，相对更娇气、更易损，且有隔山买牛之虑，所以我出手比较谨慎。说实话，觊觎“心上人”已久，盯着网页反复研究过。数日后终于按捺不住了，遂下单。上海是出老货好货的地方，卖家网名N就在沪市。待对方确认前，我又就其所言的九五成品相以及洁净度等问题，与之进行了沟通，目的是以免节外生枝。得到答复：“背面干净没问题。”商妥价格，付了邮资，即通过中介交割，同时拜托卖家千万要包装好并挂号邮寄。我想，最迟十天后就能见到“美人”了，不由心生欢喜。

咦，怎么迟迟不见发货呢？时过一周，我发出询问，N说经常在外地，让稍等。按交易规则，若超出发货时限，身为买家的我可以要求退款或投诉。但我相信卖家真的忙，只好忍。当再次催促时，N说已邮寄，但未见其依据流程应填写的信息，尤其是挂号单据号码。

几天后，没想到卖家回复我却称单据找不到了，还要耐心等。我心中虽不免萌生一丝隐忧，但还是淡定地请对方继续查找号码。焦急，每天几次到收发室，可谓望眼欲穿。牵着毛驴的“美人”到底行进到了哪里？其间，我出差在海南数日仍放心不下，一边问家里消息，一边联络卖家。N改口说是朋友代寄的，大致粗心将收件地址误写成了名称类似的某大学。我心想，只要“美人”落脚天津就不难找到。归来，通过关系，辗转疏通，冒着酷暑速速奔到那所大学查找。学校正放暑假，但收发工作认真，翻遍几页挂号函件登记簿，竟毫无线索。我有些上火，难道这就是我与“美人”的缘分？难道出了“无头案”吗？

三天后卖家又来消息：“不好意思，你先取消并退款吧，也恰好后悔卖出。”本人回复：“觉得蹊跷，再等等看。不单纯是退款的事，因为已经付出了精力与时间。”看来需要与N展开攻心战：“你没有发货号码什么也无从谈起，即使误寄到津也该退回上海了，我可以通过贵地朋友代收。”其实，此刻我有了放弃、投诉的念头，但不，我自信三十多年来与故纸的情缘，一定要得到《驴美人》。

出现曙光是在一天上午。我突然接到上海来的电话，那端嗲声嗲气的女子姓李，自称N卖家，这是我们首次直接通话。终闻其声，该是好事。她说才发现《驴美人》还没寄出呢。啊！我不想再往下听，连连敦促对方马上用一家最快最安全的速运公司发货，22元运费由我担负，唯希望早一刻见到“美人”。从此，翘首以待。据以往经验，津沪两地若走这一家速运转天必达。

直到晚间，对方也未履行电话中的承诺，即下午邮寄后即将运单号通知我。问询信息发过去，无回音。百爪挠心中，我与妻开玩笑：“索性到上海接回‘美人’吧。”没想到笔者的太太真的吃醋了，调侃道：“天天就惦记你那‘三宫六院七十二妃’，我这‘正宫娘娘’还值得您瞅一眼吗？”啊，俺比窦娥还冤。又煎熬了一夜，馋涎欲滴。

次日中午终于得到号码，速查：快件在运送途中，预计当天下午6点前投送。焦躁中临近下班仍无消息。晚上复查：因机场流

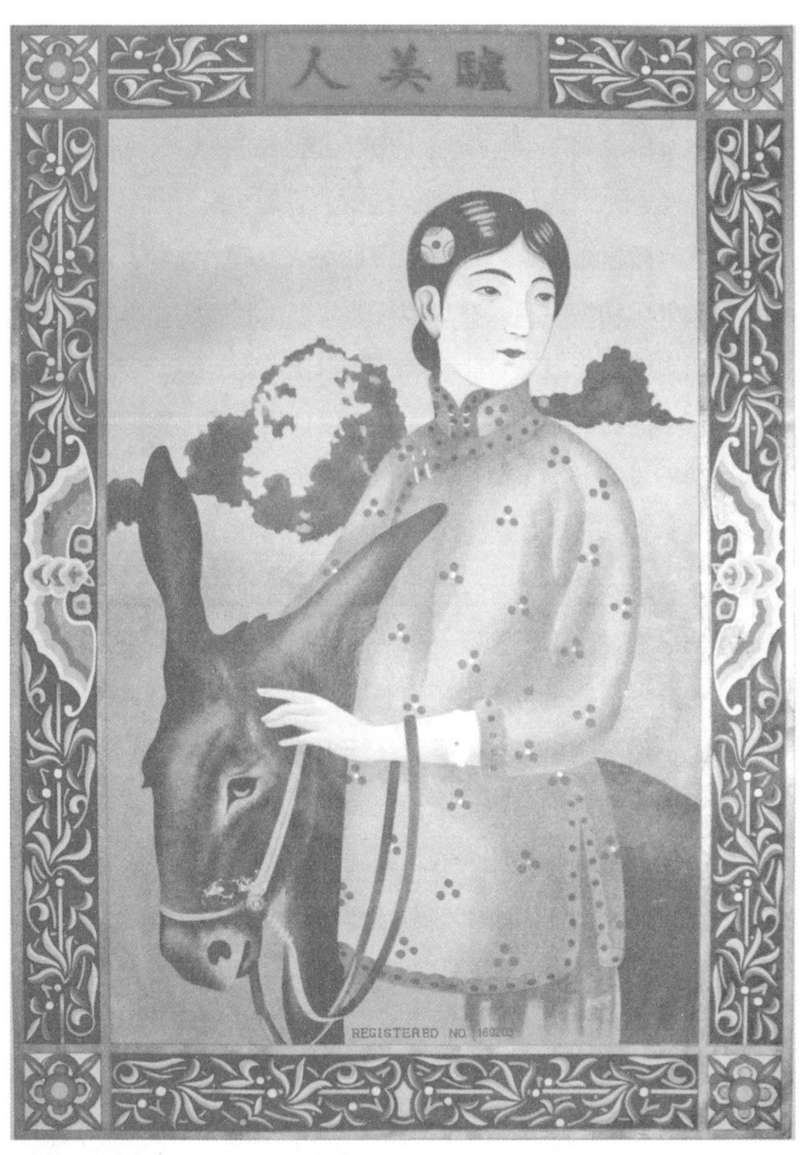

“驴美人”商标

量控制，“美人”还在宁波机场集散中心。这！有点天方夜谭了吧，中午报告何来？平心而论，这是多年来我第一次对该速运公司表示失望。怕只怕糗事赶一块儿“驴到极品”了。夜梦中，似望到她牵着毛驴拥挤在机场的情景。看来，我这虫子已病入膏肓。

第二天醒来继续追，一直开着网上查询的页面，期待最新信息……网友得知此事，发来消息称："美人等煞兄。"我苦笑曰："寝食难安。"等到下午3点半，净水泼街，黄土垫道，远接高迎，牵着驴慢慢走的"美人"终于抵津了。

灯下"掀起红盖头"细品鉴，《驴美人》确为佳制，乃辛亥革命后不久外国纺织品商人在华推行的故纸。制版印刷清晰，颜色厚重，四周蝙蝠花边工细雅致，特别是印金部分依然显现着光泽。该品牌在当时已正式注册，画面整体设计也体现出因地制宜贴近中国民情的思路。清末民初以来，身在东方的洋商很快懂得了放下身段入乡随俗的营销策略，毕竟，货要快销牟利。

但见画中人粉面桃花，远山眉，樱桃口，乌发光滑，额发中分，发后盘髻，头上还饰着一朵花儿。她身穿水粉色碎花袄，硬高领，七分袖，典型辛亥之初的时髦打扮。白皙手臂半露，腕上戴金镯，俨然是个富家女。再看纤纤玉指，轻挎缰绳，将读者的目光引向俯首帖耳的毛驴。这等画面也为美女身份的判定带来遐思，她那深情回眸容易让人联想到画外的情郎哥……百年后，恐怕谁也无法解析画师当时的灵感，如此更平添了故纸温暖的魅力。

我有点陶醉，可当翻看背面时又惊醒了。纸背有一处明显的C形糨糊残迹，周边还有几点小修小补，显然不符合原来说的品相标准。另有细节更让人觉得冒汗：这"美人"是被装在一男士内衣的塑料袋里寄来的，内中尚存叠衣所用V形金属钩，若在途中稍有挤压，必定破相。"美人"万幸逃过一劫，或许是冥冥之中的事。

瑕疵是一忌，退货？说到底，交友是缘，能容人处且容人；收藏是缘，我怎舍得眼前这费尽心机来之不易的故纸。又念，藏品有时像恋人，小斑小痘在所难免，你若真心爱她就不必苛求十全十美。好，蹉跎终得"美人"归，故纸是我的了。

别问我是谁

记得那年已是小雪节气，可天津并不算太冷，阳光还不错。照例去逛旧书摊，刚一到就遇见老朋友小S。小伙是本地人，我和他最初是在某故纸收藏交流微信群认识的。小S老远就望见我，在人堆儿里高喊了一声："大哥，广东的老L来卖货啦！"这话令我不免一愣，心中暗想：千里迢迢，难道真是他吗？

在那个群里，老L比较活跃，常常会展示漂亮的藏品，引来众人点赞。我早就注意到此君，但从未有过交流，仅算神交罢了。我问小S："真是他？带来的故纸咋样？人在哪儿摆摊？"小S眼光放亮地对我说："东西确实好，真勾人，可价钱普遍太高，难拿啊。他就在大树下正卖着呢，从一早就不断有人围观。"说实话，天津古玩市场、旧书市场的火爆程度在全国也算得上屈指可数了，然而多年来专售老广告、老商标等故纸的店主、摊贩可谓凤毛麟角。所以，无论价钱高低，我都要尽快去看一看。

与小S暂时分手，我无心观瞧别的摊子，径直找寻老L。虽然彼此不认识，但我认为故纸该是自会"说话"。见一人的地摊上摊开着七八本收藏册，除了厚厚的老广告、老商标册子之外，他还出售老烟标、酒标、门券、毕业证等。打量此君，中等身材清瘦，头戴卡其色平顶短檐风帽，防雾霾的活性炭口罩遮住大半脸庞，细框眼镜后的一双眼透着精明劲儿。难道此君真是老L，只闻其名的老L吗？

“有没有搞错，这个价钱怎么可以出手哇……”我不动声色地站在一旁，见四五个人正蹲在老L的摊子前挑藏品，有的在砍价，有的正抽出故纸反复观瞧。“小心一点啦，纸张很脆呀，可不要搞坏……”老L似乎有点照看不过来的匆忙状。某男翻看了好一阵老商标画的册子，我是不便急于上手“抢”的，恰可定定心神先慢慢觊觎着，也顺便了解一下卖家做生意的性格大略。推算，大小几册中有百多张老广告、老商标故纸，凭自己的收藏经验感觉，收集到这些想必不是一朝一夕的事。

正像小S介绍的，册子里的货确实馋人，我当然不愿放掉，甚至有些罕见的“热血沸腾”之感，然默默一再提醒自己要理性、要克制，谨记“冲动是魔鬼”那句俗话。随后见一人选来选去挑了一张美人图，老L开价果然“锋利”。那人终于放下了册子，我瞅准机会，迅速向前俯身拿起，如此这般我就可以慢慢欣赏了。我坐在小马扎上，手里捧的好似自家宝贝一样，浏览一番，发现其中大部分故纸我已收藏或存类似品种，但有十几张令我尤其动心。

类似情况，花花绿绿中一一问价，到头来拣选出册子时，也许彼此皆有可能乱花眼，也许卖家还会临时乱要价，等等情状不好预判。我边看边琢磨对策。“你有废纸吗？”我忽然抬头问老L。“没有啊，要那个做什么？”我并没解释，索性在邻摊找来一条报纸边，又撕成十几张小条，稳稳当当逐个夹在我基本相中的画页间。此举，引来老L匪夷所思的目光。在挑选的过程中，我身后仍不断有买主或逗留或围观或对其品头论足。

我站起来走到老L近前说：“喏，选了一些。”老L不知我接下来要说什么，连忙应承："好商量的。"这时，我凑到他的耳旁，低声道："我知道你是谁，你有些名气的。但我，你肯定不认识，成交后我再告诉你也不迟。"这话引起老L的更深狐疑："哦，还有这事？"

卖与买本该两相情愿，我缘何出此"怪招"呢？其实这也出于无奈。一是欲购进的品种多，生怕被"宰熟"或"杀虚名"；二是周围来来往往人较多，我们彼此报价、划价不方便公开喊出。我指了指那些小纸条对老L称："这样吧，我要哪张，你就说个价钱，我会记在纸条上，以免最后混乱。"他也连称这个办法好。"诚意买，希望报价尽量靠谱些。"我又叮嘱了一句。始终没有摘掉口罩的老L用"诡异"的目光望了望我，又嘟囔了一句："你这家伙到底是谁？行吧，价钱有数的。"

就这样，我俩肩并肩，我指一下册中美图便示意他报个价，我即写在对应的纸条上。"260""180"，口罩背后的声音很轻，小到只有我能听到，彼此神神秘秘，像搞什么见不得人的勾当一样。其间，有个大眼男子凑近我身边伸长脖子看我笔端且听他报价，老L见此即止语。那人想买？想学门道？不得而知。过了一会儿，小S也溜达过来了，他大声说："嘿，你们哥俩儿果然见面了？"岂不要"坏事"，我急忙打断了心直口快的小S一语，告诉他："先别告诉老L我是谁。"此刻，老L眯着眼再问："到底是哪位呀？"

我总计挑了十几张老商标画，说实话，老L的报价基本靠谱，感觉比之前我看到的一幕幕报价要低，我从心理上尚能接受。细谈中，经过权衡，貌似可有可无的四张被我理性且果断地撤出纸条，算作放弃。最后反复核算了总价，进而商价又降20%左右，我们愉快成交。

在所购的这批故纸中，有我寻觅多时的民国时期的梅兰芳牌纺织品商标画，品相很好。我曾在网上见过此图，在自己的文章、专著中也几次论及京剧大师梅兰芳与商业广告的关联，所以对此故纸可用“望眼欲穿”来形容。如今低价淘得，真乃大喜过望。还有广东的“文王商标”和上海的“太公钓渭图”品牌两张商标画，细品其中姜子牙与周文王的历史故事，颇感意趣所在，其实在众多故纸中拣选的时候并“无心插柳”。再是“999三不怕”色布商标画、阴丹士林布“云想衣裳花想容”广告画等，也极具看点与内涵。

老L接过一沓钱，迅速揣进口袋，生怕别人瞧见他又进财了，因为今天的生意实在太好。他对我说，以后熟识了也可买我的复品或相互交换也行，“我喜欢一路走买买卖卖，物资流通嘛”。听这话，我来了精神，包里恰巧带着两种七八张老商标画呢。“好啊，那你瞅瞅这几张。”老L看了看连连称是，他说他并没有类似品种。“老兄喜欢册子里的哪一张随便挑好了，我们交换。”前一阵粗选时就在大册子里看上一张爱耳染色（染料）的旗袍美女广告画，我于是指了指问：“就换这咋样？”“好有眼力！你到底是谁？”老L提出需用4张故纸换《美人图》，我爽快答应了。殊不知，我在几年前收进时相对廉价，而他的《美人图》在刚才朝旁人开价近千元。

亦买卖亦交换，皆大欢喜，该是向人家“揭谜底”的时候了。当我轻声道出自己在那个QQ群的网名，话音未落，老L立即给我一个深深的拥抱，我俩异口同声：“相见恨晚！”与老L谈笑风生着，我还朝他哼了句歌词：“别问我是谁，请和我面对……”

老L接下来还要乘坐午后的火车赶往济南旧物集市。我们一边聊天，他一边收拾摊子。此刻，有个人又走到摊子前，自称犹豫了一阵还是想要先前看过的一张名为“陆海空色布”的商标画。

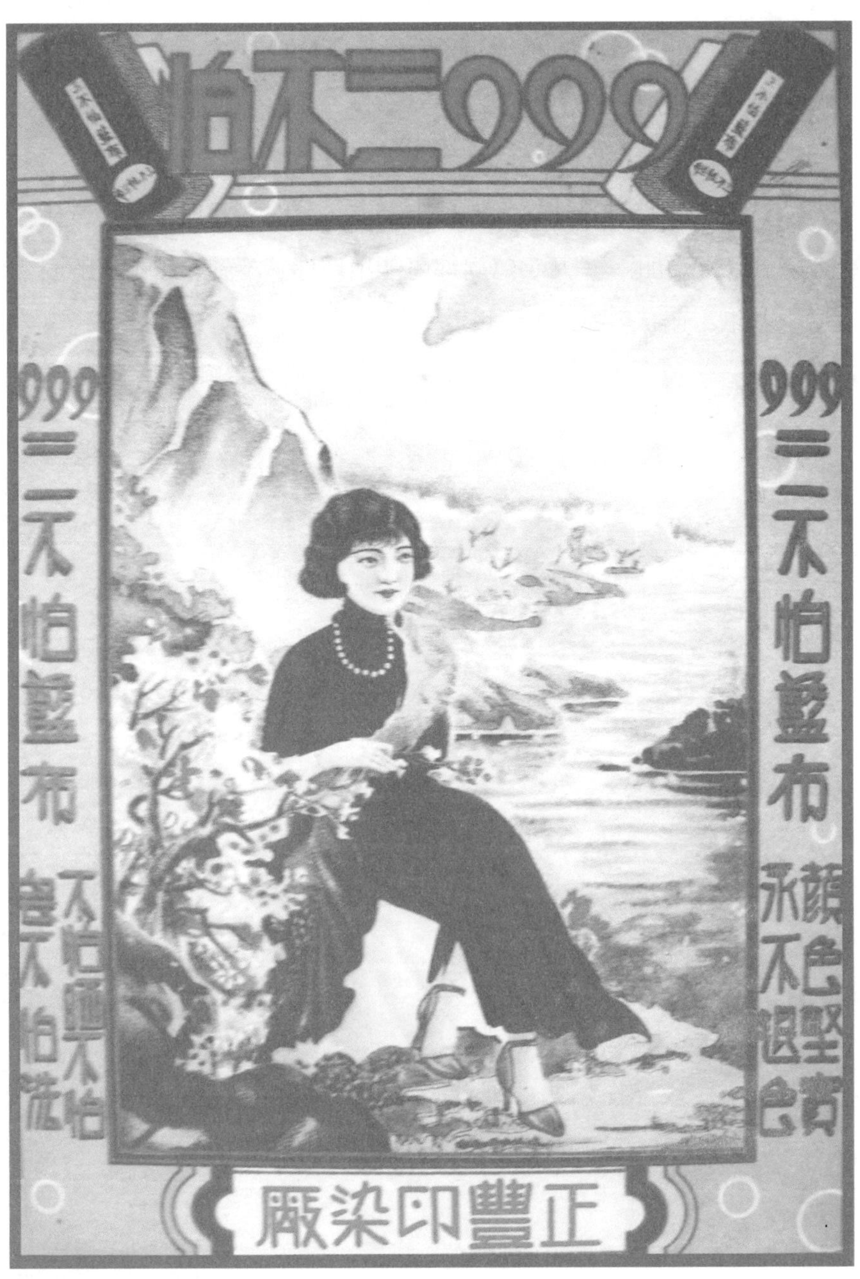

蓝布名叫“三不怕”

此故纸漂亮、少见，我也注意到了，心里更馋。买家出到老L报价的七折钱数就不肯再加价，结果没谈成。买家转身离开，老L已迅速将册子收进旅行箱，我忙说了声："慢，拿出来吧，加10元钱归我。"老L笑了笑说："姜还是老的辣。好吧。"

玩收藏，特别是在热闹的藏市淘宝，有时需要点智慧。逛摊的乐趣大抵如此——几乎每周都可能出现你猜不到、看不够的旧书、故纸，还有那些人、一些事。

无奇不有

近代以来，西方现代营销与广告理念传入东方，被我们的商人迅速接受并很快尝到了甜头。在商言商乃本职、本分，正所谓“天下熙熙，皆为利来；天下攘攘，皆为利往”的古语，但商战如火如荼，宣传推销，哪怕是忽悠伎俩，也讲究出奇制胜。

买绸缎，赠钱夹

清末至民国时期，天津作为北方的繁华商埠，大小绸布庄林立街市，其分布先以老城北门外估衣街为中心，后转向法租界梨栈（今劝业场一带）为重点，行销范围辐射三北地区，买卖两旺。

苏杭丝绸素具名气，可谓炙手可热的俏货。苏杭商人当然眷顾津沽大码头的市场，总号位于杭州的美昌绸缎庄、源昌绸缎庄大致在20世纪20年代就已在津开办了分号。天津美昌号位于估衣街归贾胡同口，源昌号址在北门东狮子胡同口，两家买卖本属一个东家，连锁经营，更易推销。若想在津城同业市场迅速占有一席之地，除了商品质量、经营服务过硬外，广告宣传之道也是重中之重。天津的大绸缎庄都是善做广告的高手，各类宣传铺天盖地，花样繁多，自家广告如何能别具匠心引人注目呢？这确需商家花一番心思。

30年代的某年春夏季节，为了促销活动，美昌、源昌两号煞费苦心，曾联合推出一款纸制“广告”钱夹免费赠送给新老主顾，算得上出奇制胜了。笔者收藏研究老广告30余年，经眼众多，但如此形式还是第一次见到。这个钱夹长17厘米（打开），宽13厘米，里外多达8个口袋，巧妙之处在于它是用一大张厚纸折叠而成的。钱夹上的信息量较大，图文并茂，各面相对独立又相互配合，且成形方方正正有板有眼，当是前期认真设计的结果。

钱夹外面，好似两幅小小的海报画，见云淡天高，松林掩映，还有几只飞鸟自由翱翔。“源昌”大字下的广告语称“本厂自织新的绸缎罗纺纱绉，零整批发，概按杭价”。这是在告知顾客，别看我们在北方售卖，但价格皆等同于产地杭州的低价。“美昌”名下也有标榜：“买过即知，穿过叫好，货高价小”。钱夹外面的顶端另有几个大字：“杭州分此，贱卖惊人”。

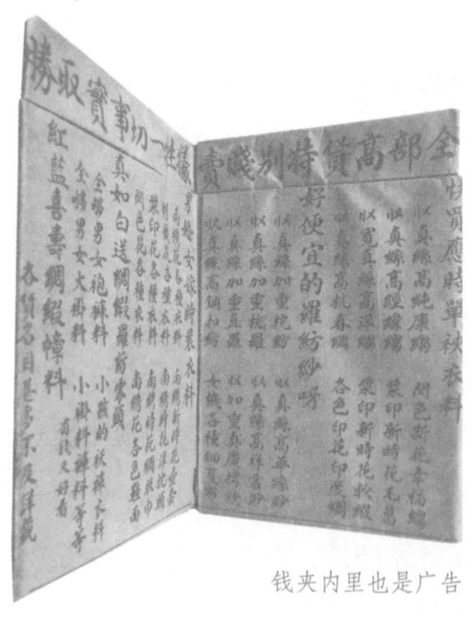

钱夹内里也是广告

“忽悠”一通，商家到底有什么好货呢？打开钱夹一看便知。内中，绸缎庄将诸多商品一一罗列，如真丝高纯康绉、宽真丝高洋绉、真丝加重杭纺、真丝加重杭罗、闪色新花幸福绉、各色印花印度绸、女机各种细夏布等，皆为当年最时髦的高级面料，且都标注了价格（苏州码），让顾客心明眼亮。与此同时，商家仍在不停吆喝：“快买应时单夹衣料，好便宜的罗纺纱呀——”绸缎商向来看重喜寿大宗用度，所以在钱夹中专门开出一面来推销婚嫁所用的时装面料。几十年后观此，我们不难管窥那个时代的风尚线索，如南绣花衣料、刺绒花衣料、浆印花衣料，以及闪色花衣料等。不仅如此，商家也在搞成龙配套的相关经营，广告中附带推销着南方的时尚绣花茶壶套、枕头套、绸面巾、新鞋面、各样帐子料，真是琳琅满目，令人贴心。

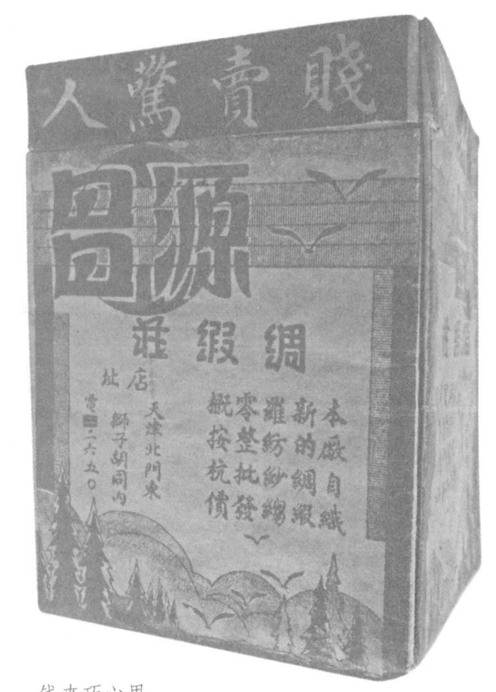

钱夹巧心思

关注时髦与大宗，理所当然，但绸缎庄并没有抓大放小，如广告中列举了不少零头面料，言称“全够男女袍裤料、大褂料、小孩袄裤料”。细想，这般尺寸其实并不小，可人家“真如白送”，意在便民。如此说辞容易让人联想起传统相声卖布头的段子。还不动心吗？钱夹内里上端又见一行大字在加力“全部高货，特别贱卖；牺牲一切，事实取胜”。

一个小小的钱夹，将美昌、源昌两家绸缎庄宣讲得淋漓尽致，顾客拿在手里，揣在衣袋，潜移默化中会达到事半功倍的广告效果，不能不说高人一筹也。

折扇送清凉

一年冬日的早晨，在天津第三工人文化宫旧书市场寻寻觅觅了个把小时，也没有淘到对路的心仪之品。准备打道回府之时，瞧见离门不远的角落里有个不声不响的小地摊，摊子上并没有几本书，反倒是杂七杂八弄得像个废品回收点儿。心想，有枣没枣打三竿，上前几步瞄一眼再说。乱堆里见到一副扇骨，细细的竹条参差不齐，折损不一，几乎毫无价值。岁月无情亦有情，左右扇板完好，包浆油润，特别是上面刻写的石绿色的药品名字样深深吸引了我。这不是别出心裁的广告折扇吗？无须犹豫，问价，极廉，一支雪糕钱。

就扇子而言，需要“破镜重圆”；就老广告而言，也应恢复完整载体。几经打听，找到一家作坊，修补齐扇骨，配插好扇面，连扇轴也照原样重换了牛角轴。修旧如旧，这把广告折扇重现了往昔的清雅。

经考证，当年的送清风者是瀛西大药房。1918年，瀛西药房创办于安东（现丹东），“瀛”即瀛洲，寓意东方，东西合璧，中医西医相互交融。“九一八”事变后东北沦陷，日本药品的大量涌入让瀛西药房受到冲击，生产销售处处受到掣肘，于是，瀛西在1940年左右在天津增设制药厂，产品专供关内销售，后又将总厂迁到天津。

位于天津东马路的瀛西制药厂在当年已经掌握了比较成熟的生产工艺，出品的“平热散”“一粒丹”等药品疗效确切，有口皆碑。瀛西为回馈各界厚爱，一年夏季特制了这款精美的坤式折扇赠送顾客。折扇的扇板上一面刻有专治感冒、热症的“平热散”字样；一面刻有主治腹痛、积聚的“一粒丹”字样。雅扇与药商的关怀伴君一夏，宣传效果自然深入人心。1956年公私合营，瀛西制药厂并入天津中央制药厂。

月历巧心思

您知道美孚灯吗？那小油灯的光亮或许让老辈人至今记忆犹新。总部设在纽约的美孚行是全球知名的石油公司，清光绪二十年（1894年）自上海进入中国市场，并通过强大的宣传攻势将鹰牌与老牌煤油销往各地。可是，美孚行并非高枕无忧，相继而来的同业亚细亚公司、德士古公司等与其竞争不迭，这也促使本就无孔不入的美孚行从更理性、更人本的深层面上开展广告与推销。笔者收藏的一册美孚行1924年发行的月历即是例证之一。

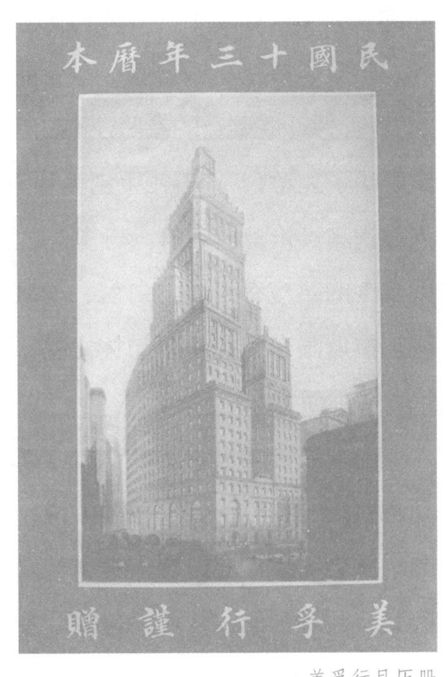

美孚行月历册

美孚行月历为标准16开本36页，彩色精印。历书内容介于传统皇历与现代月历之间，详细且实用。这本月历最显著的看点是中美两国历史文化及名胜古迹的比对与参照，大幅图画生动，小楷说明文字

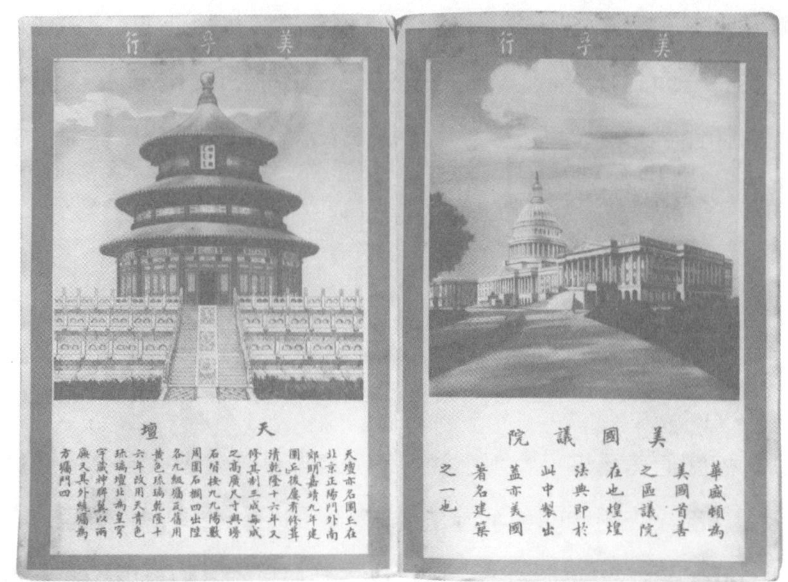

美孚行月历内页

凝练。开篇是中国近代立宪派、资本家张謇与美国石油大王洛克菲勒（美孚公司创始人）的肖像。光绪年状元张謇在清末创办纱厂、轮船、铁路、银行等大型企业，视实业与教育为“富强之大本”。类似珠联璧合的参照还有随后的孔子与华盛顿，图下的说明文表明了立意：“华盛顿手创美利坚联邦，故有‘国父’之称，美人尊重其言论备极诚挚，与华人之崇拜孔子如出一辙。”另外，两国名胜的对应有天坛与白宫、长城与巴拿马运河、钱塘江大潮与尼加拉瓜瀑布、孔子墓与林肯墓、苏州北寺塔与纽约美孚大厦等怡人的画面。

这本广告赠品月历由时任上海美孚行经理爱金生亲自策划，动意何在？封二的“旨趣”中说，鉴于中美同为大国，都有丰富的物质文明和哲理思想，美孚行以两国事务相对照，为人们呈现备受欢迎的画面，从而期待相互发展，乐利无穷。这一理念在序文中又表述道：“中美画面比而观之，足以引起学术审美的研究，此目的是在商业利益之上的。”

虽说如此，但商人毕竟以趋利为本，美孚行之意也可谓司马昭之心，月历前后数页的广告当然是不能免俗的。实际上，“旨趣”的文末即笔锋一转称，美孚行以大量煤油供给中国市场也正是相互发展、提携的意思。再看月历首页及封底印着醒目的美孚行商标和简介，同时告诉大家：“中国各大商埠均设分行，城乡市镇遍设经售部，定价克己，以广招徕。”因为1924年适逢农历甲子年，所以封底的美孚标特别与拳头大小的“甲子”二字相佐，这似乎折射的正是美孚行称雄市场的心态吧。不仅如此，月历尾页还图文并茂地展示了该公司出品的油灯、无烟火炉、煤油、蜡烛及避疫水等产品。

近代以来抢滩中国市场的西方商人们，最初大多是盛气凌人的目光与心理，相形之下的广告也不乏生冷的洋味道，难以被中国顾客认知、认同。来自市场的教训与经验让洋商们不断调整着他们的营销思路，注重中华文化，相互交融，体现人文亲和力及实用价值，特别是在20世纪二三十年代涌现出不少这样的广告作品来，美孚行月历正是其中的范本之一。

花钱“买地名”

写下这题目不免让人觉得有点怪，有花钱问路寻道的，咋还有花钱“买地名”的呢？之于老广告、老商标收藏而言，我很看重故纸内外显现的细节，常自视其为别样的、独特的“文献”资料，所以再小再普通的画面上，但凡具备一点点有价值的信息，我也会动动心思认真考虑是否要收入麾下。比如，对于语焉不详的老地名，对于名人名流故居地等。故纸与历史人文、民间传说相互交融，遗存至今，必是耐人寻味的。

那年春天，我在旧书摊上见到一张老天津义兴永玻璃镜子庄的小广告，是个本地人在卖，当时的状态是它有一厚本子，也就是说后来人曾废物利用，把剩余积存的这纸小广告装订成了本子，利用白背面来写写画画。

记得当时询价，摊主开价较高，问缘由，他说：“这是‘乐壶洞’的，你知道吗？你听说过这天津老地名吗？”闻听此言，我才认真瞧了瞧地名那几个小字。转而心想，这般大批量出现，也就没必要花费太多，所以放弃没买。时隔不久，藏友崔先生赠送我一张这小标签，也算如愿以偿了。

小画实为义兴永商号出品的方形面镜背后的装饰衬纸，花花草草，还算漂亮。画面上端有“义兴永”红色大字，其下便是

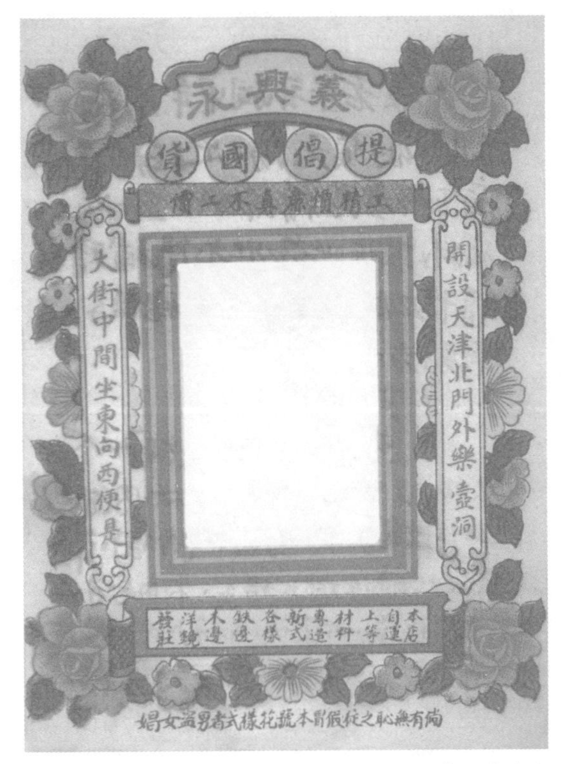

镜子庄广告

“提倡国货”与“工精价廉；真不二价”的字样。再看下端，义兴永广而告之称：“本店自运上等材料专造新式各样铁边木边洋镜发庄。”值得注意的有一行蓝色小字写着“倘有无耻之徒假冒本号花样式者，男盗女娼”。早年，玻璃镜子大多为舶来品，堪称时髦摩登之物。可想而知，当时义兴永的镜子很有市场，一定是引来了其他商家的仿制冒牌，如若不然，义兴永也不会在广告上亮出此等“狠话”来。

画面两侧标示着义兴永的地址：“开设天津北门外乐壶洞大街中间坐东向西便是”。恰如那个卖家所言，正是“乐壶洞”三个字引起了我的兴趣。

关于天津“乐壶洞”这个地名，现下已很少有人知晓提及了，随着岁月的更迭，它被“北门外”“北大关”“河北大街”等叫法所淹没。殊不知，乐壶洞及其前身叫法在清代中后期、民国年间是响当当的津城地名，民国《天津地理买卖杂字》中多收民风精粹，其中道：“南斜街，磨盘街，毛贾伙巷锅店街。乐壶洞，缸店

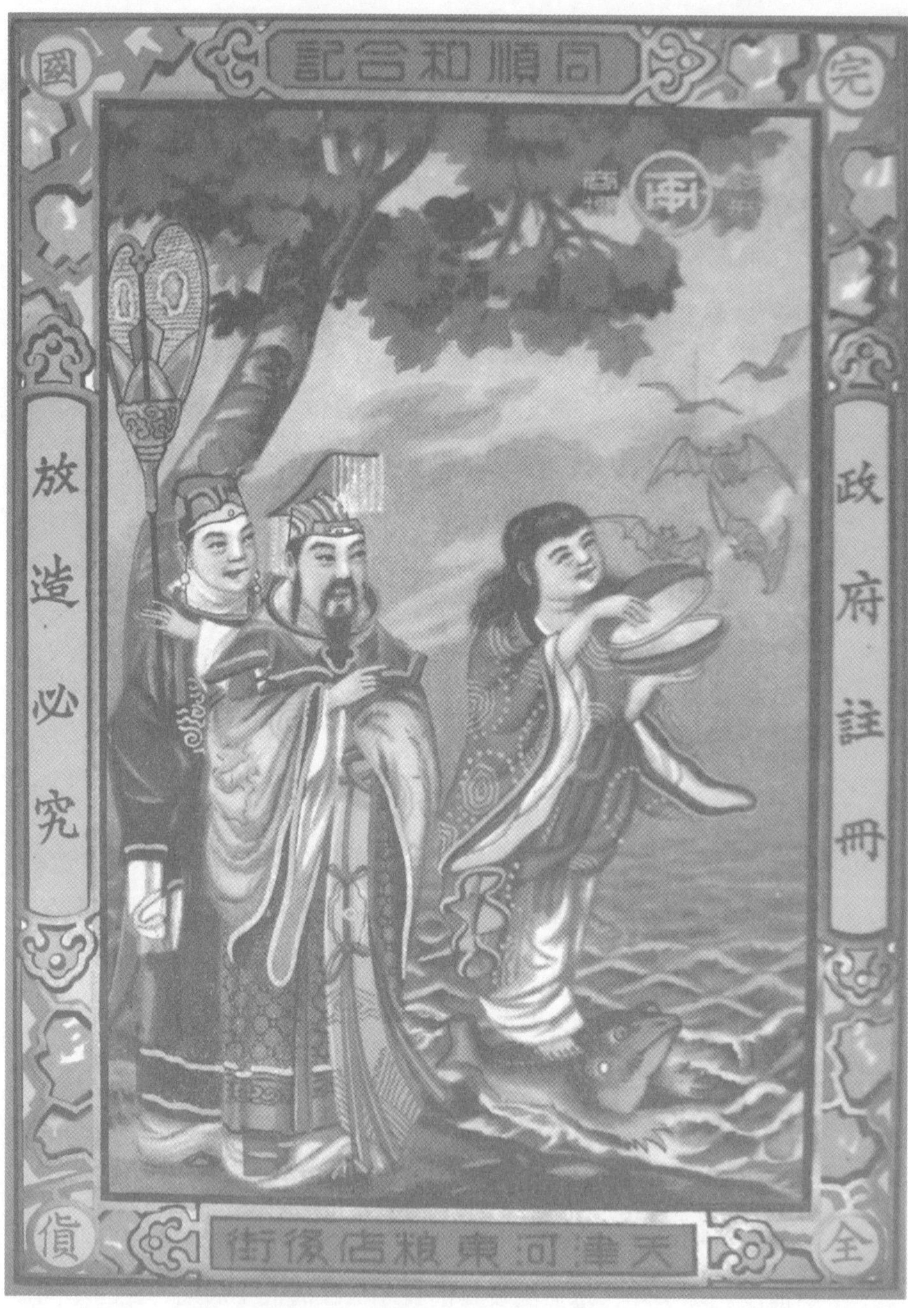

纺织品商标画

街，竹竿巷南针市街。”那么，“乐壶洞”缘何而来呢？

早年民间传云，说乾隆皇帝下江南有一次驻跸天津时微服私访，他见天津城北门外热闹熙攘，于是巧计脱离了文武大臣一干人马的前呼后拥，独自在街上溜达起来，也算惬意。走着走着，乾隆爷发现路边有个老头在卖老人参，顺便上前探问几句。那老头一脸苦相地说，家里出了大事急等用钱，走投无路才拿出祖传的人参来换点银子。乾隆爷心生恻隐，但见人参硕大饱满该是不错，便掏钱买下了。

接着前行，又见赌钱摊前围满了人，好热闹的乾隆爷上前观瞧。“呵，瞧这位爷，天庭饱满地阁方圆气宇轩昂真不凡，一看就是好运气的发家有钱人……”乾隆爷架不住摊主与看客虚捧，不明就里跟着下注碰起运气来。结果呢？先赢后输，最后连外套都输给了人家，只剩内衬便衣了。

话分两厢，当随从们发现乾隆爷“丢了”，可吓坏了，无不火急火燎团团转。大家找了半天才在赌钱摊附近寻见主子，见乾隆爷尴尬地坐在道边正生闷气呢。愿赌服输，其实亏点钱也就罢了，乾隆爷心想还得了一颗大人参呢。他让下人们看看那人参咋样，没想到大家面面相觑，显得哭笑不得。乾隆爷丈二和尚摸不着头脑，命他们从实说来。原来，那人参是用大萝卜伪装假冒的。这下，乾隆爷恼羞成怒，气哼哼地对手下吼道：“这是什么鬼地方，简直就像吃人的老虎洞！”

就这样，“老虎洞”虽不好听，可也算“御赐”啊，此名还是一传十十传百叫响了，很多人因此也将北门外一带称为“老虎洞”，直到清末年。北门外老虎洞一带素来是买卖旺地，当日子进了民国年，气象日新，有的商户越发觉得“老虎洞”这名字不吉利，不利于做生意，思来想去，有聪明人灵机一动说出了谐音——乐壶洞。

地址、地名搞清楚了，那义兴永玻璃镜子庄为什么择居此地呢？此地古来便是老城“拱北”通京大道，加之邻近南北运河、海河三岔河口之畔，所以很早就成为天津重要的商业中心。这片街区以北门外大街为中心，包括北门里大街、河北大街、估衣街、锅店街、侯家后、洋货街、竹竿巷、针市街等，商店铺户鳞次栉比，从早到晚车水马龙，行人摩肩接踵。做买卖爱扎堆儿，旧时北门外一带有几十户经营玻璃镜子的商户，除了义兴永之外，还有同祥涌、恒昌、义顺和、义兴德、润泰祥、天兴等店铺，生意十分兴隆。

这样的历史人文与民间传说背景为这张义兴永广告故纸的解读找到了支点。

再来说说另一个“买地名”的故事，且与李叔同——弘一法师有关。

2014年5月间，我在一东北女人手里买到一张民国时期天津同顺和合记的纺织品商标，画面精细描绘着和合二仙的神话故事，形象生动，色彩明丽。画面四角有“完全国货”字样，两侧标“政府注册，放造必究”字样。显然，其中的“放”该是“仿”字之误，不知当时是商家还是画家马虎大意了，就这样大宗地印刷推行出来。如今看，也算错版老商标之一种吧。

老商标下端标示的厂址为“天津河东粮店后街”。清光绪六年（1880年）李叔同（名文涛）出生在粮店后街陆家竖胡同2号，后迁居粮店后街62号，并愉快地度过了青少年时代。

“春去秋来，岁月如流，游子伤漂泊。回忆儿时，家居嬉戏，光景宛如昨。茅屋三椽，老梅一树，树底迷藏捉。高枝啼鸟，小川游鱼，曾把闲情托。儿时欢乐，斯乐不可作。儿时欢乐，斯乐不可作。”1921年李叔同（弘一法师）在上海写下了《忆儿时》这首歌，可见他对天津出生地、故居的特殊眷恋。

粮店后街原在天津海河东路北段东侧，北起向河胡同，南至兴隆街。此地位于旧三岔河口以南，连通天津港、海河、运河，南来北往的漕船、粮船云集，是北方重要的商贸码头与粮食集散地，并形成了繁盛的粮栈集聚的粮店街。另外，粮店街内还有乾隆二十六年（1761年）兴建的山西会馆。此情此景，在清人所绘的《潞河督运图》中即有充分展现。后来，为了储运装卸方便，各家粮栈纷纷开了门面，进而形成粮店前街、后街。

粮店后街62号就在山西会馆斜对面，是一处占地1400平方米的宏大宅院。据李叔同孙女李丽娟在媒体上回忆称：“前院为三合院，有北、东、西房各三间，北房后边是一个小后院，只有三间灰土房，东、西各有一小厦子，前院墙下磨石抱角，房上有1米左右高的女儿墙，院内有一棵大树，老宅的不远处就是原北运河的河身（1918年河身裁弯取直后改为东河沿大街），顺河往东是金钟河，沿河是一片树林。”

李叔同在粮店后街故居奠定夯实了文学与艺术基础，结交了名师益友，是他人生风帆的起点，艺术生涯的基石。1912年，李叔同离津赴沪。2010年，李叔同故居纪念馆在原址成功复建。

斗智斗勇买《目录》

逛旧书摊，见到一棵树下有个操南方口音的男子在摆卖，摊子上东西不太多，倒是有些故纸之类。我看了几样，没有太入眼的，即将起身离开之时瞅见了摊上远端的一本旧书。它被包在一个塑料袋里，名叫《武汉市百货（工业、手工业）产品目录》，书名下另缀“中国百货公司中南区公司武汉采购供应站编印”和“一九五五年”字样，想来也是甲子之龄了。

这本书《武汉市百货产品目录》为横向16开本，厚纸，总计150多页，内中多半是彩色印刷，除封面、封底之外，品相有九十成的样子。关于此类书，我并不陌生，多年前我淘到过一本同时期的天津产品目录，还是硬纸板封面、封底，且为手工系带装订的，其中所涉商品琳琅满目，实际上相当于一本广告宣传画册。

这类书针对读者（客户）有限，当时发行量很小，所以遗存至今要价一般不会太便宜，但它花花绿绿的实在诱人。想买，还有另外一层潜在因素，就是前段时间见到上海一家出版社出版了两本书，其内容即根据同时代的几本类似的目录而成书的，刊印图片皆扫描自书中，文字简短。那么，我手边的几册是否也具备了一定的“出书”价值呢？说来，我收集、研究老广告、老商标这么多年，一直对新中国成立后的故纸兴趣不大，其原因，一是觉得突破下线也许会“一发不可收”甚至失去重点，二是要尽量保证藏品的年代“档次”高一点。但今天遇到这本武汉的目录，还是有点爱不释手了，关键是书中太有料了。

我决定好好翻看研究一下，恰在此刻，有个背双肩背包的80后小伙也凑过来站到我身边观瞧，我下意识地看了他一眼，不，也许是乜斜了一下，目光中大致透出了不友善的神情。为何？个人觉得，淘宝发现是个性化的事，因为我有心想收下这本，所以在我没看罢想好的时候，不愿旁人在近前“窥视”。那小伙觊觎了一会儿，见我还没有放下的意思，便蹲下身挑选其他东西了。他买了一册“文革”小书，随后示意摊主：“这个……”顺势指了指我正看着的目录。摊主说：“等下吧，这大哥正看。”旧书市上好热闹的人多，路过的闲人见有两三人同时伸脖子瞪眼瞧某样东西，常常会停下脚步也凑近猎奇一下，此乃常态。

这时，我身边围拢了五六个人。书在一人手上，人家没离手，旁人最好别抢别摸，这是久有的潜规则。如此，越是这样我就越要慢慢研究。而且，当着这个小伙的面，我还不方便问价，经验是，但凡遇到这种情况，卖家往往会高开价格的。又过了有十几分钟，那小伙耐不住便走掉了。过程中，我也发现摊主焦急的情态，他一边大声“王婆卖瓜”，一边是期待的目光，希望我赶紧问价商价好决定

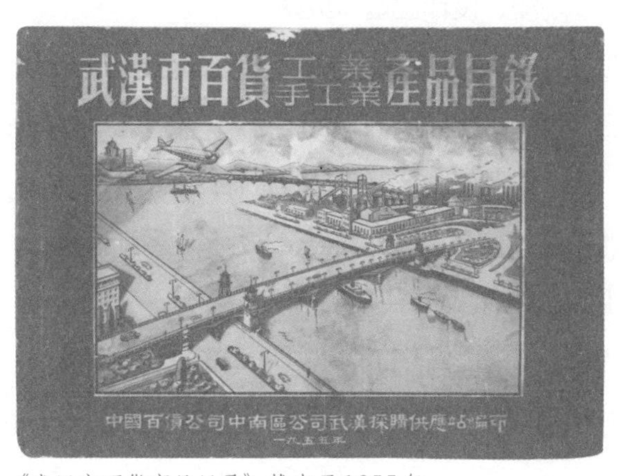

《武汉市百货商品目录》推出于1955年

买与卖。其实，我心里比他更可谓七上八下，但众人围观之下，我不可再向前一步询价，只要定心拿住书就是了。逛书摊儿，有时也需要斗智斗勇。

摊主说，刚才有人问价，他要几千元，对方看了看就走了。进而又称，目录中有40多页广告，他若是一一裁下来整理好，这么出色的品相，也许每张能卖一二百元。他对我说："老兄，你是行家，你懂的。"我说："话没错，但你不能这么算，其中的具体情况参差不齐呀。再说，你裁下画页，搞不好就全毁了。"

我问价，摊主伸出几个手指，估计是每张广告画页折合百多元上下而得来的这一数目。总之是在多种复杂的内在外在因素中，我尽量保持冷静，几番议价，最终以心理可承受的价格与之成交了，收下这本《武汉市百货产品目录》。摊主见东西卖掉，高兴之余又赠送我两张小幅的民国时期的商标故纸。

回到工作室，我再度细细阅读、品味这本已在我心里命名的"广告画册"，度过了充满意趣的午间时光。

《武汉市百货产品目录》封面为大红色衬底，中间是精心绘制的美好蓝图——武汉长江大桥。其实，这本画册出版时，大桥尚未开工，但前期论证、勘测、设计已基本成熟。

武汉长江大桥位于中国湖北省武汉市，横卧于武昌蛇山和汉阳龟山之间，是长江上第一座铁路、公路两用桥。大桥的建设规划始于20世纪初，1913年至1948年间曾先后4次进行长江大桥的勘测、选址和设计，但几次规划都因经济、战乱等原因而搁置。新中国成立以后，武汉长江大桥的建设被列入中国第一个五年计划，且是苏联援华的重点工程之一，于1950年起正式开始进行大桥的测量和设计，1955年9月动工建造，1957年10月正式通车。武汉长江大桥有"万里长江第一桥"之称，在中国桥梁史上具有重要意义。

画面上的长江两岸一派生机盎然，但见船舶航行，飞机翱翔，建筑宏伟，花红柳绿，厂房有秩，烟囱林立，特别是还可见远远的龟山风景与著名的黄鹤楼。此图此景，反映出时人对新中国、新武汉充满了无限美好的向往。正如画册扉页上专门的封面介绍所言：“为发展工业，促进城乡物资交流，扩大供应，满足人民需要，为国家大规模经济建设积累资金而奋斗！”

书中的整页彩版手绘广告37幅；单色手绘广告4幅；单色照相版广告8幅，足以让人眼花缭乱。先说绘画之细微，甚至可达纤毫毕现的程度。比如黄河牌电池广告画面上画着一节电池，只有半个火柴盒大小，然而电池外包装纸上的黄河与桥梁风光似近在眼前；又比如彩条袜子广告，就连那十几只袜子的纹理也画得清清楚楚。再说印刷之精到，彩版广告大多设色艳丽，异彩纷呈。在印刷环节上也舍得施以油墨，彩墨厚重色透纸背。

在当时百废待兴的国民经济与印刷技术条件下，印制出如此精美的广告画册，实属不易。鉴于此目录仅针对较小范围的批发商、经销商，加之节省成本等因素，所以它的发行量相对较小，这也凸显了它的宝贵。

《武汉市百货产品目录》中包括百货类、织品类、文具类、纸张类、其他类，共涉及140多个子类近千种商品，蔚为大观。每样货品皆有厂名、商标名、规格、每包装数量、参考价格、平均月产量等。

在肥皂、香皂、药皂类别中列举展示了当时的几十样产品，比如武汉市国营化工厂出品的青龙牌抽水肥皂；汉口天伦制皂厂出品的天伦牌药皂；武昌祥泰皂厂出品的精中牌香皂、警钟牌肥皂；汉口汉昌化学工业公司出品的蝴蝶牌肥皂、七星牌药皂等。

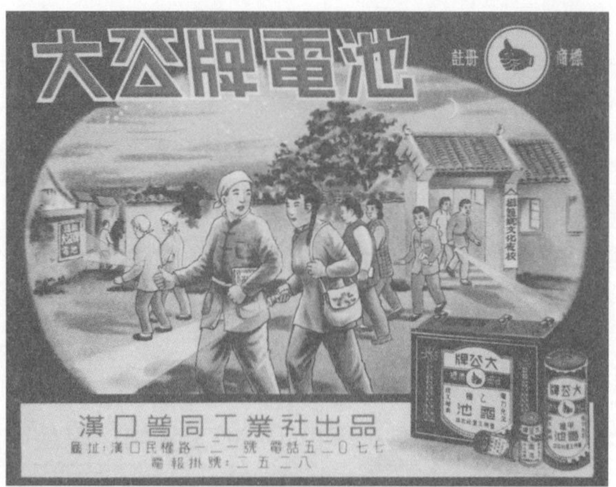

电池广告

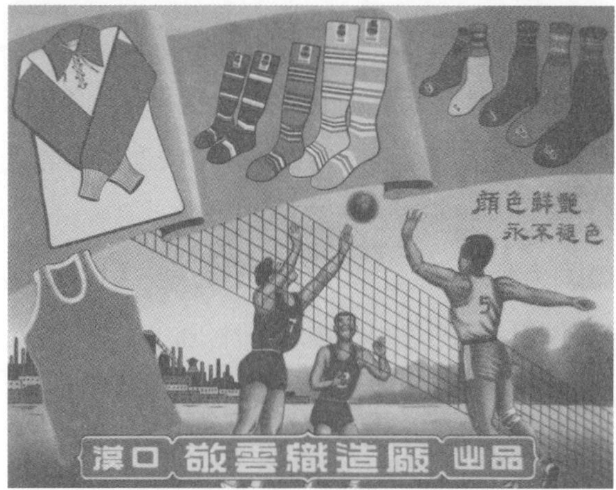

袜子广告

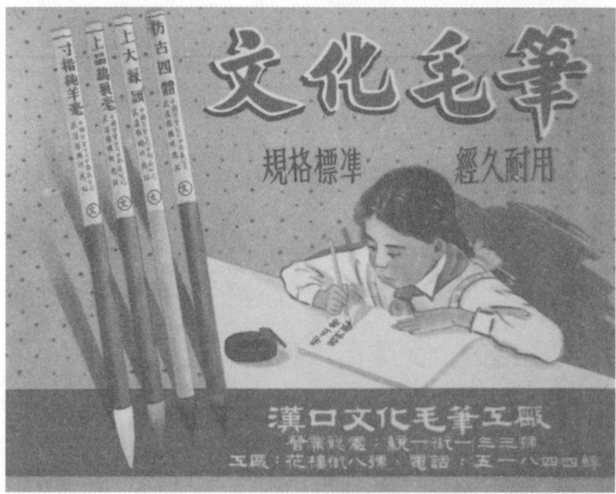

毛笔广告

有趣的是，祥泰厂的香皂称“精中”，而肥皂、药皂叫“警钟”，二者谐音，然各有寓意。20世纪50年代中期，广告上没有了民国美女明星的矫揉造作与香艳气息，但却让人感到一种质朴安静之美。

且看汉口普同工业社出品的大公牌电池广告：夜色中弯月如钩，乡亲十几人正从“模范乡文化夜校”学习过后走出来，他们三三两两打着手电高兴还家。远处有一人的手电光正照在墙面上，照亮的不是别的，正是红底白字的广告——请用大公牌电池。如此“画中画”的创意颇具匠心。看前景二人，小伙头裹白毛巾，穿着蓝灰色夹袄，拿着书籍，他一旁的姑娘梳着发辫，穿着桃红色的上衣，肩挎绣花书包，她正打着手电筒照亮前行的村路。此情此景或许会让人想起刘巧儿与赵柱儿的故事：“但愿这个年轻的人哪他也把我爱呀，过了门，他劳动，我生产，又织布，纺棉花，我们学文化，他帮助我，我帮助他，做一对模范夫妻立业成家呀……”

通过阅读可知，该目录大致编辑于1954年（次年印出），当时，我国第一套人民币（自1948年12月陆续发行）仍在使用。书中所列参考价格较为详细，如精中牌香皂每箱144块，批发价格为474000元，每块约3292元。1955年2月21日国务院发布命令，决定由中国人民银行自1955年3月1日起发行第二套人民币，收回第一套。因解放前连续多年的通货膨胀遗留的影响在当年并没有完全消除，第一套人民币的面额较大（最大为50000元），而且单位价值较低，在流通中计算时以万元为单位，不利于商品流通和经济发展，给人民生活带来不便。此次变革，第二套与第一套人民币折合比率为1∶10000元。折算起来，每块精中牌香皂的价格约0.33元。再如，蝴蝶牌肥皂每块（条）0.25元、七星牌药皂每块0.20元。

如此事无巨细，在当年，为经销商提供了详细参考；在60年后的今天，为我们研究新中国成立初期的工商发展、经贸交流、民生演进、实用绘画等，提供了翔实可据的重要参考，其价值该是不可小觑的。

说实话，《武汉市百货产品目录》让我花费不少，我心里一直盘算着到底是买贵了还是买值了？又想，钱已出手，真没必要纠结了，只要自己高兴就好。得到这本画册的第二天，《中国商报·收藏拍卖导报》采访我，我还“趁热”为记者讲起其中的画面，以说明老广告所具有的时代印痕的价值。

“李逵”和“李鬼”

克隆，本是生物技术，现代人也以其借指复制、拷贝等，也就是从原型中产生出同样的，或极为相似的复制品。言此，又容易联想到数学术语——同类项，即所含的字母相同，且相同字母的指数也分别相同的项。

辛亥革命以来，西方现代工商理念在东方产生了一定影响，中国工商业者越来越意识到广告、商标的重要作用，他们也用心推行着自家的广告画、商标图，意在促销商品、寓意美好、寄托宏愿。俗话说，爱美之心，人皆有之，好看的图画又何尝不为众人喜欢呢？在当时尚不健全的工商管理条件下，跟风仿冒的广告、鱼目混珠的商标屡见不鲜，甚至达到了“克隆”的状态。孰是孰非，莫衷一是。君不见，即便是现如今，“李逵”与“李鬼”的事不也照样不断发生吗?

发财金满地

古往今来，也许人人都想拥有财富，无论神话与现实，光闪闪的聚宝盆、金元宝、大钞票皆能吸引眼球。中国几千年来的传统农耕文明，塑造了劳动人民，特别是小生产者对发家致富的强烈向往，招财进宝、财源广进的期盼反映了民众朴素的理想愿望、心理状态，具有丰富的人文内涵。

人们常开玩笑说：真是天上掉馅饼，发大财了。那么会有金元宝从天而降吗？也许在梦里，也许在画中。

民国时期，某一品牌棉布即取名为“满地金”，既直白又吉利。在其商标画中，院门上方高挂着“斯是陋室”的门额，门前有几个孩童正在争相捡拾草地上的金豆子。再看妇人怀抱的那个幼子，见小哥哥们忙着“发财”，他也欲挣脱出来。一旁的老爷在指手画脚，似乎命令着什么，快捡？回房？我们不得而知。细看老爷的服饰上布满了金色的团花图案，仅以此推测，其家中想必不差钱。

无巧不成书，说来甚至有点匪夷所思：20世纪二三十年代天津北门外非常繁华，此处有一家名叫万义号的染（颜）料庄。旧年，印染厂需要染料，百姓染衣服离不开颜色，因此，万义号的生意异常红火，所产满地金牌、欢喜牌、虎鹿牌、花好月圆牌染料备受市场欢迎。这里要说的是，万义号的“满地金”商标图与上述纺织品“满地金”几乎一模一样。不过在染料庄的画中，左侧白墙上多了“注册商标”字样，两侧边框上添了“加倍颜色”字样。纺织品画中的孩子在捡金豆子，而染料庄画中是捡金元宝。前者的画工大胜于后者，但缺少重要的“注册”标注。就这两幅跨行业的图画而言，彼此谁先谁后？是谁克隆了谁呢？

类似的例子还有民国时期的民族纺织企业与在华的日商纺织厂都曾以金丝边眼镜为商标，其商标画如出一辙。

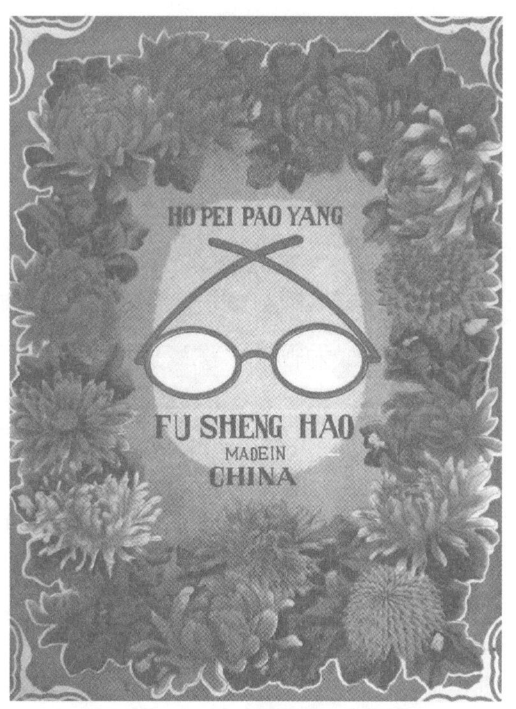

印染公司以“金丝边眼镜”为商标

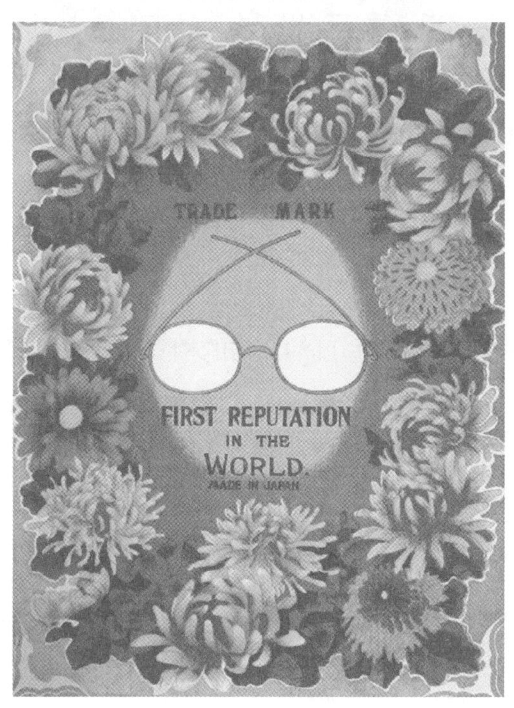

另一张雷同的商标

阴丹士林广告被效仿

阴丹士林色布曾给老辈人留下过深刻印象。Indanthren作为一种有机合成染料，耐洗、耐晒，颜色种类很多，其中尤以阴丹士林蓝色布最为畅销。洋商操控下的阴丹士林广告宣传可谓无孔不入，且特别重于推出时装美女月份牌画，所以不惜重金聘请老上海优秀的画家，选择最好的印刷厂，印行系列广告。阴丹士林广告中的女子素以清雅健康著称，20世纪二三十年代，画中人以知识女性为主的阴丹士林系列广告深受顾客欢迎。在一幅宣传“190号”蓝布的图画中，名家谢之光笔下的闺阁名媛学派十足，她留短发，穿着一袭蓝色旗袍，温文尔雅且有深意。画面背景洁净无华，旨在突出了女子手中那一枝红艳的花，似乎是花季年华的最好说明。

英国老牌营养品——司各脱乳白鳘鱼肝油很早就行销中国沿海城市，英商注重宣传，在其一幅广告画中，人物与阴丹士林蓝衣女生的容貌、仪态是一模一样的，就连手上的宝石戒指、花枝也不差分毫。不同点在于，阴丹士林广告的右上角是毛笔楷书的广告词，而鱼肝油广告的相同位置是不知从哪嫁接来的前清遗老、大书法家郑孝胥题的几行诗，其中言：“画中爱宠常相对，秀色可餐不觉饥。”另外，在对应的左上角又加印了“渔夫背鱼”的商标。

这两幅画的左下角皆有“之光”署名与钤印，难道当年画家一稿双绘，把同一清纯女生许给了俩婆家？

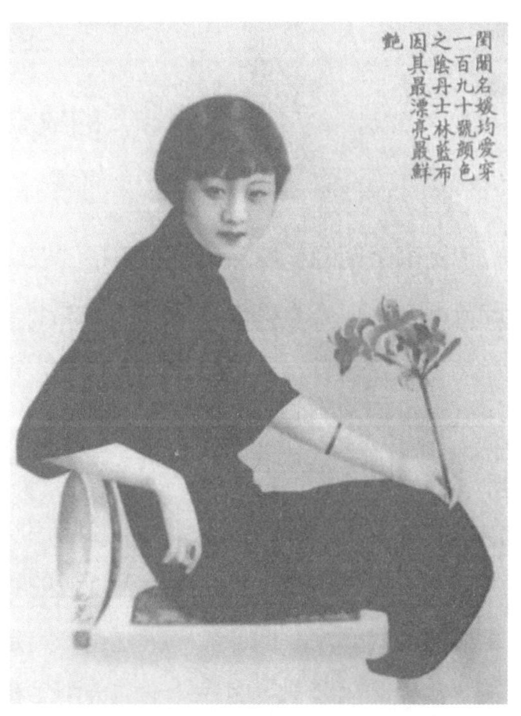

阴丹士林布广告

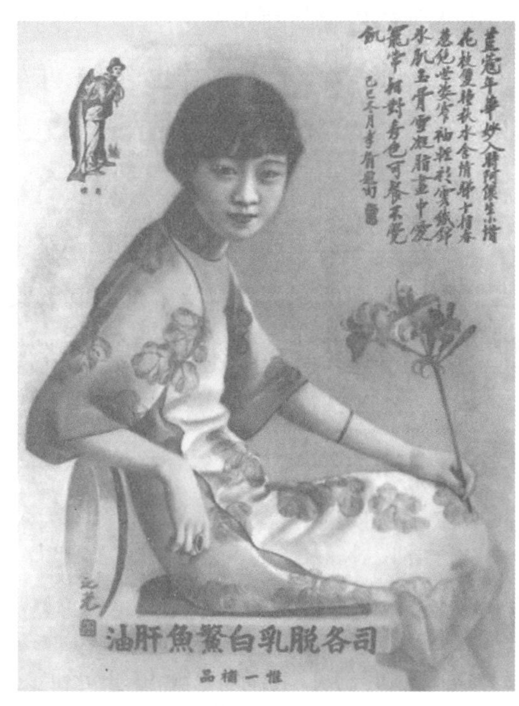

鱼肝油广告

“双妹”的故事

民国时期的花露水市场主要是“双妹”与“明星”两大品牌的天下，特别是“双妹”，可谓大发香艳美妆之财。其他中外商人当然不会善罢甘休，也纷纷加入跟进，希望哪怕分得一小口蛋糕也有钱赚。

“双妹”化妆品的东家是广生行公司，他们不断推出以姊妹形象为特色的月份牌广告画，乃至家喻户晓：花园里，一对姊妹亭亭玉立，面如桃花，肌肤胜雪，她们的衣着或是改良花旗袍，或是百褶长裙，其发型、其高跟鞋也一定是最摩登的款式……有鉴于“双妹”的名字、图样，上海大中华化妆品公司推出了双凤牌花露水，广告画中同为一对温柔可人的旗袍少女。有的公司还出品二美牌花露水，商标图样也与“双妹”大同小异。在上海德兰化妆品行的“真正高级花露水”商标上，又可见身穿红色、绿色旗袍的一对闺蜜的形象。

20世纪三四十年代，明星牌花露水味香皂热销一时，类似产品随后相继出现。上海泰安公司监制的美人牌香皂的包装盒上可见美女明星持花的形象，异曲同工的还有锦生洋行监制的顶上牌香皂。

美女有“姊妹”

北京的崇文门俗称哈德门，知名度之高不言而喻。英美烟草公司早在民国时期（1919年或1924年）即在中国开发、注册了“哈德门”香烟品牌。它香气清淡柔和，余味生津回甜，颇受市场欢迎。

除了上佳的品质，铺天盖地的各类广告是英美烟草公司打天下的又一利器，月份牌广告画更可谓精品如云，曾强势引领并推动了中国近现代广告文化的发展进步。

杭穉英是老上海月份牌画的顶级高手，为英美烟”公司创作了不少画作，尤以时装美女图惟妙惟肖。值得注意的是，观览清末民初以来月份牌画，其周边常常附有年历、二十四节气表等，画中适当位置会加上香烟、化妆品等商品的图样，以及厂名、厂址、电话等信息。到了20世纪二三十年代出现了一番变革，年历、节气表等逐渐淡出画面，乃至厂址、电话等也显得不重要了，所宣传的商品的外观图仅位于画面某一角落，画面空间最大限度地留给了时尚美女。杭穉英为“哈德门”所绘的旗袍美女半身像广告就是一例。

画中女子从发式、妆容、首饰、衣着无不摩登。她的额前留着齐眉“刘海”，脑后盘着横S形发髻，柳叶细眉丹凤眼，颜面红润，双目含情，似有话要对你说。她的改良旗袍是相当考究的洋绸面料，裁剪立体有型，再加上传统的镶滚花边装饰，简直到了奢华无以复加的境地。画中主题明确，纤纤玉手轻托着一盒“哈德门”香烟，右手的指尖也夹着香烟。香烟被特别装在了象牙料烟嘴上，与食指上的宝石戒指形成呼应，再次突出了奢华摩登之气。

“哈德门”的这则广告非常经典，一直脍炙人口。但今人多有不知，当时上海的“苦林”雪花膏曾“克隆”了这幅画中的香烟美女。苦林牌雪花膏是兴隆洋行代理的进口化妆品，或许商家格外青睐吧，索性请人直接描摹了杭穉英的原稿。毕竟，卖烟卷与买香蜜是风马牛不相及的，“苦林”将女子左手上的烟盒换成雪花膏瓶，右手不再夹烟卷，而是直接指向那瓶雪花膏。“苦林”在广告中又加注了“老牌注册；优良与美丽之赠品；自选批发”等字样。想拥有如图中女子一样柔美的肌肤吗？就用“苦林”吧。兴隆洋行的潜台词大抵如此。

工商人士爱雄鹰

雄鹰乃鸟中之王，也是天空霸主。不畏艰难、勇往直前、志向高远、前程远大、青云直上、奋武扬威，等等这些词汇都不时成为鹰的寓意与象征，正缘于此，它也化作了许多商家的品牌形象。

直到20世纪30年代初，山东青岛还有一家可以独立印染花布的企业，日本花布独霸市场。据青岛市《市北区志》中《市北区工业机构沿革》介绍，1934年，企业家陈孟元在青岛沈阳路北端创办了华北第一家机器印染工厂——青岛阳本印染厂。该厂的印花布、色布品种齐全，质地好，染色牢度高，很受消费者欢迎。其中，纳富妥（化学试剂名）色布销路颇佳，遍及三北各地。印染厂注册有家庭牌、耕种牌、哪吒牌等商标，立鹰牌也是重要一种。观立鹰牌纳富妥色布商标图，雄鹰正站在苍松之上，松下掩映着一轮红日。鹰的翅膀已徐徐张开正欲高飞，无论是与日争辉，还是与日同辉，图画皆蕴含着美好。此图从画工设计到制版印刷无不精益求精，哪怕是一片羽毛、一根松针，无不丝丝入扣，让人叹为观止。

同一时期，上海立盈染织厂出产有立鹰牌纺织品。不知是不是巧合，“立鹰”商标上的松与鹰，与青岛阳本“立鹰”的相似度达八成以上。对比之下，上海画的模本是青岛那一幅，甚至连羽毛排序、数量都惊人地一致，只是上海画的颜色更浓艳些，可画工的精细度又差了不少。还有一点，“立盈”与“立鹰”也是谐音的。顺便一说，上海同丰印染公司的品牌叫“松鹰图”，商标画的周边为醒目的金黄色，突出中心位置的古松与苍鹰，鹰呈俯身展翅之态。商人们对类似图案的热衷一直在延续，改革开放前后某纺织企业的出口商标定名为鹰松牌，商标画是胶版印刷的，金鹰站在古松上，双翅腾起，颇有气势。

再看俩女子拉手闲话图的例子。民国时期河北的和顺城点心庄与辽宁的天德和茶食店都喜欢上了类似的图画，两幅画就像姊妹，如出一辙。如今看来，是先有“姐”，还是先有“妹”，恐怕难以说清了。

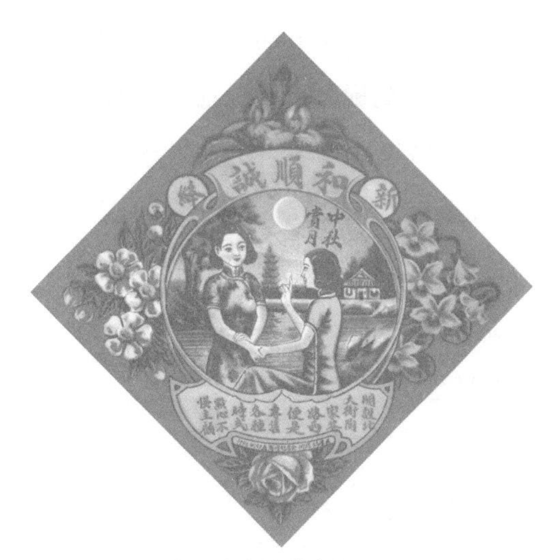

点心笺上的美女闲话图

细说“克隆术”

工商实业在发展过程中，广告、商标随之演进更新，进而形成姊妹版，权算一趣。先来说说民国时期天津恒源纺织公司的“蓝虎图”商标。近代以来天津棉纺织业不断进步，清光绪二十九年（1903年）周学熙在津创办了直隶工艺总局，大兴实业，第二年再设实习工场，开始机器织布。津地第一家机器纺纱企业——北洋官办直隶模范纺纱厂于1915年在宇纬路创办，次年，章瑞廷创立恒源帆布公司。几年后，上述二厂合并为恒源纱厂，1920年8月开工。

仿版图画频出

恒源厂推出“八仙”“蓝虎”等品牌，商标图画一并推出，雅俗共赏。“八仙”神话家喻户晓，不赘，仅说老虎，它威猛雄健，虎虎有生气，额头上的“王”字更是强者的象征。早在三千多年前，虎的形象就被视为吉祥标志，据《周礼》载，当时已有在大门上画猛虎的习俗，取其守门、御凶、辟邪、纳吉之意。缘此，实业家对猛虎形象也一往情深，实则对生意充满美好期许。那么，恒源为什么特别选择了“蓝虎”呢？蓝虎即黑虎，又称黑蓝虎，毛皮浅黑略带灰蓝，上有深黑色条纹，传说是华南虎或东北虎的变种，实属罕见。物以稀为贵，“蓝虎”商标的立意因此更显深刻。

1936年恒源纱厂由诚孚企业有限公司接管。诚孚公司是1925年由银行家周作民、林裴成等人在天津法租界中街（今解放北路）开办的，有一定的经济实力。被接管后的恒源锐意改革，他们检修机器，提高棉纱产量、质量，并进一步培训女工，事业较以往大有起色。诚孚管理之初，恒源的“蓝虎”商标画还是较粗糙的老样子，仅为蓝色单色印刷。后来，诚孚全新推出彩色商标，画中见下山蓝虎二目圆睁，威猛有生气。商标上部的花朵中特别标明了“彩”字，以示换新。重要的是，“诚孚管理”的字样也添加到重要位置，突出权限变化。

威武雄健与一帆风顺，皆为商业心理期盼，希冀财源广进。民国时期天津敦义机器染织厂在北方同业中具有一定的知名度，“风行万里”是该厂的名牌商标。商标画为彩色印刷，画中旭日东升，大船扬帆，乘风破浪，场景很壮阔。到了20世纪50年代初，敦义厂还一直沿用此品牌，但重新设计了更大幅面的商标画。审视前后两版别画面大同小异，后者采用更低价的专色印刷，只用了橙红、草绿、黑三色，经巧妙穿插配合，也呈现了丰富的层次变化。顺便要说的还有昔年无锡锦新纺织厂的“顺风”品牌商标画，与敦义厂的类似，同为一帆风顺图，不过仅为红色单色印刷。

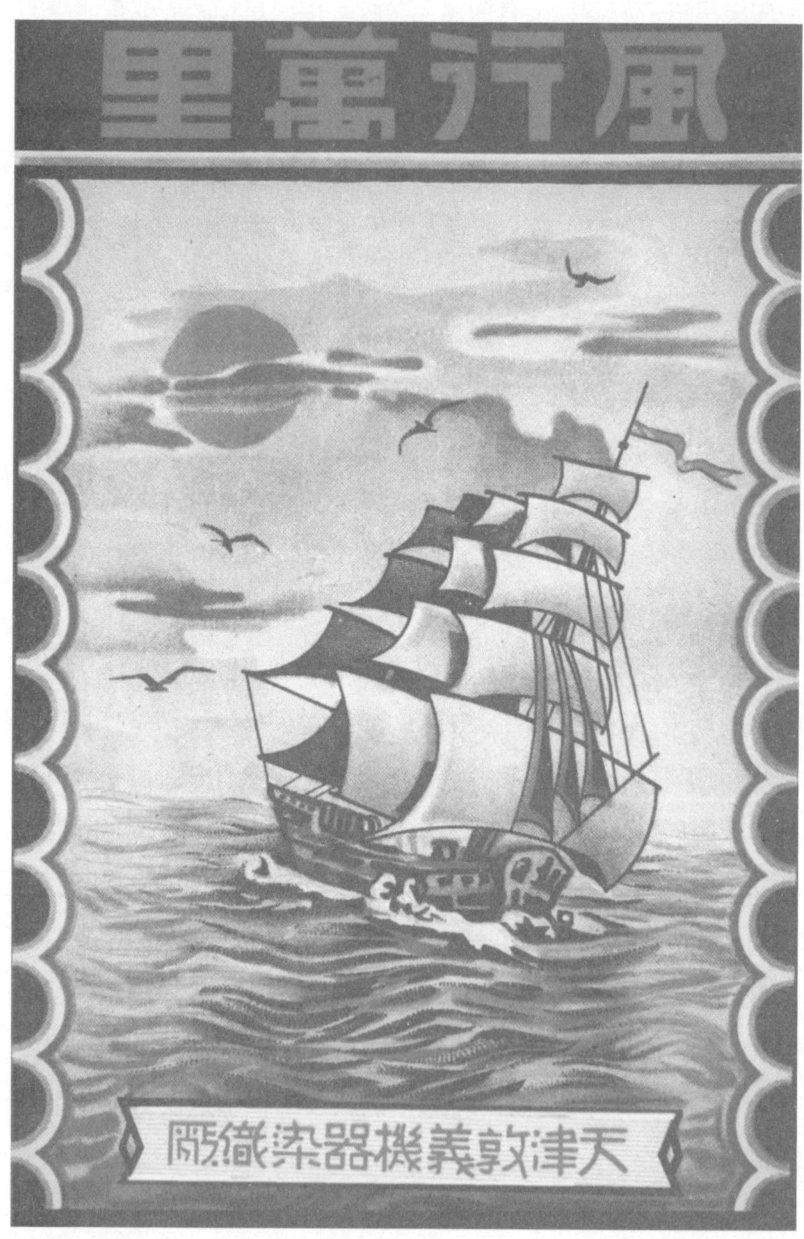

老天津的“风行万里”彩版商标画

发展的印痕

山东青岛纺织业基础雄厚，门类齐全，规模大，是我国近现代纺织业的重要发祥地，是业界“上青天”美誉中的一员。企业品牌的诞生、发展包含多方面因素，这里我们要谈及青岛第一印染厂与泰山图、与美人图相关的广告商标。

泰山乃齐鲁大地的名片，具有强大的品牌认知潜质。美人形象是老广告最耀眼的亮色，宣传功效可谓诱惑难挡。民国时期青岛第一印染厂出品有“泰山”品牌色布，商标画上有个烫卷发、穿粉红旗袍的少妇，她正坐在山路旁小憩，远处石阶上还立着一座古朴的石牌坊。佳人在前，美景附后，广告视觉引力较强。后来，该厂又衍生出“南天门”品牌，商标无论从绘画到制版印刷皆达到了更高水准。画中仍是娇柔少妇，也正在青山绿水间休憩，她身后为泰山著名景点——南天门。美人朱唇含笑，玉臂修长，轻托香腮，好个温婉仪态。她穿着印花绸缎旗袍，不乏海派风尚，堪比沪上最潮头。如此，同厂商标的“姊妹”关联度显而易见。

言“一品”二字，读者会想到什么？一品当朝，封建社会官品的最高一级，后人又用“一品”引申代指其他事物，表示等级高，非比寻常。宋人王明清在《摭言杂说》中云：“京师樊楼畔有一小茶肆，甚潇洒清洁，皆一品。”工商人士当然希望自己的产品是天下一等，无出其右。无论是理念，还是真正生产出精品好货，品牌命名“一品”当是大吉寓意。

老上海达丰染织厂曾叱咤中国棉纺织业。1913年祖籍浙江定海的王启宇与友人合资在上海塘山路创办了达丰厂，当时因第一次世界大战的爆发导致进口货骤减，达丰厂得市场之利，产品供不应求，数年间赚得盆满钵满。1919年王启宇又开新厂，从英国引进设备，首创中国机器印染，日产布料两千多匹，且号称“日晒雨淋永不褪色”，盛极一时。

“一品图”是达丰厂的主导品牌。笔者收藏两幅“一品图”商标画，画面同为吹着笛子的韩湘子自海上飘然而至，乍看一模一样。如何分辨先后呢？细看第一幅的制版颗粒清晰，每个细微点都干净利落，相互无粘连乌涂，表现出的形与色灵动飘逸、层次分明，特别是韩湘子的模样更达到了惟妙惟肖的状态：头发纤毫毕现，眉目清秀有神，指尖甚至可见指甲。

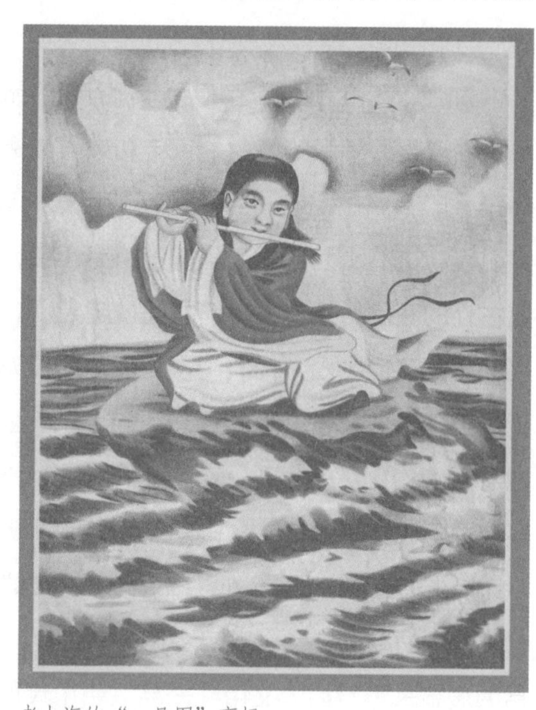
老上海的“一品图”商标

再分析另一幅，大致是用了前述的同一底版，制版颗粒却比较含糊，尤其是韩湘子的头发已混沌黑一片，五官明暗也衰减不少，立体感大为逊色。有意思的是，后者或许为弥补翻版的不足，刻意将主图四周的花边加印了金色（至今闪光），而第一幅是用仿金油墨印的。若未见前图只看后者，也许会觉得已很漂亮，然两幅对照才可发现端倪。从故纸收藏角度看，也许应了老话：不怕不识货，就怕货比货。

再说梅、兰、竹、菊，四君子也，一向是中国人感物喻志的象征，是对人格境界的美好向往，也是传统诗文书画的常见题材。梅，冷傲清高；兰，清淡雅致；竹，高风亮节；菊，奔放傲骨，占尽春夏秋冬，表现了一种对生命意义的感悟。

儒法经商，以义取利，乃中华传统商业道德观、价值观的重要表现，相形之下“四君子”成为品牌也可谓崇高理念的代言。比如上海第一印染厂的相关商标就有说道。该厂建成投产于1932 年9 月，是老上海的支柱企业之一，也是我国首家大规模全能印染企业。随着时局变化，1946年10月它被中国纺织建设公司接管，全名中国纺织建设公司上海第一印染厂。中华人民共和国成立后的1950年7月上海一印归属华东纺织管理局，直到此时，该厂仍号称“三大第一”，即上海、全国、远东地区第一。这一时期的上海一印推行“四君子”品牌，商标图画工精致，设色艳丽，其高雅内涵不言而喻。稍后，企业在原商标基础上又克隆出一小标图，专供出口产品使用，前后图画近乎一致。

“跳鲤”与“八马”

“跳鲤”品牌为老上海棉纺企业所有。“跳鲤”源自“鲤跳龙门”的典故，学业勤勉，科举登第；事业精进，功成名就，常被人誉为“龙门鲤”“龙门志”“登龙之望”或“鲤跃龙门”等。缘何？这里所说的龙门在山西河津西北与陕西韩城东北交界处，黄河至此，两岸峭壁对峙，险恶湍急。古籍《辛氏三秦记》中说聚到这里的江河大鱼无数，然多不能游过，如能跃过就可成龙。《后汉书》中又言，东汉桓帝朝政混乱，司隶校尉李膺等人反对宦官专权，不同流合污，被人赞颂。后来，到李膺家中拜访相谈的人皆以他为荣，有登龙门的比喻。

笔者收藏有一幅20世纪40年代末上海第二印染厂的“跳鲤”商标图，当时该厂归属中国纺织建设公司。此“跳鲤”图为全彩色加烫金印制，画中红日彩云映照壮阔大海，鱼跃欢腾，尽显美好愿景。另一幅“跳鲤”商标画是中英文版的，相对简朴，用单一深蓝色印在淡绿色纸上，英文“JUMPING FISH”大于中文“跳鲤”二字，此标应为出口产品专用。直到七八十年代“跳鲤”仍在沿用，专用出口标的画幅小一些，但印金量加大了，连画面边框的梅花装饰也从原来的深

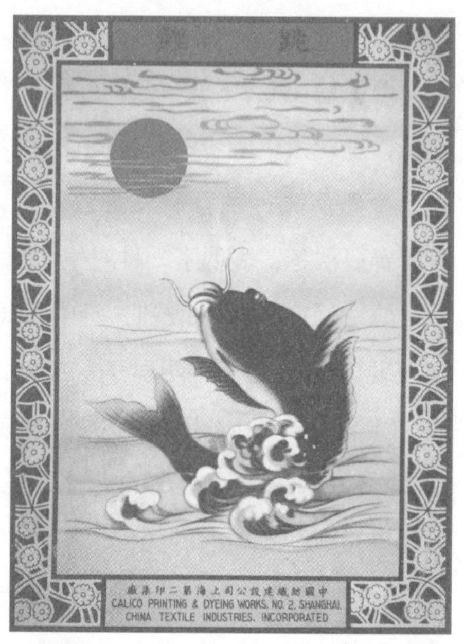

“跳鲤”商标

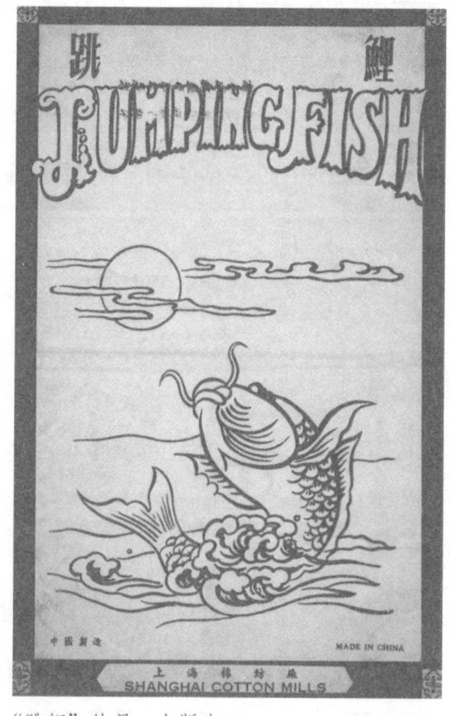

“跳鲤”的另一个版本

蓝色变成金黄色，整体感更显辉煌，也更突出了国货走向世界的雄心大志。

民俗文化中的骏马代表生命力，象征事业精进，寓意马到成功。传说周穆王有八匹各具神异本领的良马，他骑马周游天下，八匹马缘此得“八骏”美名。民国时期的天津裕大纱厂以“八马”为品牌产销优质棉纱，但近代民族棉纺工业并非坦途，蹉跎岁月中的“八马”也历经风雨。

话说辛亥革命以来中国产业革命迅速掀起，天津民间资本也活跃起来，工商业随之加快发展。陈承修早年毕业于日本大阪高等工业学校，曾在北洋政府农商部任职。后来，陈承修力图振兴实业，于是联络军阀政客、工商人士、社会名流等集资300万元大洋，1920年5月在天津郑庄子建设了裕大纱厂，1922年2月正式投产。裕大纱厂有工人一千七百余人，纱锭三万五千多个，年产纱逾万担，很快名扬全国，“八马”棉纱销路甚广，口碑传扬。“八马”商标图中有八匹骏马在草地吃草，闲庭信步的样子，内涵寓意事业远大。

棉纺织品的“支”是计量单位，表示纱的粗细，通常纱支越高纱越细。通过几幅“八马”商标图可知，其10支纱与16支纱的画面相同，但前者为蓝色边框，后者是深红色边框，以示区别。

好景不长，直奉战争的爆发导致产品滞销，加之原料匮乏，裕大只好利用部分进口棉料勉强生产。自1925年中期开始，裕大纱厂由日商东洋拓殖公司、伊藤洋行代理经营，直到1945年日军投降前，“八马”一直由日商控制。这些细节在老商标上也有显现。

“买烟”为识字

夏日闲逛旧物市场，某小摊上的“时髦美女”勾住我眼，爱呀，怕失之交臂，所以没咋划价就收入囊中了。身边的太太醋意大发，连说：“你对我若是这般痴情该多好。”我嬉笑着顾左右而言他：“你看这画面多带劲。”

此为老上海和兴烟公司出品的时髦牌香烟的广告画，故纸中心位置清晰画着一个打开状的烟盒，就连每支烟卷上部的小图标也一清二楚。细看烟盒上有个摩登女郎，留着类似现今羽西式的短发，发鬓直贴面颊，衬托出颜面的清秀之感。小女子穿着可身旗袍，脖领处还系着漂亮丝巾，这造型哪怕穿越到现在也是不落伍的。毋庸置疑，时髦美女人见人爱，就如同和兴公司的香烟。

画中引人视线的还有一个硕大的“髦”字，手写体，红色，在字的左上角特别挑出一条半弧形的标注线，线圈内特加“注意”二字，提示顾客看准“真正时髦牌香烟”。在广告下方，商家再不厌其烦地写道“时髦香烟，各界欢迎，承蒙赐顾，真假辨明，请君注意，‘髦’字认清，注册商标，洋文和兴”。难道假冒伪劣曾让和兴公司不堪其扰？

据《上海烟草志》记载，和兴烟草公司创办于1925年，营业所在牛庄路，工厂在成都北路，老板叫姚维熊。和兴公司的卷烟机仅有8台，工人360人左右，属中小规模，主要出品时髦牌、香花牌、红妹牌、庐山牌、金壳牌、银壳牌香烟。

也许是那时髦美女有魅力吧，自1928年，时髦牌香烟在市场风行开来，月销1000箱左右，甚至成为英美烟草公司的竞争对手。于是乎，跟风仿冒四起，如睛髦牌、峙髦牌、持髦牌、诗髦牌、如髦牌、时猫牌等接踵而至，多达五六十种，良莠不齐，其中不乏未经注册的牌号或包装（烟标）。旧年上海卷烟同业公会曾有统计显示，1947年底上海开工的96家烟厂登记商标346种，而实际出品461种，平均每厂隐瞒商标达25%。

1932年1月28日，日寇向上海发起攻击，淞沪抗战爆发。当时，许多有良知的爱国商人不约而同地以“一·二八战事”为主题，推出兼具广告性的香烟牌子，比如和兴烟草公司随时髦牌、金壳牌香烟附赠黑白照片版香烟牌，52张为一套，印制清晰，传达战事，激发民众爱国热情与抗日决心。

何谓“髦”呢？“髦”字的出现有久远历史，作为名词，髦从髟、从毛，髟是长发下垂的样子，也指毛发中的长毫。《说文》中云，髦就是头发。“刘海儿”是很经典的传统发型，《诗·鄘风·柏舟》中有“髧彼两髦”的说法，同时注释“髦者，发至眉”，泛指小孩子垂在前额的短发。在古代，“髦”作为形容词

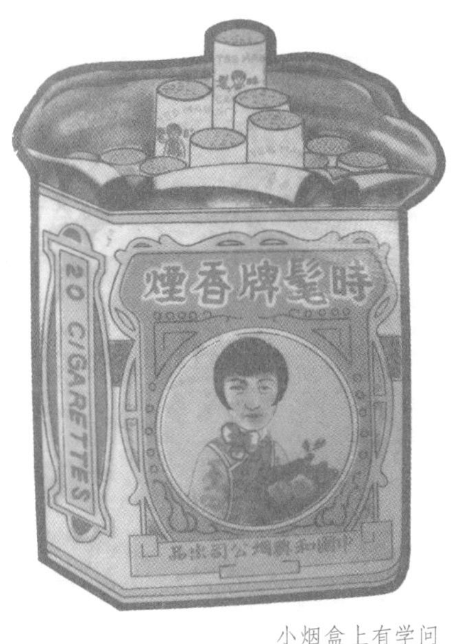

也有英俊的意思，《尔雅》中说："髦，俊也。"在《诗·大雅·思齐》中同样有"誉髦斯士"的提法，如比喻英俊杰出的人，可用髦硕、髦士、髦俊。

如此看来，凡是符合习惯的、风尚的、流行的方式，皆可称之为"髦"，而这又特别指服装衣饰、言谈举止等，比如"髦弁"就指装束打扮。后来，"时髦"一词出现，"时"即"时兴"。有人说，近现代意义上的"时髦"是清末年于上海最先叫响，一度专指靠脸蛋吃饭的交际花，后来随着社会的发展，新颖的服装层出不穷，"时髦"不再专属"门楼派"了。现代人爱说爱用"时尚"这个词，其实"时尚"的前辈叫"时髦"。

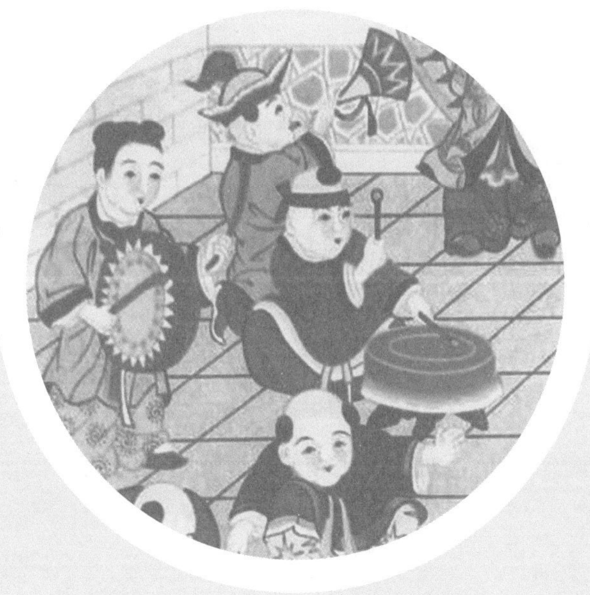

第六章

民生岁月

欢欢喜喜过大年

点灯，挂画，新春红火真热闹。中国人对年画素有浓重的民俗情结，题材从传统故事、民间神话、市井百态，到时髦美人，它无疑是最耀眼的色彩。清末，月份牌广告画源起与新派年画的诞生紧密关联，技法、内容、印制等皆有一定共性，尤其是丰富的新春民生民情内容同样是老广告、老商标的热门画面，为人喜闻乐见。

吉祥年

壬寅虎年先说虎。虎乃百兽之王，虎虎有生气，生肖文化也赋予了老虎诸多吉祥内涵。旧时，天津恒源纱厂拥有蓝虎牌商标，声远驰誉不一般。

1915 年，天津第一家机器纺纱企业——直隶模范纺纱厂在宇纬路西头创办，次年，实业家章瑞廷（曾任边业银行天津分行经理，捐建过南开中学瑞廷礼堂）在模范纺纱厂附近开办了恒源帆布公司。后来，章瑞廷盘算着两厂合二为一必定更胜一筹。

经过上下运作，两厂于1919 年重组为恒源纱厂，同时吸纳新股，扩建厂房，添置机器，1920年8月正式开工，成为当时天津资本最大的纱厂。该厂率先生产机织平布，棉纱、帆布等也畅销各地，一并陆续推出了八仙牌、蓝虎牌、跑车牌等商标。且说蓝虎又称黑虎、黑蓝虎，乃罕见珍稀品种，恒源纱厂借老虎拥有的威猛寓意，再加上蓝虎的“贵气”命名品牌，寄托了对事业、对产品的美好希冀。

新春佳节最看民俗古事，比如《三阳开泰》图老商标画便为人喜闻乐见。羊为六畜之一，与人类生活息息相关，也被赋予了神奇色彩。在古人心目中，“羊”与“祥”相通，《积古斋钟鼎彝器款识》卷十“汉元嘉刀铭”中就有“宜侯王，大吉羊”之说。“吉祥”一词最早出现在《庄子·人间世》中：“虚室生白，吉祥止止。”另外，古时“羊”通“阳”，且有“望羊，阳也，阳气在上，举头高，似若望之然也”的说法。“三阳开泰”出自《易·泰》中：正月为泰卦，三阳生于下，取其冬去春来、阴消阳长的大吉之象。

早在清末民初，中国民俗已被外国商人融会贯通。德国大德颜料厂的三羊牌“顶好煮黑”颜（染）料就是一例。商标画中可见三只山羊或卧或立在山脚溪流畔，背景是蓝天，空中且升起红太阳。诸如此类的吉祥图也许是外商“现趸现卖”，但之于中国顾客来说耳熟能详，很讨喜，广告效果事半功倍。又如老上海鸿章纺织染厂曾有一主打品牌名为“三羊图”，商标上画着两只白羊与一只黑羊正悠闲地站在绿油油的山坡上，其中一只羊抬头望着远山那边东升的旭日，显现出一派生机盎然的景象。

商人俗信“三阳开泰”会带来好运。老天津北门内大街有一家知名的买卖庄，名叫三阳金店，主营“金银首饰、中西器皿、珠宝头面”等。笔者收藏的三阳金店的故纸上画着两白一黑三只

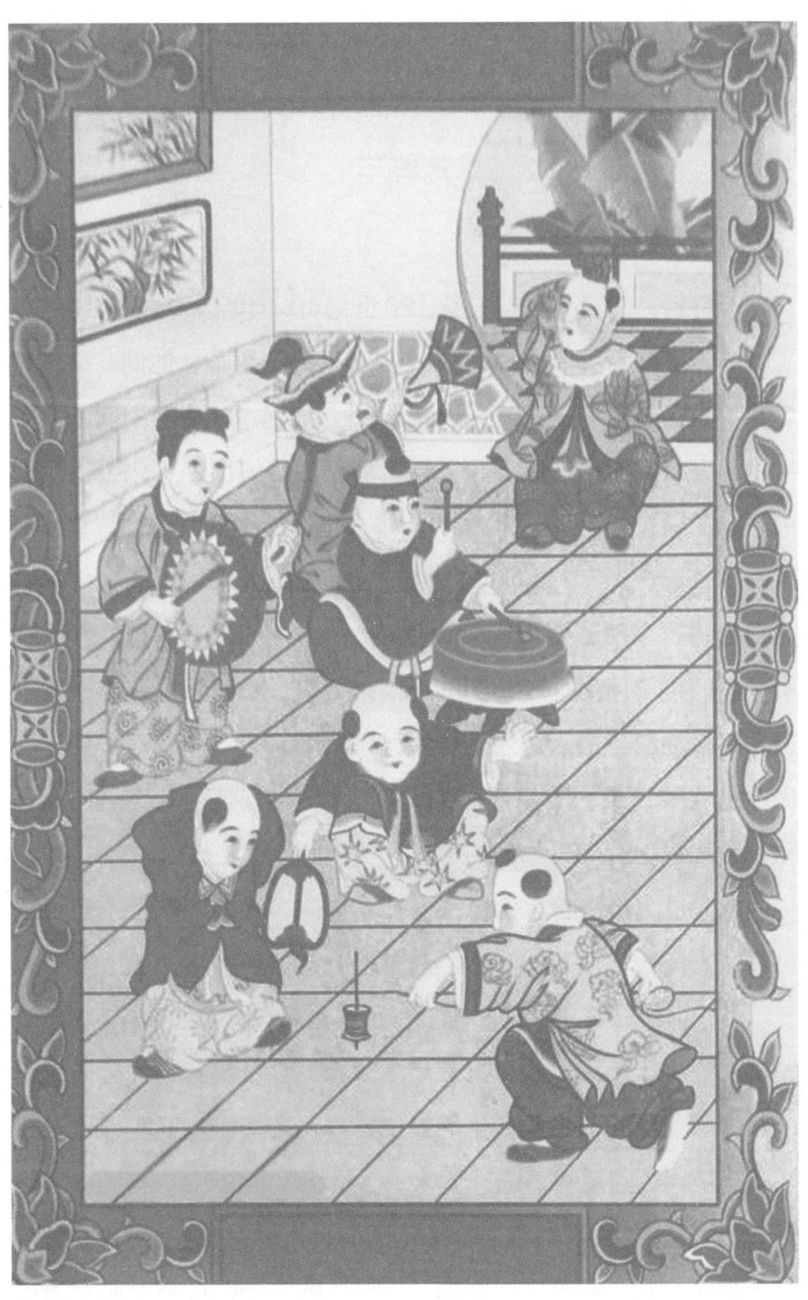
过大年闹元宵

羊，或跪或立，与红日朝阳相伴，象征事业盛达。

传统年

新春到，三星高照吉庆多。20世纪40年代上海达丰染织厂有品牌“三星高照”，商标上绘三个身着盛装的男孩，他们高举三盏灯笼，其上分别写“福”“禄”“寿”三个字。“三星”为何？原指特别明亮且非常接近的三颗星星，后来在传统民俗文化中也代表福星、禄星、寿星三位神仙，《诗经·唐风·绸缪》中就有“绸缪束薪，三星在天”的说法。民间传云，福星能根据人的善行来施与幸福；禄星可掌管人间荣禄贵贱，又因“禄”与“财”相通，所以人们也常用财神赵公明的形象来代表禄神；寿星也称南极老人、南极仙翁，古人认为南极星可预兆国家兴亡与人寿长短，南极星缘此成为长寿的象征。如此再看达丰染织厂的《三星高照》图，那三个童子岂不是福、禄、寿三神仙的化身？

再说过大年常看见的《三元及第》图。比如一幅老广告上画着草坪上有三个男孩在欢欢喜喜玩花球，这有什么寓意呢？

古代，想做官走仕途必须要参加科举考试，通过乡试、会试、殿试三级层层选拔。乡试第一名称解元，会试第一名称会元，殿试第一名称状元，由此诞生的佼佼者真乃“连中三元”或“三元及第”了。话回民间，玩具小球、荔枝（伶俐聪明）、桂圆（富贵圆满）、核桃（长寿健康）等都是圆的，也就有了“元”的寓意，如三个球、三个果等常被视为“三元”的象征。民俗画里有时还会在上述图案的基础上再附加喜鹊等形象，更确切地表明了喜报三元的意思。老山东李道奉监制的棉布就为喜报三元牌，商标画内容类似以上描述。

欢喜年

在笔者收藏的老广告故纸中，有多幅《五子登科》《五子乐》之类的吉祥画，如旧年内蒙古兴和县日兴胜茶食店的点心盒包装，粉红色的盒子上就画着《五子夺魁》图。

在后世传流中，“五子登科”又演化为“教五子”“五子夺魁”“五子高升”等意思相近的吉语或图画，这些在老广告、老商标中也有展现。

民国时期，庆林织造厂曾以“五子乐”为品牌推行国货布匹，商标上画着五个彩衣童子聚在一起玩，有的敲小鼓、有的打镲、有的敲大锣、有的敲小铜锣，还有的吹唢呐，欢欢喜喜闹新春。

又如一家外商织染厂有“庆元宵”牌，商标上画着五个小孩闹元宵的情景。细说起来，元宵节（上元节、灯节）在我国已有两千多年的历史，元宵赏灯习俗始于东汉，到了宋代、明代已经很盛，清代达到极致。

其实，这家外商织染厂的《庆元宵》图与庆林织造厂的《五子乐》图有异曲同工之处，《庆元宵》中不仅有孩子们打灯笼玩，他们还吹吹打打，也有玩陀螺的、跳舞的，喜庆氛围洋溢在画中。

发财年

古往今来，恐怕没人不想拥有财富，过大年拜年话“恭喜发

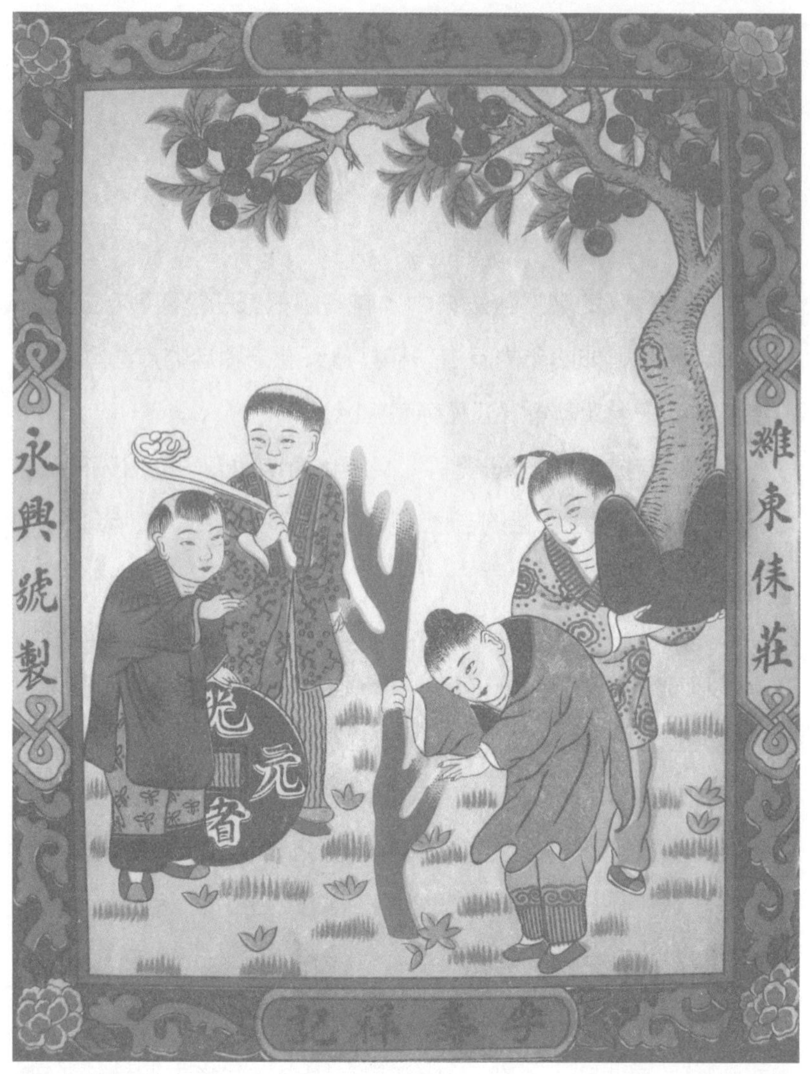

四季发财牌商标

财”当然不离嘴。如此这般，商人们推品牌、做广告何乐而不为呢。老山东潍县永兴号出品有四季发财牌棉布，质优价廉。商标图上画着一棵挂满铜钱的很壮实的摇钱树，树下有四个童子，分别穿着粉色、红色、绿色、蓝色衣服（代表四季），他们有的扛着如意，有的拎着“光绪”铜钱，有的托着金元宝。也许这一切还不能满足求财发财的心理，再看中间还有个孩子正种下一株红珊瑚，那珊瑚比他还高呢。顺便一说，晶莹剔透、千娇百媚的珊瑚代表吉祥富贵，且红珊瑚自古以来就象征尊贵与生命永恒。珊瑚又是佛家“七宝”之一，另有水晶、玛瑙、金、银、琥珀、贝壳。

笔者还有一张尤其喜欢的老天津的小画片，名谓《进财水》，是一家染（颜）料庄使用的商标图。画上描绘了两个水夫取水归来正准备给用户去送水的情景，颇具生活气息，民俗基础也深厚——老天津习俗大年初二进财水。津人俗信，水即是“财”，所以染料庄以“进财水”为品牌，意在借水生财，生意兴隆，也为顾客送吉祥。

昔日天津老城厢的水夫从哪取水送水售卖呢？南运河、海河。南运河水质清透，历代帝王常途经往来，赴京漕运也很繁忙，有“御河”之誉。南运河水清甜，远胜于其他河水，为水夫行带来生意。“一根扁担两木桶，装满河水肩上挑。送水到缸进各户，换回工钱买菜肴。”水夫担水入户赚个辛苦钱，天津卫有俗话调侃：挑水的看大河——都是钱。卖水人为增加供水量多赚点儿，也用独轮车、畜力车运水，车上载大木桶，此与《进财水》故纸上的描画如出一辙。

庆余年

一元复始，万象更新。百姓期盼连年有余，衣食无忧。余，鱼也，是华夏文明最古老的吉祥物。六千年前原始先民便与鱼有了零距离的亲和，西安半坡遗址陶器上的鱼形、人面鱼纹堪称经典。相形之下，《吉庆有余》《金玉满堂》《连年有余》顺理成章地成为了民间年画、民俗图案的代表作。

天下熙熙皆为利来。工商业者更重财货观，也愿意通过美画影响顾客心理，意在推销。老上海有一家染织厂的品牌名为“大鱼来”，商标上画着肥壮的鲶鱼和几个橘子，二者结合构成吉图。“鲶”谐音“年”，钱财当然越多越好，鱼儿自然越大越如愿；“橘”通“吉”，年年吉祥，岁岁平安。

锦余印染厂有金鱼牌，商标上绘九尾金鱼乐活水中。金鱼，又名金鲫鱼、锦鲤，乃鲫鱼演化而成，种类颇多，观赏起来美意绵绵。“金鱼”谐音“金玉”，灵动不息，财源不绝，且“九”为吉数，九尾金鱼又有年年有余、长长久久的意思。《老子》中也说“金玉满堂，莫之能守”。不仅如此，“金鱼”又巧妙谐音“锦余”厂名，如此，商标画上的“金玉满堂”便更具备了典型意义。

鲤鱼跃龙门的传说家喻户晓，宋人陆佃在《埤雅·释鱼》中就有“俗说鱼跃龙门，过而为龙，唯鲤或然”的记载。民间盛传，黄河中的鲤鱼听说龙门风光好，都想去看一看，它们来到龙门水溅口的地方，但龙门山阻路，有鱼儿飞身越过龙门，变成了龙，而未跃者仍然是鱼。

神话传说让人充满遐想，后人借鱼跃龙门的典故来比喻中举、升官等飞黄腾达、光宗耀祖的事情，同时也寓意一个人在事业上只要努力奋斗，不懈拼搏，定能获得成功。昔日的中国纺织建设公司上海第二印染厂也钟情此意，曾推出跳鲤牌布匹。该品牌直到20世纪七八十年代仍在使用，《跳鲤》商标画也历经几次改版，愈加精美。

老天津广利染织厂有大得利牌，咋个得利法？广告上画着几个渔民捕鱼归来，他们举着一尾大鱼，甚至比人还大……人言，无鱼不成席，鱼是各大菜系皆离不开的美食，也是过大年餐桌上必备的佳肴，除了象征年年有余之外，还有镇邪消灾的意思，有的地方还会把除夕的鱼菜留到大年初一吃，谓年年有余。

渔人以行船捕鱼为生，新春开年捕鱼尤重习俗。仅以天津滨海为例，老年间每年春时鱼汛一到，渔民首次出海捕捞前都要郑重祭拜海神娘娘，同时向海水中撒粮撒米，意思是喂饱鱼怪，以后不要干扰行船作业。首航大吉，敲锣打鼓放鞭炮，当天收获的第一网鱼俗称“头水鱼”，更需庆贺、祭祈。

礼尚往来送礼券

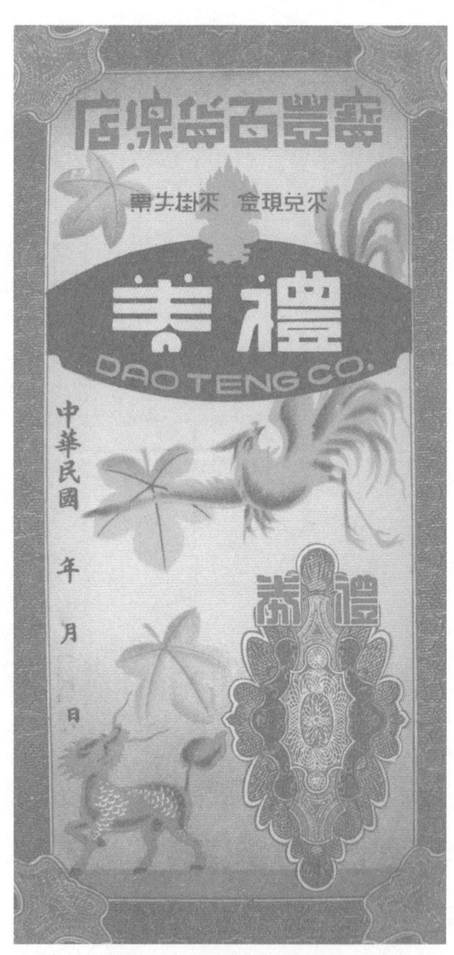

礼券设计精美，如钞票图案

如今银行、商场、酒楼、娱乐场的服务花样越来越多，往往会推出一些储值卡、礼品卡、购物卡、美食券等，且大力促销，方便了民众。中国人重亲情，讲面子，礼尚往来，无可厚非。其实，这类礼券绝非现代时髦生活的产物，早在民国时期就已经形成风气了。

这些年来，笔者收集到十几种各色老式礼券，其画面上皆具有一定的广告与推销特征。其实，最初的目的只是想给自己的商业民俗研究写作提供些鲜活有趣的资料，没想到时间长了，品种多了，也就自成脉络了。

老话常说，日子再紧也得富过年。佳节来临，吃穿用戴，买卖激增，聪明的买卖人又岂能坐失良机呢，大减价、大放盘的同时，发售礼券、商品券同样是民国商人、银行家的营销妙招。

礼券是馈赠亲朋好友的有价证券，可以代替商品，或买赠或受礼者以家境殷实的中上层消费者为主。白老板托张二爷撮合一桩生意；周小姐想让大记者在报纸上炒作一番，过年了，总要表达心意的。礼券，对于购买者、商家、收受人三方可谓皆大欢喜。购买者送出礼券，既美观大方又不显山不露水，同时也很体面。收礼的人何时消费、欲买什么也可随心而就。如此种种，礼券便扮演起了多样的角色，公关效果事半功倍。

“从南京到北京，买的没有卖的精。”在礼券的流通过程中，最得利益的还是商人，他们先行吸纳了现金，尤其是在通货膨胀的年月，物价波动频繁，商人往往轻松获利。与此同时，商号、银行通过礼券不仅扩展了经营手段，还扩大了影响。

礼券的看点不少，有的商家还推出了凭券品尝“上席一桌”的营销举措。

从某种意义上说，中国人过年又是美食的节日，除了家中备下丰富的年饭之外，免不了亲朋好友聚会到饭店畅饮一番。

开业于1917年的燕春坊是老天津著名的二荤馆（中高档饭店），酒席宴与水饺、寿合、喜合等小吃同样脍炙人口。为了方便百姓，吸引食客，燕春坊在20世纪30年代曾连续多年发售“喜庆礼券”，购买礼券者送出的相当于一桌丰盛的酒席。试想，张大人拿着一张粉红色的礼券，大摇大摆地进门就尝鲜儿，也算得上气派了。

不仅如此，精于鲁菜的天津登瀛楼饭庄北号在1942年也推出过10元面值的礼券，凭此券可品尝正宗的“上席一桌”。当时，总号位于天津东门外的一品香茶食店生意兴隆，分号也有数家，该店在礼券上特别注明了“四号取货，一律通用”的字样。

一纸设计精美的礼券大多还要配上漂亮的类似信封式样的包装袋。比如，凤记东品香茶食店的礼券袋的一面画着乘风破浪的远洋轮，给顾客以宏图大志的美好遐想；另一面为花木盛开图，又凸显几分清雅的格调。

再说发售礼券，这更是百货经营者的拿手好戏。百货店的礼券或商品券一般是购买者先行在店中存储一定数额的购物款，然后可转赠他人。持券人消费时可选择非一次性消费完毕。缘此，这类礼券的背面常常印有表格，所列日期、取货银数、款项余额、司理人等十分严谨。

30年代末，驰誉三北的天津中原百货公司也曾一度发售礼券，券面设计洋气、时尚，这与商场的业态不无关联。

1926年，来自上海商界的林寿田、黄文谦、林紫垣等股东以低价买下天津日租界旭街一块地皮，计划建造中原公司大楼。经过考察，他们参照了香港、上海等地最时髦的楼厦蓝图，设计出独具特色的有尖塔的6层大楼。1928年元旦开业后的中原百货以“始创无二价，统办全球货”为标榜，1至3层为百货商场，商品俏销。4层、5层为影戏院、舞厅、游艺场、中西餐厅，楼顶还开设了露天花园，游人纷至沓来。

在中原礼券的画面中，淡黄底色衬托下的花卉藤蔓呈现出优雅的S形，萦绕在红色的“中原公司”字样周围，左上角圆形内是公司大楼，这一建筑堪称当年天津的第一高楼，顾客登临可鸟瞰津城美景。

无独有偶，位于老厦门大同路的南成百货公司的礼券画面采用了写实的方法，也画出了高大的楼宇店面以及周边的热闹市井。

宝丰百货线店的礼券是笔者所见同类藏品中从设计到印刷相对较为精美的一张。先说画面，麒麟与丹凤交织出了吉庆祥瑞的氛围，在新颖的美术体“礼券”二字的上方还有一个聚宝盆的剪影，浓缩着聚财生财的理念。礼券的右下角专门设计了繁复的花样图案，与今天的货币图案十分近似。礼券的具体面额会标注在这个位置，加盖印章后，更有效地防范了涂抹修改。礼券的边框以及底纹线条也十分严整工细，足见在制版过程中所花费的心思。宝丰礼券的背面表格与中原百货礼券的模式相差不多，但特别加盖了钢印编号，进一步起到了防伪作用。毕竟，有价证券的安全问题不可小觑。

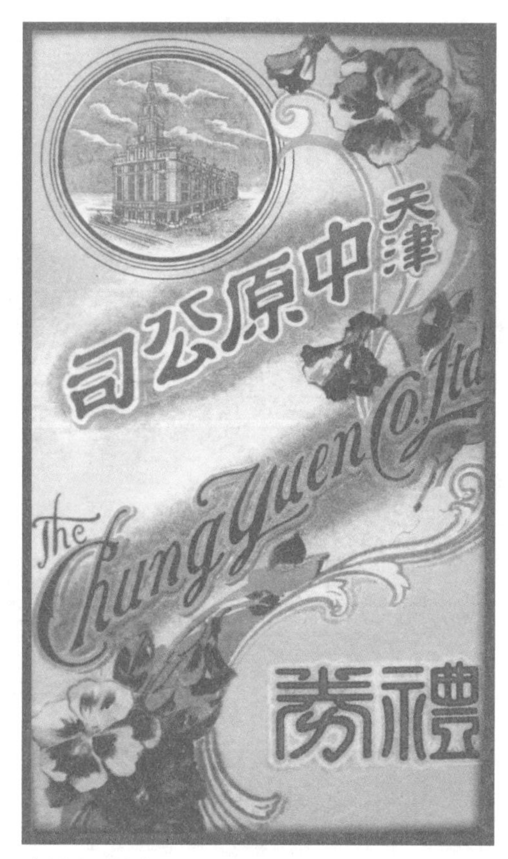

中原公司礼券

民国时期，盐城建新绸布号、上海老介福绸缎庄、济南泰康食品公司、青岛祥云寿绸缎庄等，甚至有些地方的内衣厂、照相馆也推行过礼券，面值从1元到100元不等。作为一种特色服务，礼券也成为一些商家的常备，不单是在逢年过节期间推出。比如，

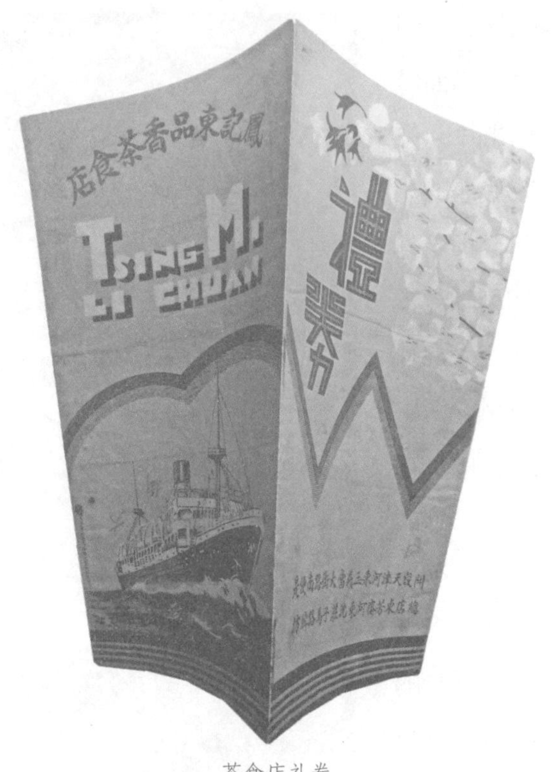

茶食店礼券

老烟台北大街的启新绸缎百货店就在自家发票上注有“特备精美礼券”的字样。

按常规，商品礼券一般是不能兑换现金的，也不接受挂失申请，对于这一点，大多数商家会在券面的显著位置用文字加以提示，以免产生误会。也有例外，比如老北京房山县城内有一家名叫吉顺成的杂货铺自有另一番章程，持券人选购所需商品外也可兑换现款，但需要扣掉少许手续费。

既然推行礼券、商品券就要吸引顾客前来，所以广告宣传很重要。于是每到岁末年初，在大小报纸上常见有相关的小广告，“发售五彩礼券”“送礼最宜”等广告词接二连三。老北京前门大街的亿兆百货店还通过广播相声宣传礼券：“您要买什么羊肚手巾、洋胰子，就请您到前门大街大蒋家胡同口外亿兆百货店去买吧！亿兆百货店备有礼券，馈赠亲友，十分方便！”

另外，有的礼券还可以通兑现金得利息。

再要说到银行与礼券。辛亥革命以来，国内私营商业银行的开办方兴未艾，有数据显示，仅1914年至1921年间，各地新开设的私营银行就达近百家。银行为扩大储蓄业务也成为礼券的重要推行者。银行礼券一般可作为存款凭证，到期可兑付本息。

创办于1920年的明华商业储蓄银行是老上海知名的私营银行之一，在北京、天津、青岛等地设有分行。明华礼券上的储金可在总行、分行通兑现金，颇受民众青睐。此举不仅吸引了储户，也为银行起到了宣传作用。

明华礼券背面的《礼券储金之意义》对解读旧时代银行礼券的功用与价值具有参考作用。文称：“礼券之制，由来已久，然其性质多为兑货，徒资消费，无补俭德。礼券储金法良意美，赠者有崇俭之意，受者得储蓄之益，本行有鉴于斯，特设礼券储金，以应社会之需。”明华银行还专门制定了礼券储金章程，同步明示在礼券背面。比如说到礼券的开发，称：“此项礼券由顾客指定种类、数额，向本行开发，以盖有硬印及储蓄主任印章者为有效。”关于种类，明华礼券分为红、素两种，面额有从1元至10元不等，同时准备的空白礼券可根据储户指定的数额填写。礼券的利息以年息4厘计算。

中孚银行是1916年在天津创办的，1918年即开办了国外汇兑业务，是我国第一家特许经营外汇的商业银行。1927年，该行加入上海银行业联合会并将总行迁往上海。中孚银行在30年代中期推行的礼券的画面非常漂亮，根据不同面值设计有牡丹花开、灯笼高挂、红日飞鹤、明月双燕、青松垂柳、戏水鸳鸯等吉祥图案，背面所列章程与明华银行大同小异。

另如厦门劝业银行在1940年发行的礼券面值分为200元、100元、8元、6元不等。上海商业储蓄银行、新华信托储蓄银行、金城银行、女子商业储蓄银行、成都川康平民商业银行等也推出过5元至50元面值的礼券。

或许有读者会问，老旧的礼券在今天除了收藏之外还有什么其他的用武之地吗？礼券虽轻，但可以成为老字号往昔岁月的佐证，可有助重燃历史文化的生命。

故纸之上飞骏马

骏马，可谓中华民族生命力的重要象征之一，也是我国历史文化长河中奔放活跃的角色。古代关于天马、千里马、宝马的传说与记载很多，无不引人入胜，人与马的故事更是经久流传。上至达官显贵，下至贩夫走卒，马在国人心目中素具吉祥美好的寓意，比如耳熟能详的马上发财、马到功成、马上封侯、马报平安、天马行空等美文、吉图，以及龙与马组合、凤与马组合而衍生的龙马精神说、金碧辉煌图，皆为人喜闻乐见。

快马如飞

马年说马，极具想象力、感染力的“马踏飞燕”必定是最凸显的吉祥物。看那骏马腿蹄轻捷，三足凌空，昂首嘶鸣，飞驰向前。睿智的古人通过大胆构思与浪漫手法，将骁勇矫健的天马刻画得神采飞扬，充分体现了中国人奋发向上、豪迈进取的精神。

日行千里、日进斗金，中国传统工商文化观格外看重于此。清末民初以来，不少商家纷纷推出寄托美好愿景的与马相关的品牌，缘此出现了一系列商标画，如老上海鸿章织染厂的《快马

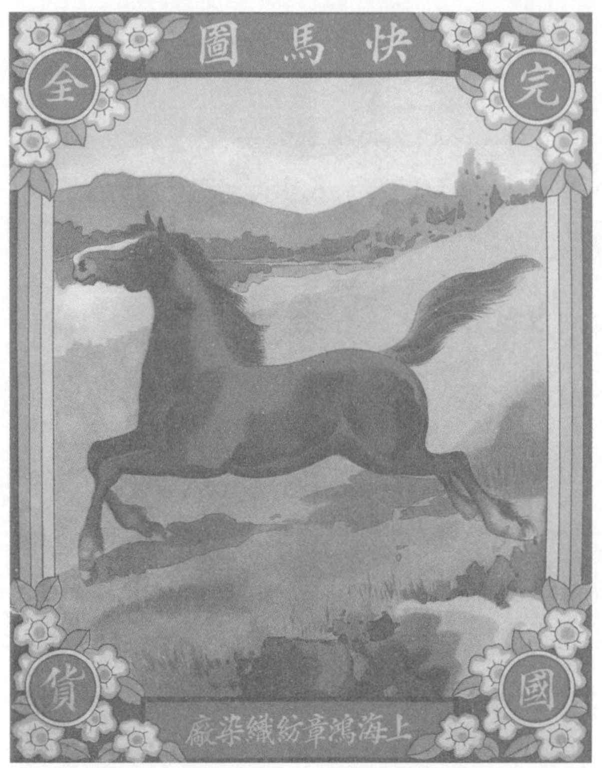

老上海的《快马图》

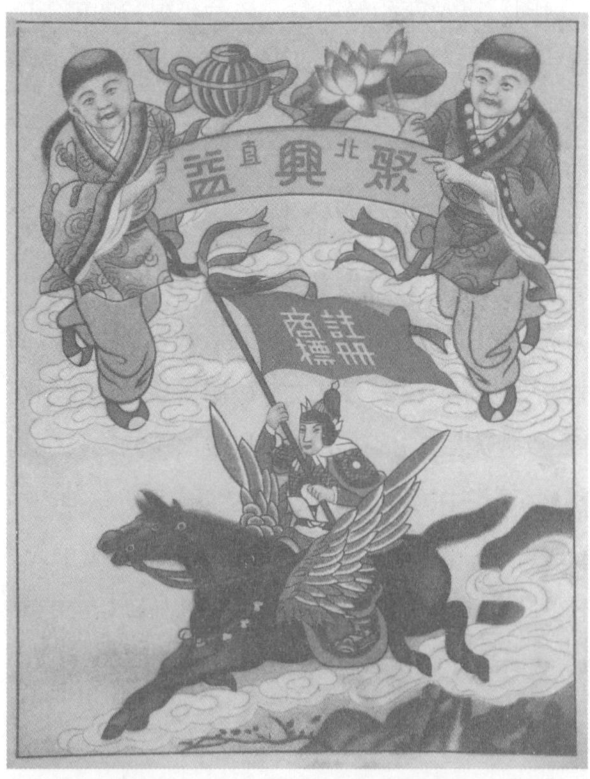

飞马与将士寓意
事业迅猛发展

图》；老山东福源祥棉布庄的《飞马》；老北京聚兴益商号的《飞马将士》；老天津德源裕染料庄的《双飞马》，还有商家最爱的《八骏图》等。

先人们形容快马谓“飞兔神马”，因为猎豹、狮子在中国古时罕见，兔子是大家经常能看到的跑得很快的主要动物。“飞兔”随之成为一种马名，《吕氏春秋·离俗》中云：“飞兔、要褭，古之骏马也。”同时代有注：“日行万里，驰若兔之飞，因以为名也。”另外，《文选·陈琳》中也说：“譬若飞兔、流星，超山越海。”这里的“飞兔”即“飞菟”；“褭”同“袅”。民间传闻，西周的周穆王有八匹骏马，能日行三万里，堪称“飞兔神马”。古往今来的《八骏图》同样是求财求发达的人最喜欢的。这或许是商人崇尚快马、飞马的原因之一，诚如“天下熙熙皆为利来，天下攘攘皆为利往”。

再有，“快马加鞭自奋蹄”可谓工商人士的又一梦想，又一抱负。《乐府诗集·折杨柳歌辞》里道：“健儿须快马，快马须健儿。跸跋黄尘下，然后别雄雌。”意思是说，健儿要获得胜利，要实现心中的理想，必须依靠千里马；骏马也需骑术高明、胸怀大志的好男儿扬鞭激发，来体现自身价值。诗中的“跸跋黄尘”更展现了万马奔腾动人心魄的场面。如此这般，以快马图、飞马图寄托事业发达之理想该是再恰当不过的了。

宝马配英雄

常言道：良将辅明主，宝马配英雄。说到这，很多人会想起吕布、关羽的赤兔马。《三国志》中所说的这匹良马就是“赤菟”，即赤兔马，乃红色的像老虎一样的烈马。赤兔如精英，似“人中有吕布，马中有赤兔”的比喻。一经罗贯中在《三国演义》里的虚构与描述，赤兔马成了日行千里、夜走八百且渡水登山如履平地的神马。它成为曹操的战利品后被转赠关羽，从此，赤兔马与青龙偃月刀化作了关羽的代表形象。关羽败走麦城后，赤兔马被马忠所得，但这次它不再顺随新主，绝食而亡，堪称恋主情深的义马。

“蓝脸的窦尔敦盗御马，红脸的关公战长沙”，这唱词家喻户晓。民国时期，上海永安印染厂巧借战长沙的故事，推出过品牌叫“湖南”的纺织品。赤壁之战，刘备获胜，他还要夺取长江以南的荆州四郡（武陵、长沙、零陵、桂阳），于是派关羽攻打长沙。事前，关羽并未重视诸葛亮的介绍，也轻视了老将黄忠的能

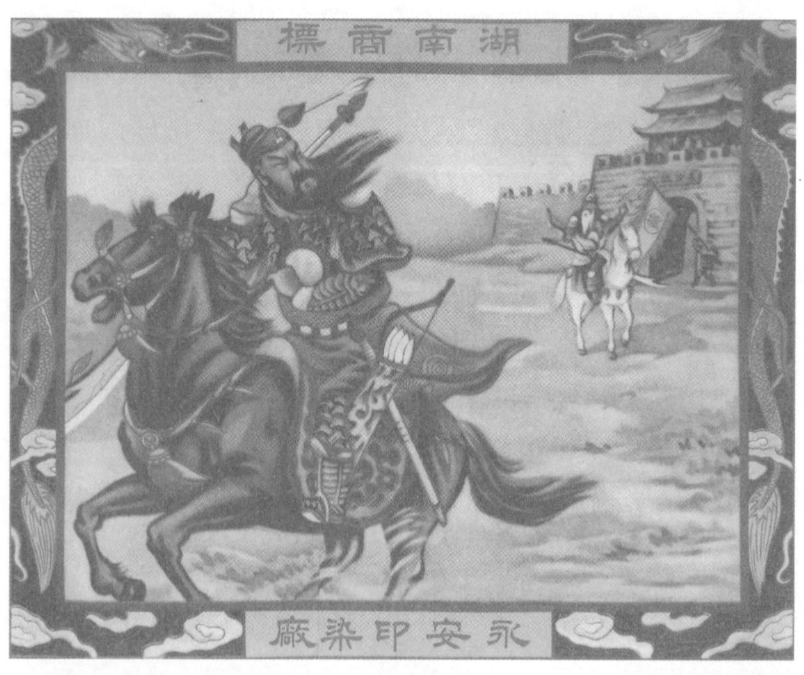

关公骑马战长沙

力，只带了五百校刀手就杀奔过去，结果，一番苦战与黄忠打成平手……在这幅商标画中，骑着赤兔马的关羽征战城门前的形象被淋漓尽致地表现出来，观者仿佛能听到现场的厮杀声。其实，这段故事在正史中并无记载。

名将的神勇坐骑大多拥有卓著战功。赵云之马叫“玉兰白龙驹”，时人号称“夜照玉狮子”。它浑身雪白一色，毫无半点瑕疵，据说能日行千里，称得上是极品中的极品。在长坂坡，有玉兰白龙驹助威的赵云在两军阵前杀了个七出七入，那马即使落入陷坑也能飞跃而起。

不仅如此，一些著名女将也钟情于马，得益于马，比如花木兰、秦良玉。花木兰最早出现在南北朝叙事诗《木兰辞》中，后来，明代文学家徐渭将《木兰辞》改编为《雌木兰替父从军》，这位巾帼英雄的故事从此脍炙人口，恰如源兴机器染厂的花木兰牌商标画描摹的那样。民国时期，天津孚丰印染厂曾出品木兰荣归牌纺织品，商标画里再现了抗敌十二载的花木兰胜利返回故乡，她的家人十分高兴，木兰也“开我东阁门，坐我西阁床。脱我战时袍，著我旧时裳。当窗理云鬓，对镜帖花黄……”画面工细，情景生动。还要提及的是，20世纪30年代上海画家谢之光也曾绘有《木兰荣归图》香烟广告画。

明末女将领秦良玉亲率“白杆兵”参加了诸多战役，战功卓著，赫赫闻名，从而成为历史上唯一被正史（详见《明史·秦良玉传》等）记载的女英雄。秦良玉巾帼不让须眉的形象在老上海天福染织厂的商标画里可见一斑。

良驹“红白黑”

早年，有纺织品制造商以“三马头”为品牌，其商标上画着红马、白马、黑马的马头，它们被圈在金色的马掌（马蹄铁）形中，加之周边暗蓝色的衬托，显得倍加突出，颇具神采。细说起来，这三色马匹的选择绝非空穴来风，其中大有吉意与故事。

民间传闻，赤兔马实为汗血宝马的一种。汗血马又叫阿哈尔捷金马，原产于土库曼斯坦一带，常见毛色有淡金、枣红、银白、黑色等，它与阿拉伯马、英国马一并被誉为当今世界上最名贵的纯种马。汗血马很早就出现在我国的文字记载中，也被俗称为大宛（古代中亚国名）良马、天马。《史记》中载，张骞出使西域归来后介绍：“西域多善马，马汗血。”汉高祖七年（前200年），刘邦被匈奴围困在白登山（今山西大同），白登之战中，凶悍勇猛的匈奴骑兵以及他们的汗血马给刘邦留下了很深的印象。到了元鼎四年（前113年），有个敦煌人在当地捕获一匹汗血马，献给了汉武帝，刘彻欣喜若狂地称之为“天马”。

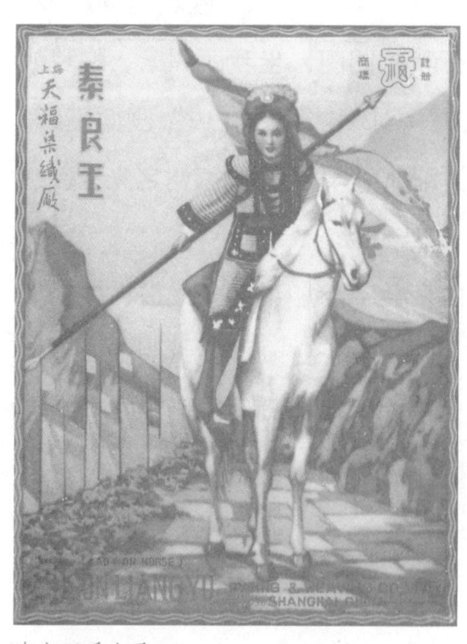

秦良玉爱白马

汗血马成为中国名马后一直深得珍视。又说道《三国演义》中的赤兔马，它最早其实是西凉刺史董卓的坐骑，董卓正是用此宝贝收买了吕布。除了汗血马，我国的良马还有多种红马，如枣红马、獾红马、浑红马、桃红马、赤红马等，帝王将相也趋之若鹜，像唐代名将李靖的坐骑、后梁太祖朱温的坐骑皆为浑红马。

迎年话马，感觉一晃又是一年。形容时间过得快，人们爱说如白驹过隙一般，好似白马在细小的缝隙前跑过，只是眨眼瞬间。《庄子·知北游》中曰：“人生天地之间，如白驹过隙，忽然而已。”

与主人平天下的骏马有朝一日定会获以厚待。汉代的刘秀穿白衣、骑白马征战四方，坊间说，那白马还曾为刘秀挡住过致命的一箭，并用一声惊天的嘶叫震慑住了敌人。建武元年（25年），光武帝刘秀建立了东汉政权，随即颁布实施一系列利国利民、富国强兵的政策，使国家稳步发展。他念念不忘家乡，在位期间曾数次回到故乡南阳郡祭祖省亲。民国时期的大德印染公司出品有汉光武牌纺织品，所用商标图非常精美，堪比重彩工笔，刘秀诚恳、亲民的仪态与表情被丝丝入扣地表现出来。值得注意的是，图中衣锦还乡的光武帝的坐骑正是一匹白马。

在国人心目中，白色骏马又是一种精神力量的象征。曹植诗云：“白马饰金羁，连翩西北驰。借问谁家子，幽并游侠儿。”诗中，开头两句是说饰着金黄笼头的白色战马向西北飞驰而去。其中虽未写人，但人在其中。诗人用借代、烘托的手法以马喻人，以马的雄骏烘托青年爱国英雄奔赴沙场的英武，俨若游侠骑士，形象感人。

说到白马，相信会有青年想到自己的梦中情人。“白马王子”源于欧洲古老传说，版本较多，其形象久已成为童话里的定型角色。其实，白马王子更是女子唯美浪漫的心绪，梦中情人的模样类似时下的花样美男。那么，中国古代是否也有类似的故事呢？

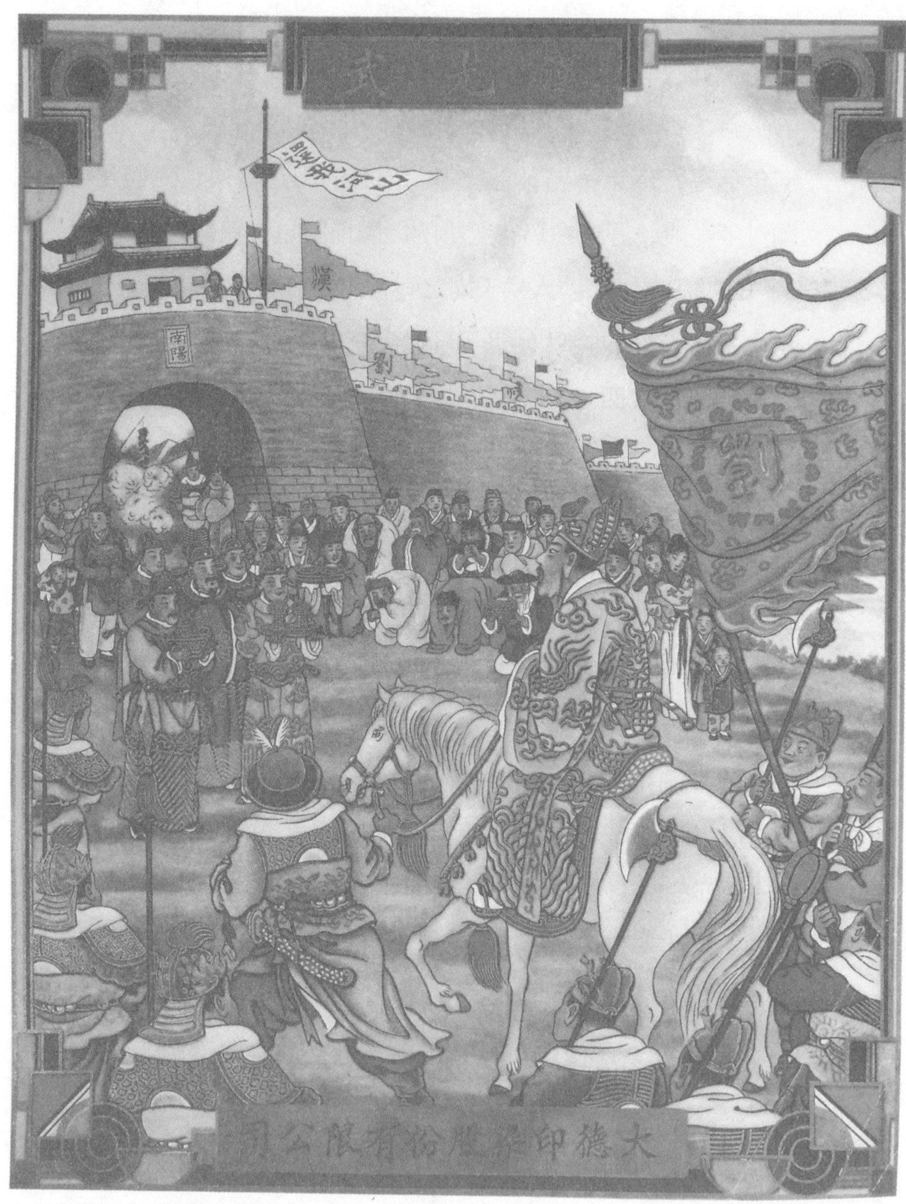

光武帝骑白马衣锦还乡

比如《长亭图》中的那匹白马是不是崔莺莺的寄托呢?《长亭图》是民国时期上海华赉染织厂的商标，此画是海派画家叶曼叔（曼殊，善工笔花鸟、人物、山水）于1938年绘制的，取材于《西厢记·长亭送别》，非常精美。张生与莺莺私会后，老夫人逼张生进京赶考，莺莺在长亭为张生饯行……画中情景交融，似流淌着一支支曲辞，倾吐着莺莺痛苦、怨恨、希望、缠绵的复杂心情。另外在30年代，上海画家杭穉英曾为华品烟草公司绘制过一幅月份牌画，画家笔端的摩登女子粉面桃花，穿着西式时装，她轻轻依偎在一匹白色骏马旁，含情脉脉，柔情似水。

我们再来说说黑马。《西汉演义》里有乌骓马，是楚霸王项羽的坐骑，它通身像黑缎子一样油光发亮，但蹄白如雪，人送美名“踢云乌骓”。有了这匹马，项羽在巨鹿之战中屡屡得胜，特别是他力战几十员大将，霸王枪从未点地，黑宝马从未倒退，真乃所向无敌。那乌骓马应属河曲名马，为我国优良的军用马种之一。

现代人常说的“黑马”一词源于19世纪英国政治家本杰明·迪斯雷利的小说《年轻的公爵》。小说中有一段对赛马比赛的描写：开始阶段，两匹夺冠呼声很高的马一路领先，似胜券在握的最后关头，岂料一匹不起眼的黑马忽然从后面奋力追赶上来，风驰电掣般地遥遥领先了。今天，人们用“黑马”比喻实力难测的竞争者，或出人意料的优胜者，他们往往有着一鸣惊人的表现。

像骑士勇往直前

民国时期，上海裕华烟草公司生产的红士牌香烟俏销市场，“红士”烟标图样上画着一个穿红衣的洋骑士策马奋勇向前的形

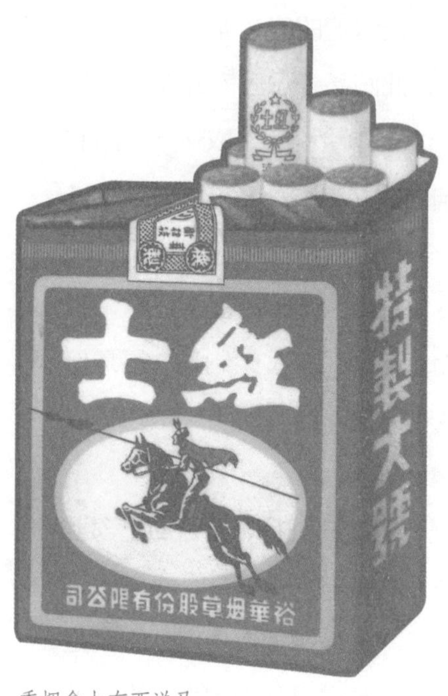

香烟盒上有西洋马

象，很容易让人联想到西方的骑士文学与堂·吉诃德的名字。

骑士是10世纪以后欧洲社会的新兴阶层，骑士文学早在11世纪到13世纪就已兴起。当时，随着征战年代的结束，封建骑士制度与骑士阶层的社会地位得到完善与提高，因此，温雅知礼的骑士们也拥有了自己的精神生活、道德标准，比如希望现世快乐，向往民间爱情，同时也追求扶弱除强的个人英雄主义等。这种精神特征便集中反映在文学作品中。创作主题多取材于民间传说和史诗，内容常以骑士建功立志、侠义冒险、崇拜贵妇人、爱情至上为主，不同于以往的教会文学。骑士文化注重“情”字，也不排除“义”的一面，进而形成了荣誉高于一切的理念。联系到中国烟草商的“红士”品牌命名，应该可以视为工商业者珍视自家信誉、品牌的理想化表现。

说到骑士，还要提及一个不朽的人物——堂·吉诃德。在塞万提斯的笔下，主人公堂·吉诃德是个消瘦的、面带愁容的小贵族，因为爱读骑士文学，竟然入迷地骑上一匹老马，戴上破头盔，手持一柄锈迹斑斑的长矛，去当了勇毅游侠，锄强扶弱，为人民打抱不平。堂·吉诃德身上所体现出的天马行空、正义诚实、勇敢执着、不怕困难的性情与品质，与中国人的道德观，乃至传统工商文化观也是息息相通的。

娃娃乐，一二三

在中国传统民俗图画中，活泼可爱的娃娃图是最热门的题材内容之一。胖娃娃的形象素来被视为子孙满堂的象征，反映了百姓心中的美好期盼。比如，年画中的娃娃抱鱼寓意连年有余；玉雕中的娃娃捉蝙蝠寓意福从天降；剪纸中的抓髻娃娃寓意多子多孙；人偶中的压床娃娃寓意早生贵子，诸如此类，可谓五色斑斓。这里我们要说到的老广告故纸画面，它始终根植于生活，贴近民生，同样也描绘出了许许多多漂亮的娃娃图来，为人喜闻乐见，宣传效果事半功倍。

吉祥麒麟

麒麟是古代传说中的仁兽，关于其形象众说纷纭。一般认为，麒为雄，麟为雌，它们长着龙的头，鹿的角，麋的身子，马的蹄足，牛的尾巴，常为独角，角端有肉。仁，乃麒麟最重要的品德，它以仁厚君子的大雅风范著称于世。长久以来，麒麟的美好故事常得益于麒麟送子的传说。传说孔子出生前，有一对麒麟在他家门前口吐玉书，言孔子为王侯的子嗣。缘此，民间夸孩子常美称

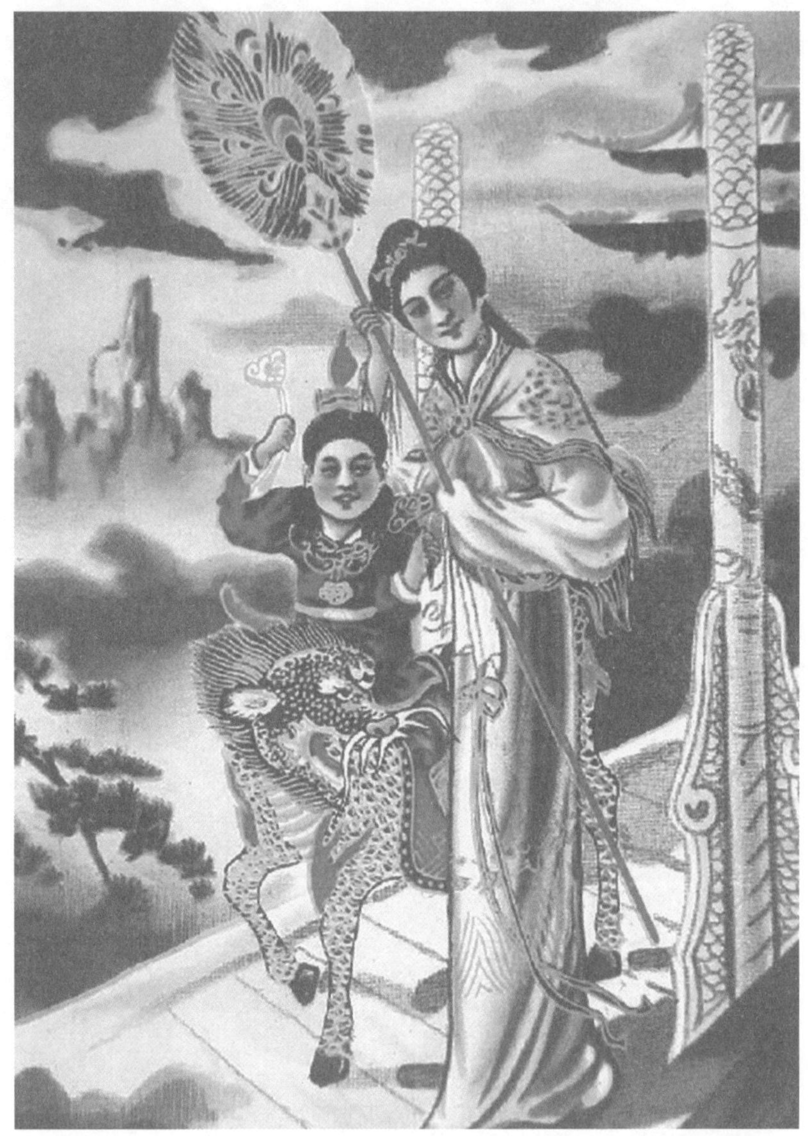

麒麟送子图被商家广为运用

"麒麟儿"或"麟子",比喻才俊过人,贤德继世。人们在祝贺婚嫁或生子的民俗礼仪中也会送麒麟造型或绘有麒麟形象的物品,寄托祝福。后来,随着天仙送子传说的流播,麒麟也逐渐演化成为送子的瑞兽了。

美妙神话也被商家喜欢。民国时期，山东三合兴记棉布号曾出品麒麟送子牌纺织品，一个童子安坐在麒麟背上的画面很漂亮。当时正值“七七事变”以后，三合兴在商标两侧还特别标注了“提倡国货，挽回利权”的字样，深受顾客欢迎。

20世纪40年代中期，上海中纺纱厂有一著名品牌——象童牌。商标画面中见一古衣孩童站在白象前，小孩手中举着如意，大象背上驮着一盆万年青。

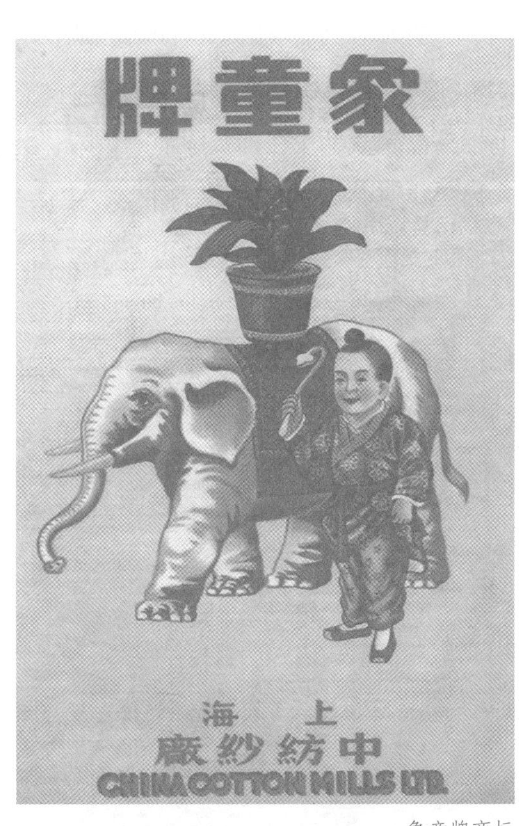

象童牌商标

如麒麟一样，象也为瑞兽，性情柔顺，民间又有佛象从天降的故事。“象”与“祥”同音，大象代表大吉祥、好景象。在装饰图案中，象与花瓶、如意、万年青等相配合，更有了太平有象、吉祥如意、万象更新的意思。中纺纱厂的这张故纸就颇具典型性。再说“瓶”与“平”同音，寓意天下太平。大象背驮万年青的图画表达了国泰民安、欣欣向荣、万象更新的内涵。最重要的是那个童子，他将无尽的吉祥之意书写在了纸页间。

好事成双

中国人喜欢好事成双。民国时期，山东潍县某细布厂使用过双童鹿牌商标。画面颇具动感，一个红衣小孩骑在奔跑的梅花鹿上，高举起双手正在捕捉眼前的蝙蝠；另一个穿蓝衣的孩子紧随其后，也张开双臂追逐着。如此，生活祈盼唯有——福在眼前，更待福有复加，绵延不断。再说那可爱的鹿，它在儒道释多元文化及民间信仰中备受青睐，常被视为健康长寿的化身。另外，古代科举制度出现后，鹿又逐渐被赋予了功名利禄的含义，进而成为禄神的象征。双童与鹿的民俗画卷更好地烘托了加官晋爵、官运通达的诉求。

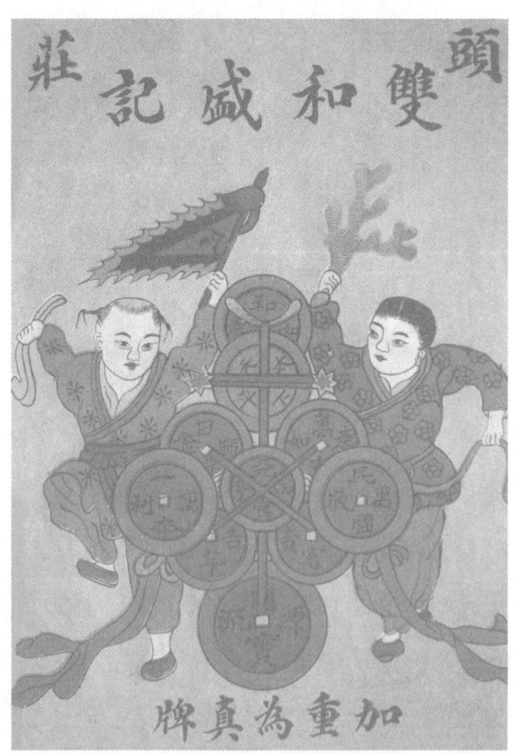

双仙金钱牌商标

再说老商标中的《双仙金钱》图。商人无不期盼生意兴隆、财源广进。清末民初，山东潍坊是北方最重要的纺织品（土布）织造基地，大小作坊遍布村镇，各家各户大多拥有内涵深刻的广告商标，以利宣传。双和盛记以《双仙金钱》为商标，画中的两个善财童子手持令旗、如意、红珊瑚，在叠加累积的铜钱造型左右一起欢歌起舞。铜钱上写满了一本万利、日进斗金、天下太平、万事如意等吉祥词，求富足的愿望在画中得到了最大满足。不仅如此，同一时期奉天（今沈阳）康德染色公司的品牌叫"宝车"，商标画中的两个童子推着宝车款款而来，车上的聚宝盆里装满财宝。同一品牌也被天津泰昌织染厂选用，画中车上更增加了财富的累积，一对童子连推带拉招财还家。

双胞胎当然是好事成双的直观寓意。老天津的生生工厂干脆将其枕套产品注册为双生子牌。商标吊牌上画着小哥儿俩，他们留着中分头，穿着崭新笔挺的中山装，俨然是个小大人儿的打扮。

四季平安

中国几千年来的传统农耕文明塑造了劳动人民，特别是小生产者对发家致富的强烈向往，聚宝盆的传说与招财进宝的期盼真切反映了百姓的理想愿望、心理状态、思想感情，有着深刻的人文意趣。财富当然越多越好，这样，聚宝盆中又装满了摇钱树、犀角、金元宝、珊瑚、珍珠、美玉等。

民国时期，潍县永兴号出品有四季发财牌棉布，质优价廉。商标图上可见一棵挂满铜钱的很壮实的摇钱树，树下有四个童子，他们分别穿着粉色、红色、绿色、蓝色衣服，代表四季。四个孩子有的扛着如意，有的拎着"光绪"铜钱，有的托着金元宝。或许这一切还不足以满足求财发财的心理，且看中间的那个男孩正在种下一株红珊瑚，那珊瑚比他还高呢。顺便一说，晶莹剔透、千娇百媚的珊瑚代表吉祥富贵，特别是红珊瑚自古以来就象征尊贵与生命永恒。珊瑚又是佛家“七宝”之一，另有水晶、玛瑙、金、银、琥珀、贝壳。

五子登科

“五子乐”商标故纸是笔者娃娃专题收藏的又一种。民国时期的庆林织造厂以此为品牌，推行国货布匹。商标上画着五个彩衣童子聚在一起玩，有的敲小鼓、有的打镲、有的敲大锣、有的敲小铜锣，还有的吹唢呐，好不热闹。再看内蒙古兴和县日兴胜茶食店的点心盒包装，粉红色的盒面上画着《五子夺魁》图，可谓吉祥满满。

“五子登科”是传统吉祥图画和祝颂词，以后又演化为“教五子”“五子夺魁”“五子高升”等意思相近的吉语或图画。“五子登科”语出有典，元顺帝妥懽帖睦尔朝大臣脱脱（字大用）主修的《宋史·窦仪传》中记：五代时的蓟州渔

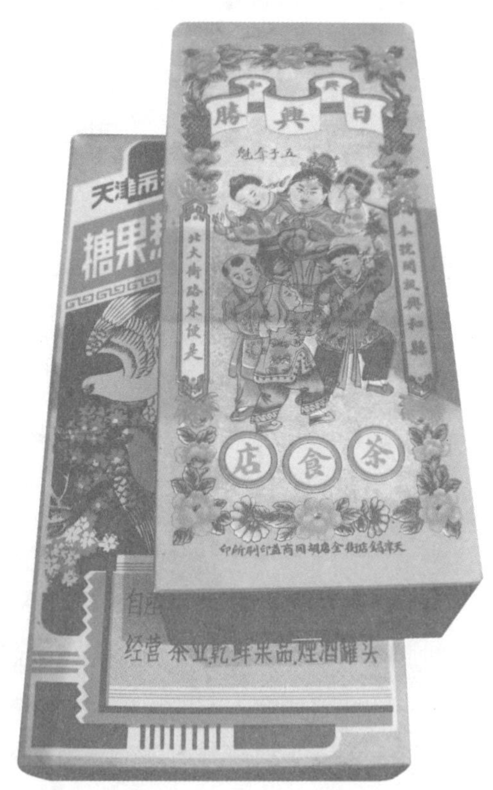

五子登科画面的点心盒包装

阳（今天津蓟州）人窦禹钧年过而立尚无子，一日梦见祖父对他讲，必须修德而从天命。自此，窦禹钧节俭生活，用积蓄在家乡兴办义学，大行善事。后来，他接连喜得五子：窦仪、窦俨、窦侃、窦偁、窦僖。窦父教子有方，儿子们也勤勉饱读，相继在科举中取得佳绩，为官朝中，在渔阳古城传为佳话。《三字经》中也以“窦燕山，有义方，教五子，名俱扬”来歌颂此事。

六六大顺

“宝如意”是清末民初英商利盛洋行经销的棉布所使用的商标，商标画的构思设计可谓入乡随俗，工细漂亮。画面中画着六个小孩，他们手里捧着硕大的金元宝、金如意等，正从外面兴冲冲归来，其中两个娃娃将这些宝贝逐一放进自家的大柜中，实乃大发财源的好日子。再看画中月亮门外，绿树掩映，好似花园，管窥如此家宅该是非富即贵吧。这纸老商标的绘画与印刷工细，人物眉眼清晰传神，用色鲜艳，有些地方还特别加印了厚厚的金粉，久存百年，至今依旧熠熠生光。其实，品牌取名“宝如意”不乏一语双关，即利盛洋行的棉布包您称心满意。心思讨巧，画面引人，权且广而告知。

这里说说利盛洋行。道光二十年（1840年），英国军队靠坚船利炮打开中国大门，此后的道光二十二年（1842年），根据《南京条约》，上海与宁波、福州、厦门四地被迫开埠，成为我国最早开放的通商口岸之一。于是，经营进出口贸易的外国工商企业——洋行相随落地上海。道光二十三年（1843年），英国首任驻沪领事巴富尔到任不久，原来在广州从事鸦片贩运的怡和、宝顺、仁记、义记、广源等几家英国洋行紧随而至，开洋行赚钱财。此后，欧美外商蜂拥而至，上述利盛洋行便是其中之一。

七子贺春

关于七个童子的图画在老商标中也有展现，比如一家外商织染厂就曾使用过庆元宵牌。商标画面与前文说过的《五子乐》异曲同工，画中不仅有孩子们吹吹打打，还有玩陀螺、跳舞等情节，过大年闹元宵的喜庆氛围洋溢其间。

元宵节（上元节、灯节）在中国已有两千多年的历史。元宵赏灯的习俗始于东汉，到了宋代、明代已经很盛，清代达到极致。届时，各地大街小巷、民宅商铺无不张灯结彩，火树银花乐不完。宫灯、纱灯、鱼灯、龙灯、鸭子灯、楼船灯、跑马灯、蒺藜灯，光彩耀眼；静的，动的，跑画面的，目不暇接。灯火象征着希望，表达了人们对生活的乐观，对未来的期盼。正月十五闹元宵，一个“闹”字，道出了元宵节的欢腾、热烈，也道出了元宵节与其他节日的不同之处。这晚，观灯、猜灯谜、舞龙、舞狮、扭秧歌、踩高跷、跑旱船，争奇斗巧，锣鼓喧天，各处游人摩肩接踵，笑逐颜开，犹如中国人的狂欢节。

八孩似百

百子蜜糕也叫百花糕，是汉族的传统糕点。它样子小巧朴素，口味香甜，入口即融，特别让小孩子们馋涎欲滴。百子蜜糕的配料主要有糯米粉、白砂糖、瓜子仁、葡萄干、胡桃肉、青梅肉等，还要配上少许香油。制作时先在蒸笼的格层上铺垫白布，布上撒些白糖，以防黏结。再将糯米粉用温水调成糊状，放入笼内摊平，然后蒸一小时左右即熟。将熟米粉与砂糖搅拌均匀，再加果料，做成稍大一点的糕块，晾凉后切成小块。也可以在糕面上加盖人物、花鸟等图案，美观漂亮。坊间也有用模具来加工的，造型更显多样化。

特别是在南方一些地区，每逢喜庆之日或招待亲朋之时常常要摆上百子蜜糕，象征百子临门，吉祥幸福。老上海东门内汤懋昌老号制作的百子蜜糕脍炙人口，金色与红色基调的商标画上画着八个童子，他们在嬉戏争抢一盒好吃的汤懋昌百子蜜糕，这图画好似一幅《百子图》，可谓人见人爱。

九子得利

民国时期，上海达丰染织厂有一知名品牌，名叫“九子得利”。商标画中心位置有一圆光图，图中见一绿衣蓝裤童子正骑在一条硕大的红鲤鱼上，周边还布满波浪水纹，好似在水中游。另有八个童子拥在圆光图四周，有的小孩举着宝瓶（瓶中插戟，“戟”与“吉”谐音，福禄康宁），有的小孩拿着红珊瑚等。如此这般描画皆紧扣着“大利市”的主题。

说到九子得利，需从龙生九子神话说起。龙的九个儿子皆非龙的形态，分别是赑屃、鸱吻、蒲牢、狴犴、饕餮、蚣蝮、睚眦、狻猊、椒图，也有传说为貔貅、囚牛等，九子各有所长。传统文化中常以九表示极多，地位很高，老百姓相信龙九子可以辟邪驱

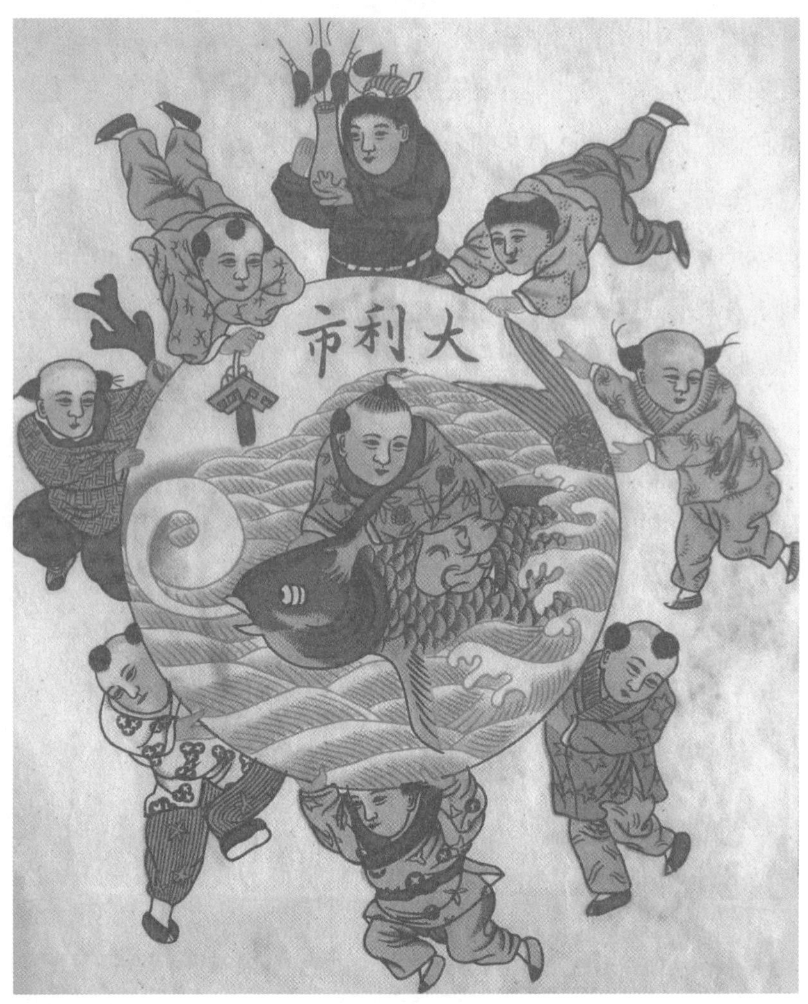

九子大利市

魔保安宁。再说娃娃抱鱼、娃娃骑鱼的形象，它的衍生与发展与古人生育崇拜相关。因鱼多卵，所以人们借鱼来祈求子嗣兴旺，万代绵长，乃至派生出童子抱鱼、鲤鱼撒子、鲤鱼戏莲等图画。像老商标上画的龙九子利市图，寓意财源滚滚、生生不息，实在是美上溢美的大福气也。

点心笺上的记忆

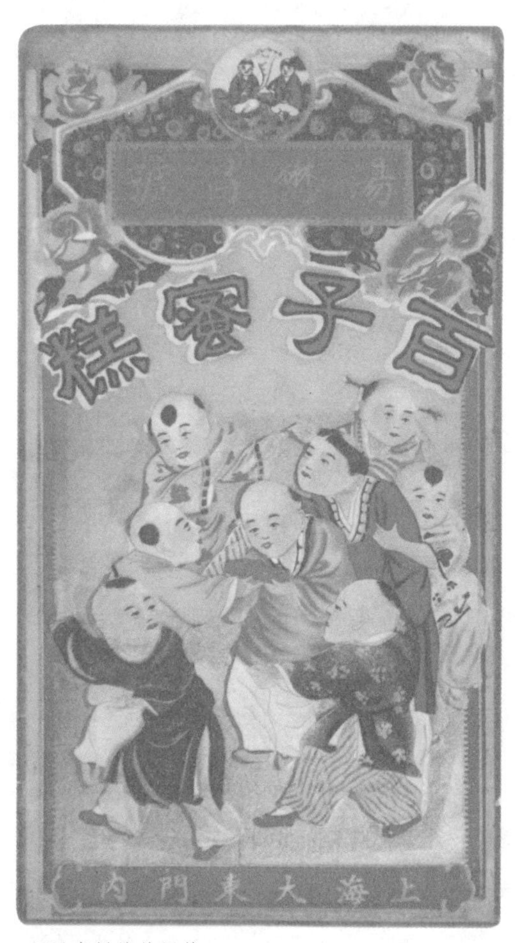

百子蜜糕的花纸笺

点心笺，作为糕点美食的漂亮“外衣”，作为糕点店或食品店的一纸广告，对中老年朋友来说可谓记忆犹新。点心笺约兴起于清代中叶，最初以仿单的简单形式出现，又俗称为“门票”。

天津老字号桂顺斋具有近百年的历史，是津门美食文化与糕点业的代表。桂顺斋始终注重保持传统风味，注重包装宣传，不仅让百姓享受佳味，还通过外化的塑造，给顾客带来美食在精神层面的喜乐内涵。于此，历年印行的花花绿绿的点心笺便扮演着鲜活灵动的角色，同时也真切地定格了时代生活的色彩。

在笔者收藏的百多种旧点心笺中，桂顺斋糕点店的故纸自成系列，特色显著。一纸菱形点心笺约出品于1966年、1967年间，画面简洁明快，其上虽只有红黄两色，但四射光芒中的“最高指示”与“红卫东糕点店”的名称异常醒目。此话还要从头说起。自1966年8月开始，受“破四旧”风潮影响，天津市内六区皆更改了名称，一如这纸点心笺上显示的地名那样，和平区易名为战斗区，相形之下的小小商号怎能逃脱时代洪流呢？桂顺斋改称“红卫东糕点店”。直到1968年初，市内各区成立了“革委会”以后，原区名才一一恢复。故纸上的信息明确显示，红卫东糕点店的地址为和平路145号，电话号码为25125。

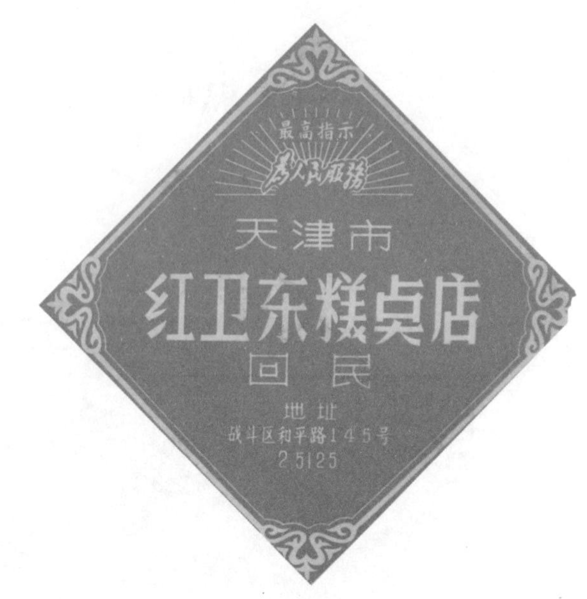

时代印痕

《星星之火，可以燎原》是毛泽东同志的著名篇章，这八个字的题词墨迹或“燎原”二字在“文革”期间被广泛应用。20世纪70年代初，位于和平路345号的桂顺斋糕点店（分店）也曾称为燎原糕点店。在那段岁月中，点心笺上的花花绿绿似乎在一夜间消失了，举凡八仙人物、嫦娥奔月、花草风景等均被红色所覆盖，

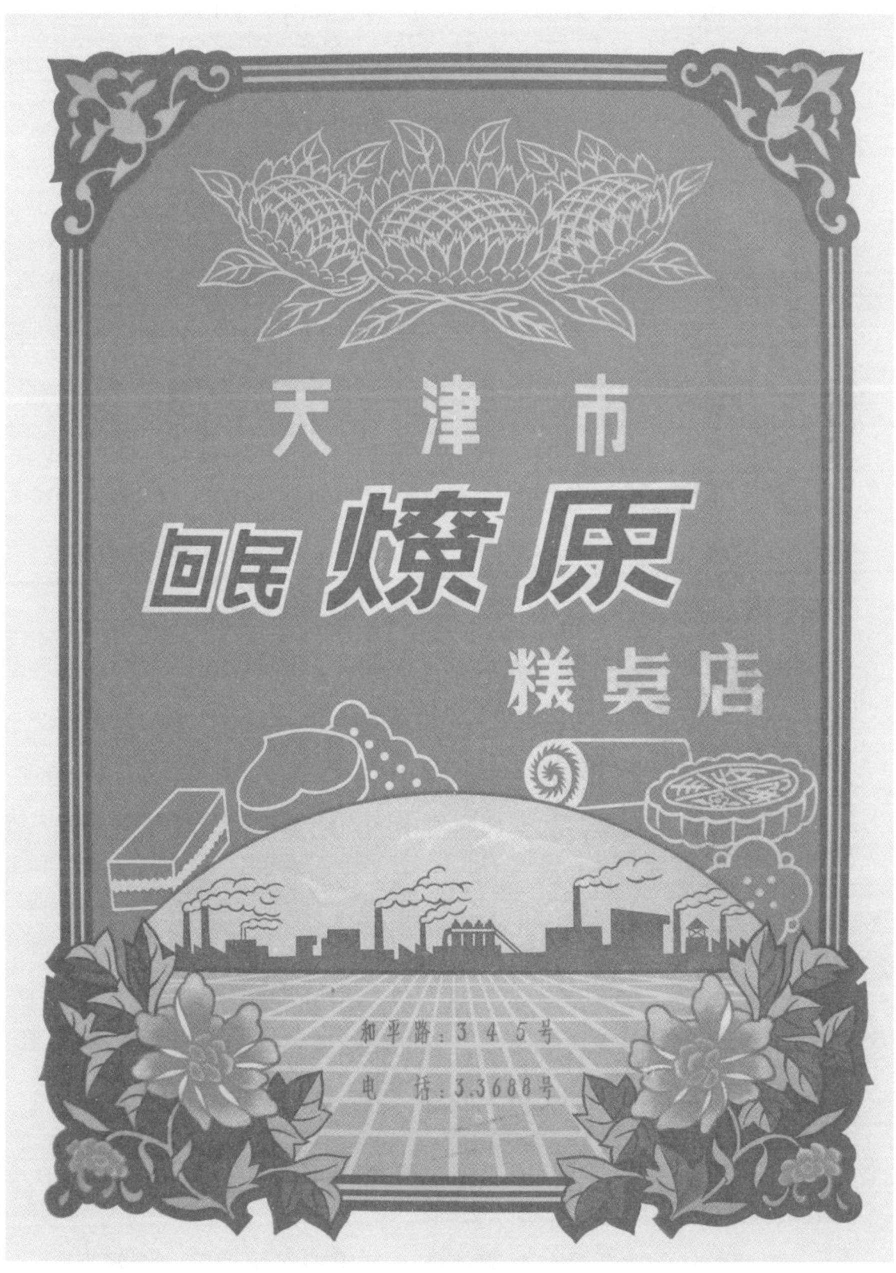

店名紧跟时代

口号、题词、轮船、大海、光芒、厂房、麦浪、钢枪成为点心笺最典型的图画。

燎原糕点店的点心笺为8开大小，厚纸，画面中火红底色的上部是金色的向日葵，下部是两簇红牡丹簇拥的景致——蓝天白云下林立的座座厂房车间，那高耸的烟囱中升起浓烟，厂房前是一望无际的葱绿良田，可见工农形势一派大好，前景无限。画面中部是硕大的深蓝色“燎原”二字。比对下的“主角”——糕点却寥寥无几，色彩清淡，点心图案只是细线条的轻轻勾勒。今天看来，毋庸置疑的是那时商品本身的意味已显得不重要，一切糕点或一纸包装或许肩负着它本身难以承载的使命与内容。值得一提的是，这张“燎原”点心笺在稍后还有一张与其画面完全相同的“姊妹版”问世，只是“燎原”二字回归为“桂顺斋”字样，下方的地址、电话字迹从前一版的手写体变成了规范的铅字排印。前后两张点心笺地址相同，电话号码也皆为33688。这张点心笺曾被某学子当作书皮纸包课本，这对于故纸生命的延续确为幸事一桩。

时光荏苒。改革开放春风吹拂下的点心笺很快恢复了它本该拥有的多姿多彩，百花齐放的画面进一步展现着包装艺术与广告文化的作用，而这一切就凸显在桂顺斋约于1985年前后印行的点心笺上。此时，桂顺斋糕点店（地址、电话仍同红卫东糕点店）的点心笺上洋溢着喜庆的氛围，画面俨然就是一幅月季花写生作品，花儿或盛开或含苞，娇艳欲滴，色彩浓烈。在与这张点心笺并行并用的点心盒外观还可见“中西糕点，京津风味，糖果烟酒，蜜饯食品”的字样，广告意味明确。

需要关注的是，这纸桂顺斋点心笺上已经出现了“金汤瓶”商标。另外，地址中专门在括号里注明了“芦庄子”三个字。芦庄子位于老天津南市与日租界旭街（今和平路）的交会处，此地正是桂顺斋在天津的发祥地。1924年，来自北京通县大顺斋的刘星泉在芦庄子口买下门面经营清真小吃。这一年刘星泉恰得千金，名叫淑桂，高兴之余特为小店取名桂顺斋。桂顺斋以诚实守信为本，对所承袭的京味糕点的质量要求极为严格，绝不马虎，很快赢得了四方顾客的信赖。30年代初，桂顺斋还从北京请来曾经烘焙宫廷糕点的高手，加大投入，前店后厂推出了京八件儿、萨其马、蜜麻花、蜜供、麻团酥等系列糕点，逐渐形成了酥、香、松、绵、软、亮、甜的风味。历经近百年发展，桂顺斋久已成为华北地区妇孺皆知的糕点品牌。

根据笔者结合对天津电话发展史的研究推断，桂顺斋在1987年1月以后又印行了一张点心笺。这张点心笺为16开大小，以大红色、玫红色、淡黄色三朵月季花为主图，“桂顺斋”三个字已经从老式的美术字变成了颜体书法字，广告词写“中西糕点，质高味美，前店后厂，自产自销”字样。解读这张点心笺中的其他信息可知，随着城市建设的发展，和平路145号芦庄子桂顺斋店的地址在这一时期已变更为101号—105号，电话号码从5位升至6位，为225125。桂顺斋的经营也取得了长足进步，除了芦庄子老店（当时也称一分店）之外，在和平路、多伦道、开封道等街区还开办了4家分店及一家冷热饮店。上述和平路燎原糕点店成为二分店，门市未变，门牌号已从原345号调整为253号。

天津市桂顺斋糕点厂的名称出现在笔者收藏的一张大致印行于80年代末90年代初的点心笺上，它8开大小，以三样花卉为主图，画面上部为“津京糕点”大字，下端厂名后相随的电话号码为756093。根据电话史料并结合天津电话号码6位升7位时的具体情况判断，这一号码位于红桥区大胡同一带。

在落款为桂顺斋糕点厂第二经营部以及分部，约印行于90年

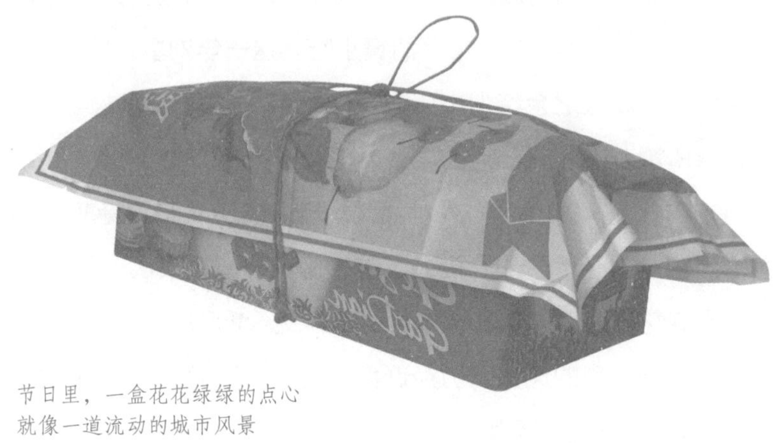

节日里，一盒花花绿绿的点心
就像一道流动的城市风景

代末的点心笺上，画面与上述那张三朵三色月季花为主图的点心笺画面大致相同，广告词调整为“京津糕点，传统风味”，电话号码已升至现今通行的8位号码。

近年，桂顺斋糕点有限公司曾印行过一张具有现代时尚温馨气息的正方形点心笺，衬底图是电脑制作的朦胧状的粉红色月季花图样，再也看不到旧有手工绘画的韵味。画面信息显示，和平路101号已成为桂顺斋商厦的地址，另有分店5处。

解读故纸，岁月留痕。纵观桂顺斋品牌旗下的张张老点心笺，图色艳丽醒目，文史信息丰富，时代特色显著，尤其是那百花竞相的画面足以让读者感受到传统广告文化的魅力，追忆出往昔生活的种种滋味。

社会进步，欣欣向荣

1949年10月1日，中华人民共和国成立的喜讯迅速传遍四面八方，全国人民无不为之欢欣鼓舞，工商界同样如沐春风，他们从此走上了社会主义全面发展的新里程。我们说，老广告画、老商标图犹如一面镜子，真实记录着时代生活，它且作为美术作品，更将岁月往事典型化地呈现开来，流传至今。

各界人士齐欢庆

纺织品商标画是老广告文化的重要一脉，画工美，印刷精，早在清末民初就已经发展成熟，之于布匹营销，之于传统文化，皆具有独特的传播作用，让大众乐于欣赏。习俗惯性使然，中华人民共和国成立初期的工商企业依旧不断推出五光十色的商标画，爱国、奋进、憧憬之情感跃然纸上。

当时，天津同庆机器漂染厂紧随形势，迅速推出同庆牌色布，其商标画描绘着各界人士列队欢庆的场面。大家从老城门走来，正通过一处彩牌楼。先说城门，究竟是哪座城的哪一门呢？尽管城门上有“和平”二字门额，但城楼模样，特别是门洞，与北京、

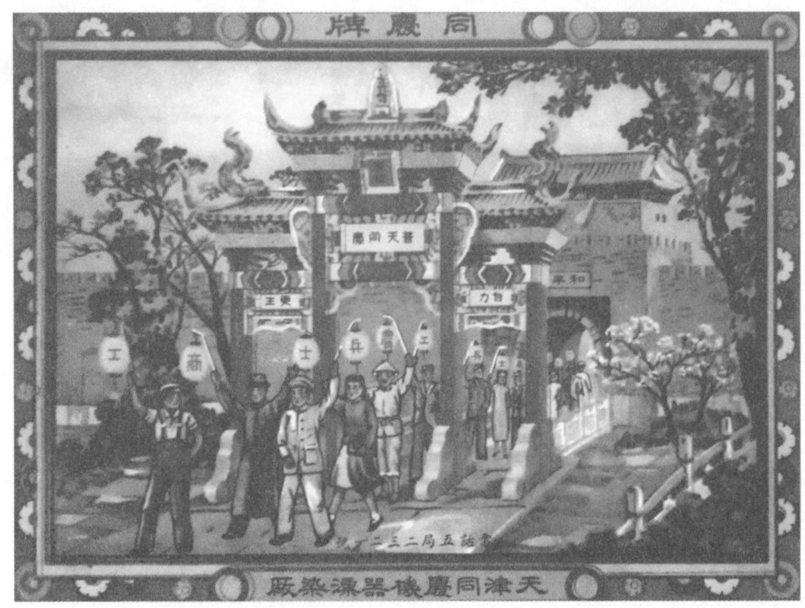

人民群众的欢喜之情跃然纸上

南京等地的和平门是不同的。根据画风及笔者长期收藏研究经验推测，此画极有可能是厂商委托天津本地画家绘制的，难道画中城楼与牌楼的灵感源自天津鼓楼东门与东门外文庙牌楼一线？可细节也似是而非。尽管如此，从画面景致递进层面看，与津门风貌大有异曲同工之妙。毕竟，绘画源于生活，高于生活。

细看牌楼上方正中有红底金边匾额，上书“建国”二字，匾下又置横额，上书“普天同庆”四字，无不紧扣时代主题。牌楼上方另有左右横额，以“自力更生”昭示民众。口号“自力更生”早已深入人心，它是1945年8月毛泽东在延安干部会议上所做《抗日战争胜利后的时局和我们的方针》演说中提出的。再看众人都举着彩灯前行，按灯笼上的字样可管窥那年月职业“排序”一斑，如工、商、士、兵、农。画中人的衣着打扮都与职业紧密贴合，非常典型，有穿长袍戴礼帽的传统生意人，有穿旗袍或时髦裙装的女教师，有穿西装的工商绅士等，描画得细致入微，人人兴高采烈，同庆同贺。

千家万户爱和平

经历过抗日战争、解放战争的黎民百姓倍加珍惜来之不易的和平生活。1949年10月2日，中国人民保卫世界和平大会在北京召开，大会推举出全国委员会，斯大林、毛泽东等为名誉主席，郭沫若为主席，同时发表了《中国保卫世界和平大会宣言》。由此，美丽的和平鸽形象更加深入人心。

河南豫北纺织厂的和平鸽牌棉纱商标画就是一例，气息彰显。该厂前身名为广益纱厂，位于安阳洹河北岸，始建于清光绪二十七年（1901年），至20世纪40年代，该厂历经战火，已面目全非。1950年春天，中国人民解放军华北军区炮兵司令部后勤部的同志开始重建纱厂，并更名为豫北纺织厂，从上海、无锡等地赶来的300多名技术员、工人支援生产，以保障部队供应。当年12月28日，20支棉纱在细纱机上试生产成功，全厂沸腾了，众人一致同意将新产品命名为和平鸽牌，相随的商标画上生动表现了工、农、兵放飞白鸽期盼和平美好的情景。

同时期，另一品牌名为“新华蓝”的色布行销各地，商标画简洁明快：蓝天白云下有一只衔着橄榄枝的和平鸽展翅翱翔。旧年，“阴丹士林蓝”或“学生蓝”色布流行民间，销量甚丰，工商业者也紧随时风，响亮的“新华蓝”一举成名。更值得一提的是，1952年6月1日《人民日报》在头版刊出照片《我们热爱和平》，照片中蓝天下有桃花掩映，一个男孩和一个女孩各抱着一只白鸽，孩子们粉红的脸蛋与甜美的笑容分明让人感到和平的宝贵。旋即，

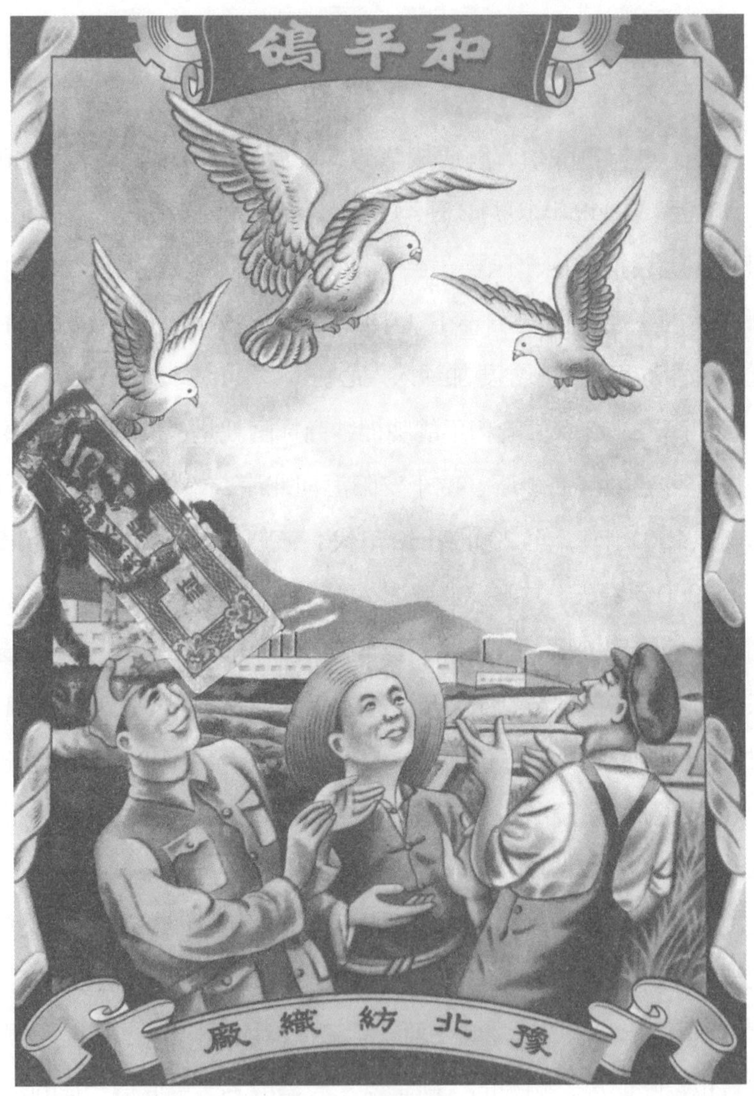

人人爱和平

该照片被印刷成宣传画广泛发行，成为20世纪50年代最具影响力的作品。借家喻户晓之势，天津画家也将此佳作临摹到大红色的点心笺上，美图随着一包包糕点走进千家万户，自是人见人爱啊。

工业农业大发展

中华人民共和国成立后，百废待兴，迅速发展经济成为当务之急。经过全国人民同心协力，艰苦奋斗，至1952年全国工农业总产值达810亿元，比1949年增长了77.5%。自1953年夏季，“逐步实现国家的社会主义工业化，并逐步实现国家对农业、对手工业和对资本主义工商业的社会主义改造”的大政方针贯彻各地，深入人心，全国上下蒸蒸日上的势头催人奋进。

在1952年11月前，今天河南、山东接壤的地区曾为平原省，省会新乡市。新乡市新光机器漂染厂出品有新光牌色布，商标画下端明确标有“平原省”字样。商标画中是一派工业发展欣欣向荣的景象，以漂染厂厂房为核心，前景有码头、桥梁，可见原料白布正源源不断运来。中景厂区很大，厂房高低错落，高高的烟囱冒着烟气，工人们在争分夺秒加紧生产。再看远山、蓝天、祥云交相辉映，一轮红日冉冉升起，万丈霞光照耀着大地。这无疑是让人无限憧憬的宏图，加之商标画两侧“经久不变”与“保不退色”广告语，其宣传与推销效果自然事半功倍。

早自1949年3月以来，“城乡互助”“内外交流”等经济建设方针已广为各界响应，至中华人民共和国成立，它更加深入人心，促进着社会不断发展。当时，天津建文工业社推出过多样产品包装设计，装潢图画丰富多彩。比如，图画中的主角是一名工厂女

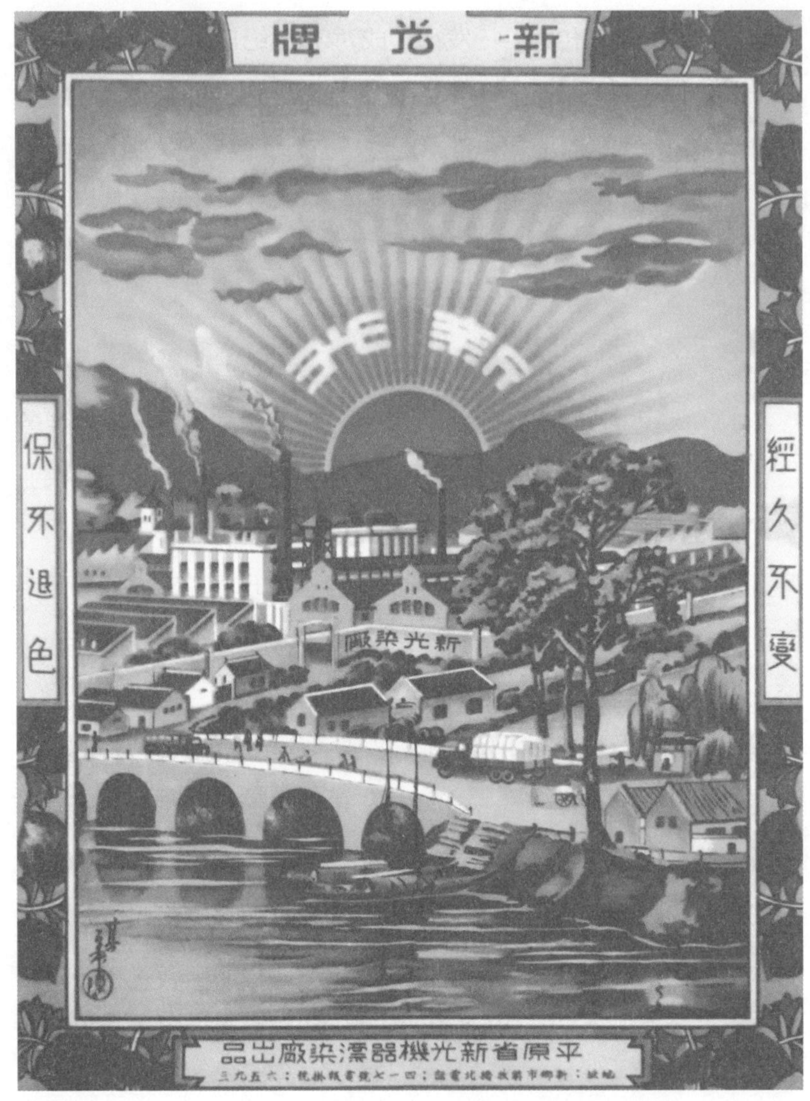

新光芒、新生活、新愿景

技术员，背景厂区人车进出忙，画面中上位置特写明“城乡互助”字样。再看另一图，其上写着“发展工农业”几个大字，相形之下的工人师傅穿着背带裤工装，怀里抱着一大捆布料；农民姐妹穿着红格子袄，手里举着一大捆蔬菜，二人身后则是工厂、农田景象。

天津振华机器染织厂的布匹定名交流牌，商标画的构图为“X”形交互画面，取工农互补之意：农民在田间采摘棉花，工人在车间辛勤织布，主图是振华工厂在紧锣密鼓组织生产，厂门口驶出一列满载着布料的火车正开向农村。

鼓足干劲忙生产

我国第一个五年计划始于1953年，全国人民为此而鼓足干劲。笔者收藏有几张当时与文具商品相配的广告小画片，图中有企业干部二人对坐，一人伏案书写计划书，一人在读当天的报纸，在学习最新指示精神。左上角的两行字明确了主题“设计基本建设完成五年计划第一年光荣任务”。随着生产建设要求不断提升，劳动者的思想、技术需要更新进步，学习便显得尤为重要了。另一画片上画着工程技术人员正在建设一片新厂区，他们开现场会谋发展，看图纸的、架电线的、吊装的、运输的，人人都在忙碌，随文称“努力学习，刷净陈腐思想”，以利更进一步建设国家。

还有一幅异形商标画，画页左右两边是锯齿样的，从广告新奇特的角度而言，当可加分。商标画为景星印染厂三星牌色布所用，图中照例是工厂繁忙生产图，见大汽车运来满满一车白布，工人们忙着卸下背进厂房。细看图左侧远景也有劳动者的身影，他们正将染好的大宗红布吊装上车，准备投放市场。更远处的车间高楼金碧辉煌，令人为之骄傲，为之振奋。

除了对开大幅年画，早年的8开或16开小年画也很流行，有的厂商为快捷发布广告，索性大宗购买小年画，然后在上面加印自家广告。20世纪50年代，中国药材公司天津市公司天津达仁堂制药厂、乐仁堂制药厂就利用上海版年画《跑旱船》的画面，加印妇科药“女金丹”广告，免费发赠百姓。值得一提的是，画中旱船的船帮上写有“走社会主义道路”大红标语，异常醒目。

更有气魄的要数广州南中烟厂的锦绣河山牌“大号香烟”广告。画面以红橙黄三色为基调，旭日普照大地，水库在开闸放水，涌起滔滔白浪。上方书“伟大的祖国锦绣河山”字样，几乎占整个画面的一半。如此广告必能激发民众爱国热情，定能鼓舞百姓建设国家的奋斗精神……众志成城，第一个五年计划提前完成，我国开始改变了工业落后的面貌，向社会主义工业化大步迈进。

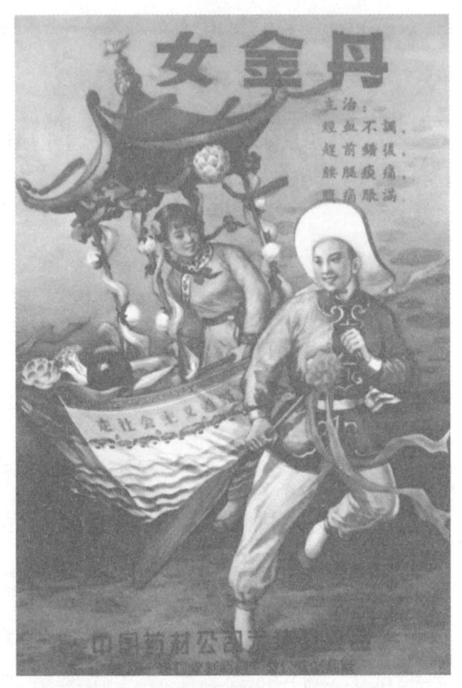

药品广告上的跑旱船画面

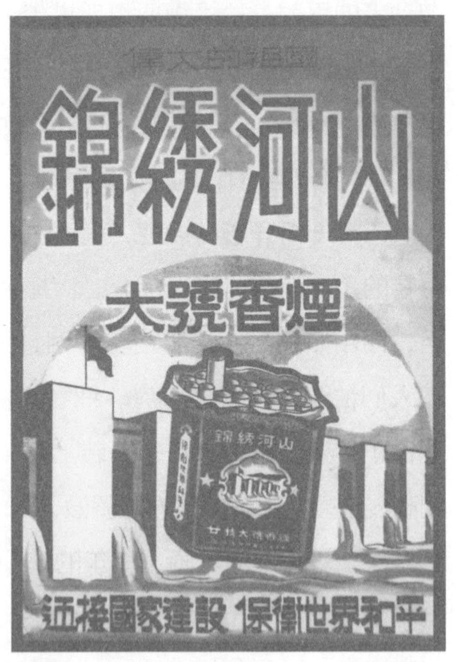

锦绣河山入广告

广告良药促健康

旧中国社会动荡，缺医少药，百姓健康保障无从谈起，传染病、寄生虫病肆虐，多数人营养不良。中华人民共和国成立以来大力发展医疗、制药、公共卫生事业，成效显著。1954年国庆节之际，中国医药公司天津采购供应站特别委托画家专门绘制了一本1955年新年挂历，用来宣传各种药品。挂历封面画大气、绚丽，夜空中礼花绽放，映衬着雄伟的天安门与华表。前景还有地球图案，寓意中国走向世界的光明前景。挂历中有12幅与健康息息相关的民俗生活图画，画中嵌入药品图样，意在宣传推销。

1959年天津多家制药厂联合推出一本广告挂历，内容以当时的热门电影剧照为主。比如，《两个巡逻兵》是江南电影制片厂1958年拍摄的惊险故事片，歌颂了20世纪50年代初我国南部边防战士守卫边疆安全，为百姓谋幸福的高尚情操。这页挂历上印着乐仁堂制药厂的人参鹿茸丸广告。再有，八一电影制片厂1958年拍摄了彩色故事片《红霞》，观者如潮，精彩故事家喻户晓。同仁堂制药厂在该片剧照下发布了紫雪散（清瘟解表、镇静安神）广告。

中华人民共和国成立不久，为保障农民身体健康，巩固工农联盟，国家曾大力推进医药下乡，一些城市的制药厂积极响应号召，拿出优良药品惠及农村。1956年中国医药公司天津采购供应站编印出《医药下乡手册》，书中有不少广告插页，皆为名家所绘传统人物国画，传扬艺术与推销药品兼而有之，受到农民兄弟的欢迎。

自20世纪50年代中期，除四害运动席卷大江南北，广大民众灭臭虫、老鼠、苍蝇、蚊子等，同时大搞爱国卫生，如火如荼。

1958年六一儿童节《北京晚报》刊登了老舍写的一首儿歌，其中道："好儿童讲卫生，打了蚊子打苍蝇。讲卫生，不生病，里里外外都干净。擦桌子擦板凳，又讲卫生又劳动。除四害，最高兴，闲着就查老鼠洞。"天津有关部门也积极行动，根据类似内容专门印发了系列广告小画片，宣传讲卫生的好处，同时普及防疫药品知识。

"新港"品牌振士气

中华人民共和国成立后，毛泽东主席十分关心天津塘沽新港建设，于1952年10月25日亲临视察。新港，随之成为天津人民的骄傲，大蚨织染厂与时俱进将新品棉布定为新港牌，商标画中正是美丽的新港景。

天津大蚨织染厂在当时社会主义改造不断深化的进程中曾小有名气。1950年9月16日《人民日报》在第二版刊发消息："天津私营工厂生产竞赛在市总工会号召下，经过劳资协商和周密准备后，已顺利展开。继恒源、北洋纱厂及东亚企业公司等大厂开展生产竞赛之后，光明植物油厂、义大织布厂、洪甡纺织厂、大蚨织染厂、达生织布厂等中小型工厂也已先后展开生产竞赛。"其间，大蚨厂工人生产情绪高涨，遵守劳动纪律，产量质量大大提高，资方经营信心增加，工人福利也有所改善。消息说：大蚨厂"织布、打络、整经、打穗、掏综、整理、修理、管理等八个生产小组，经过工友们的详细讨论，建立了联系合同，把生产任务的具体分配，劳动纪律的执行，都签订到联系合同里面，加强了工友间的互相督促与检查，因此保证了生产计划的顺利完成"。该厂展开竞赛后，实行了初步的民主管理，制定了具体的奖励办法，劳资双方充分利用协商会议，在会上资方代表报告营业情况，劳方代表报告工人生产情况，解决生产上一些大问题。另外，1950年第17期《天津市政》也发文称：“九月下旬，调查已正式开展竞赛的中、小型工厂计有天昌机器厂、福星面粉厂、德与化学厂、华光染厂、大蚨织布厂等。”大蚨织染厂的名气逐步扩大。

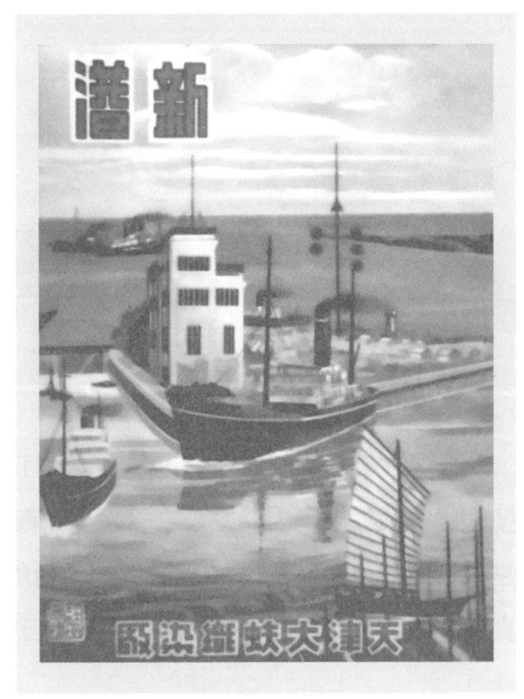

1952年新港换新颜

话说天津虽在20世纪30年代初就已成为全国第二大港口城市，但到了40年代末，深受战乱影响的新港已淤塞至极，大船难以进出。1951年8月25日修建塘沽新港命令发布，终于迎来了曙光，从这一天起，新港工程局的广大职工以百倍劳动热情，全力投身第一期建设中。经过一年多的艰苦奋斗，于1952年10月工程胜利完成，10月17日新港举行开港典礼，这也是中华人民共和国成立后首个自行改建完成的深水良港开港。万吨轮泊岸装卸，新港从此获得新生。大蚨厂的新港牌商标画将如此新景呈现，新港与船闸塔楼清晰可见，渤海风光尽收眼底，大振天津士气。

工业发展有强者

天津是知名的工商业城市，近现代工业生产、工业文化在诸多领域曾领先于国内，甚至享誉世界。我们说，老广告、老商标是独特的故纸档案史料，那些五颜六色的图画好像一面面镜子，真实记录着时代，也不难从中解析、回望地域工业发展的岁月往事。

棉纺织商标显赤诚

近代百年看天津。洋务运动以来，晚清政府、北洋政府面对风云变幻的国内外形势，相继颁布各种章程，推行奖励实业、提倡工商的政策，促进民族工商业发展。中国近代棉纺织工业起步于19世纪末。第一次世界大战后，西方列强无暇东顾，国外进口的纺织品数量锐减，国内棉纱、棉布走俏，价格提升，如此也促使许多富商纷纷投资相关产业。

1915年天津官办直隶模范纱厂建成投产，接续拉动了城市纺织工业发展，至1922年，天津已拥有华新、裕元、恒源、裕大、宝成、北洋等大型纺织公司，一跃成为中国重要的纺织基地。

品牌的塑造当然是企业看中的，相形之下的外包装商标画也异彩纷呈。老天津纺织品标签式样或横或竖，大体以16开为尺幅，从单色印刷到彩色印刷，水准不断提升。值得一提的是，商标画广泛以中华文化、历史故事、民族艺术为题材内容，雅俗共赏，品牌与图画为人津津乐道。如敦义机器染厂的“义鹿鸣群”、恒源纺织公司的“八仙”、长兴成记的（周敦颐）“爱莲”、裕大纺织公司的“八马”等，不胜枚举。

这类品牌与商标画的文化亲和力、认同感在产品行销过程中起到了重要的广告效果，也具有一定的文化传播性。像那旧年文化传播方式有限，一纸纸漂亮的商标画随着棉纺织品销往南北东西，让民众认识了天津，也了解了传统文化。

1911年辛亥革命以后，尤其是五四运动、五卅运动、九一八事变以来，发展民族工业，提倡国货成为社会各界的呼声，这一时期正蓬勃发展的天津棉纺织业率先垂范，商标画设计坚持弘扬中华文化的同时，又纷纷在画片上标明“推行国货”“爱国布”“爱用国货，勿忘国耻”等口号，有的甚至在商标画上专绘出肖像，注册商标即为“中国人”。

更鼓舞人心的是抵羊牌毛线。1931年天津东亚毛呢纺织公司投产后以“国人用国货”为号召，与日商展开竞争，决意推出抵洋牌毛线。商标上画着两只羊相抵的图案，意在抵制洋货，推行国货。这品牌与商标画让日商坐卧不宁，明里暗里为东亚毛纺制造了很多麻烦。后来，抵洋牌虽演化为抵羊牌，但一语双关之意早已深入人心，也传下了脍炙人口的自强品牌故事。

1937年“七七事变”爆发，日军侵华，国难当头。当时的天津正丰印染厂特别以“苏武牧羊”为品牌，相随商标图画更能表达不屈之志。苏武流胡放牧北海，他坚守气节的故事感动着一代代人，《汉书·苏武传》载，苏武因拒绝匈奴单于的诱降，被囚禁在地窖并断绝饮食供应。风雪中的苏武只好饮冰雪、吃毛毡，凭顽强毅力生存下来。随后，匈奴又让苏武到荒无人烟的北海去放羊，规定只有公羊产下乳羊才能返回。在长期的流放生活中，苏武不畏困苦，坚守汉节，归来后已是满面须发……正丰印染厂的品牌立意缘此，苏武牧羊牌布匹上市后大受欢迎，销量与日俱增。

“八仙人”与“八马”

早在清光绪二十年（1894年）孙中山就上书李鸿章，提出发展资本经济的新主张，力求“人尽其才，地尽其利，物尽其用，货畅其流”。辛亥革命后，发展资本之势风起云涌，由此而来的一场产业革命在国内、在天津迅速兴起。相形之下，袁世凯、曹锟、周学熙、黎元洪、段祺瑞、冯国璋、张作霖等人纷纷在天津投资实业，有了如此带动，其他民间资本在天津也进一步活跃起来。

1916年恒源帆布公司在天津开办，老板是实业家章瑞廷。章瑞廷原来是经营棉布的商人，发迹后又开设了军衣庄买卖，承制军装、被褥、帐篷等，当时的军阀混战恰好让章家大发其财，资金累增。恒源公司开工后，章瑞廷的目光放得更长远，他筹划与已颇有名气的直隶模范纱厂联手重组，以在行业更胜一筹。他找到了直隶省长曹锐，请曹锐参股、疏通。1919年的时候，直隶模范纱厂、恒源帆布公司合并，名为恒源纱厂。恒源纱厂借势招募新股，扩建厂房，购买新机器，在1920年8月重新开工生产，由此成为当时天津资本最雄厚的纱厂。恒源纱厂生产的棉纱、帆布等畅销各地，同时率先生产机织平布，品牌有八仙、跑车等，一

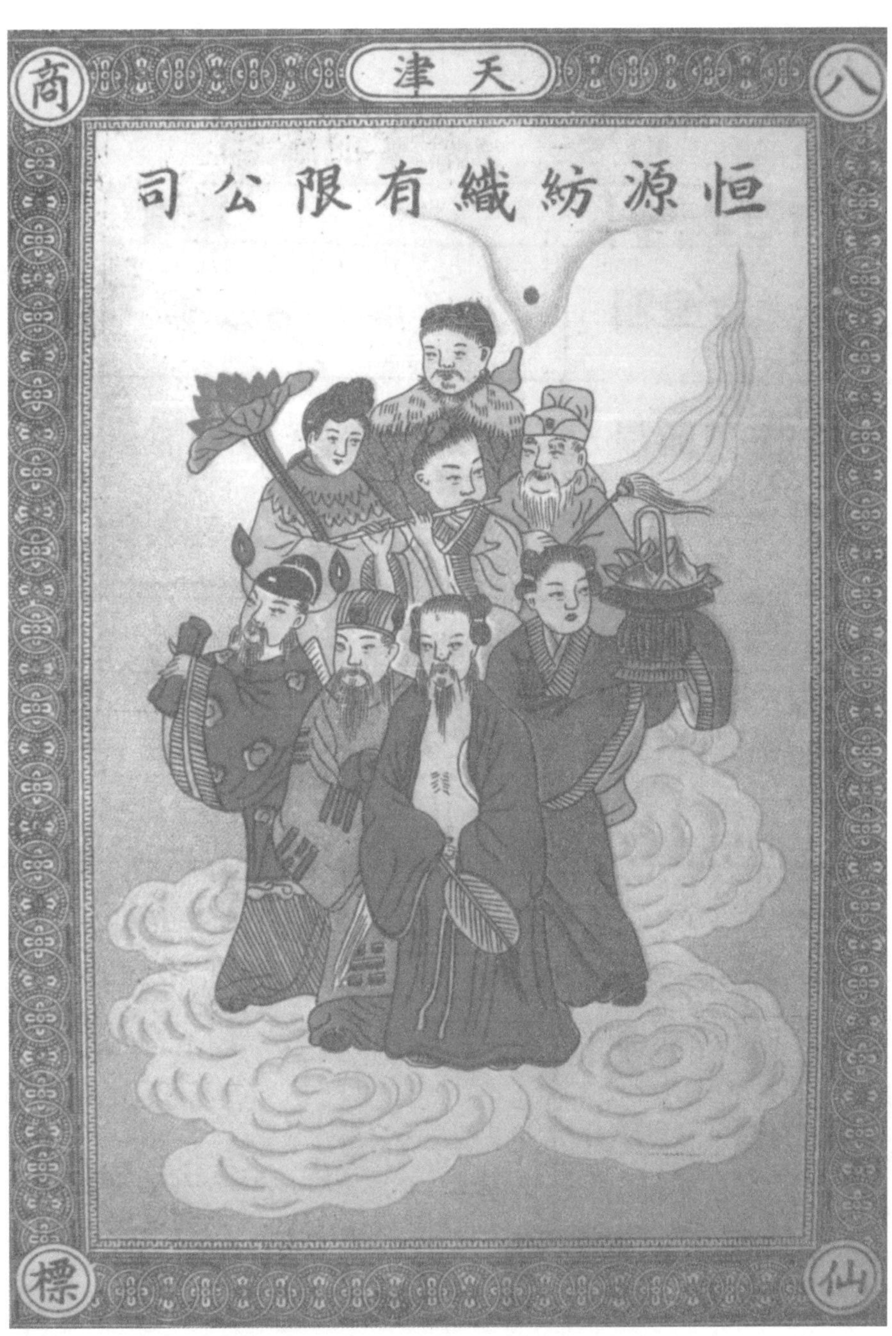

恒源纺织公司的“八仙人”商标

并的商标画也精美漂亮。特别是“八仙人”面料在老天津人心目中颇有地位，乃至成为“高档”二字的象征，流传很久。

再要说到另一个家喻户晓的品牌——八马。在国人心目中，骏马寓意向上的生命力，象征事业精进，马到成功。传说周穆王有八匹良马，皆有神异本领，他骑马周游天下，这八匹马缘此而得“八骏”美名。20世纪20年代，天津裕大纱厂以“八马”为商标推行优质棉纱，对事业充满美好期盼。

谈及裕大纱厂，先要说到陈承修。他毕业于日本大阪高等工业学校，曾担任过农商部工商司司长，后因政见不和辞职。他力图振兴实业，联络一些政客寓公、工商人士、文化名流，共集资300万元（大洋），于1920年5月选址天津海河东岸郑庄子建起裕大纱厂。1922年2月裕大纱厂正式投产，陈承修任总经理。不久，京剧名家梅兰芳以股东的身份曾到厂参观。此时的裕大纱厂有工人近1700人，纱锭35000多个，年产纱逾万担，成为近代中国工业的重要角色。裕大新棉纱上市后销路甚广，八马牌商标就诞生于这一时期。

到1928年，天津新设工厂近1300家，如寿丰面粉厂、大丰面粉厂、福星面粉厂、民丰面粉厂、久大盐业公司，以及上述纺织公司等，这些企业以较大的规模、雄厚的资本、较强的生产力，成为天津近代工业的主体。

中华人民共和国成立后，恒源公司迅速恢复生产，企业蒸蒸日上。20世纪六七十年代恒源公司先后更名为精纺毛纺织厂、天津第一毛纺厂，企业成为华北最大的毛纺织厂，出产华达呢、哔叽、毛涤花呢、派立司、舍味呢等深受消费者欢迎。裕大纱厂在新中国成立后也被收归国有，改组为天津第三棉纺织厂一分厂，走上了新的发展之路。

国货名牌“老火车”

天津老牌“蓝天”牙膏驰誉八方，妇孺皆知。蓝天集团公司的前身——同昌行开设于清宣统三年（1911年），同昌行是老火车牌牙粉和牙膏的创始者。笔者收藏有老天津出品的老火车牌牙粉的包装袋，《近代天津图志》一书中也收录有此图。故纸钩沉，1912年中国化学工业社在上海创办，中国国产第一包牙粉——三星牌牙粉就诞生在该社。沈阳的同昌行紧随其后，生产出老火车牌牙粉。20年代中期，中国化学工业社生产出中国第一支牙膏——三星牌牙膏，中国牙粉、牙膏业由此起步。

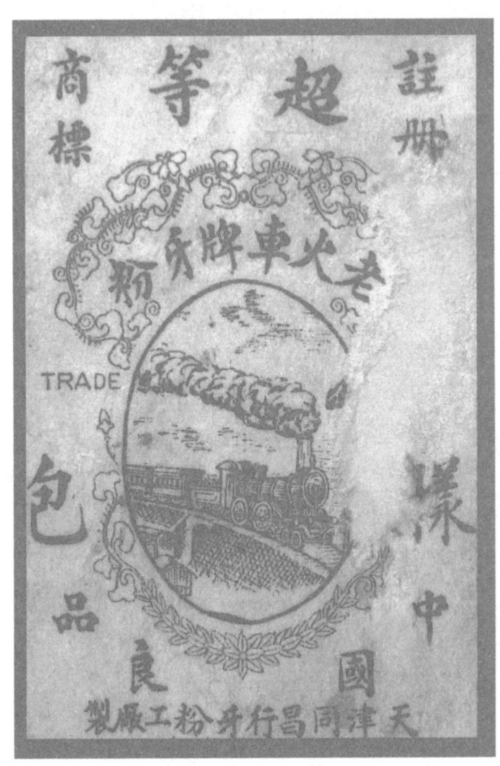

老火车牌牙粉包装袋

同昌行初开于沈阳，创始人是辽宁义县的刘凯平。晚清，许多日本商人在东北三省倾销洋货，就连小小的牙粉也是日本货，这让刘凯平如鲠在喉。1913年刘凯平来到沈阳，闲暇时看到了牙粉制造的有关知识，于是下决心研究，欲创立中国人自己的品牌。他几经钻研，在1914年获得成功，生产出地球牌牙粉并获得官方许可。

1921年春，刘凯平更新厂名为同昌行，新制老火车牌牙粉质量更胜一筹。老火车牌的取名有着深刻的寓意，火车象征着前进的无尽动力，寓意振兴民族工业，国货精进发展。老火车牌牙粉选料更加考究，加工更为精细，配方中除了原来的碳酸钙、薄荷脑之外，还增加了香料。牙粉包装在原来大袋、小袋的基础上又增加了时髦的铁盒包装，“提倡国货”的大红字样在包装上很醒目。老火车牌牙粉以优良的品质与低廉的价格受到国人的普遍欢迎，日商牙粉受到冷落。

刘凯平不仅以实业报国，热心公益，他还积极参加抗日救亡运动，1932年初加入东北国民义勇军。同年6月6日刘凯平被日本宪兵杀害，年仅42岁。刘凯平牺牲后，他的弟弟刘兴治、刘自新继承了同昌行的事业。刘自新在天津、成都等地开设了同昌行分行，老火车牌牙粉很快成为天津的畅销产品。天津分行的经营一直坚持到新中国成立后，公私合营时同昌行并入天津市利民牙粉牙膏厂，刘凯平的爱国理念和民族气节也成为蓝天企业文化的重要组成部分。

作家王蒙在他的自传中回忆20世纪50年代的岁月时说，他的生活很节俭，有时候连牙膏也舍不得用，用天津产的老火车牌牙粉。1980年他在美国喝到一种姜汁啤酒，味道颇似当年的老火车牌牙粉，“我恍然大悟，此牙粉的原料中含有大量的生姜”。

放羊牌袋色驰誉南北

昔日“新三年，旧三年，缝缝补补又三年”的生活让人记忆犹新，普通百姓的家底都不厚，布票也有限制，不可能常穿新衣裳。支大锅煮颜色染衣裳乃生活必需，无一例外，用的都是天津名产放羊牌袋色或色片。

放羊牌染料（袋色）是天津化工采购供应站于20世纪50年代创立的品牌。人们用它染褪了色的旧衣服，或是把白布染成其他颜色，上锅煮20分钟左右即可，效果出众。放羊牌袋色以独特的配方、齐全的色种、低廉的价格与上乘的质量很快成为六七十年代家喻户晓的知名日化产品，畅销全国，尤其享誉华北、西北、东北地区，堪称全国染料行业的佼佼者。

放羊牌袋色的畅销与厂商、经销商的着力宣传广告分不开。天津采供站专门印制过《染料样本》推向市场。样本六面三折页，封面上有“女子抱羊”包装袋图、瓶装片色图，见那倒出的两片蓝色片与药片如出一辙。折页内里特别贴附着30种色标卡，分别清晰注有色名，有些（专业）名称如今已不常提及，如缸靠、杏黄、酱紫、果绿、翠蓝、金驼、栗子棕、雪青、靠灰、耐晒灰、煮绿、煮蓝等。

与色标相伴的广告图上画着母女俩，妈妈烫卷发，穿深蓝色中式袄与果绿色裤子，左手拎着一大包袋色，右手举着一小

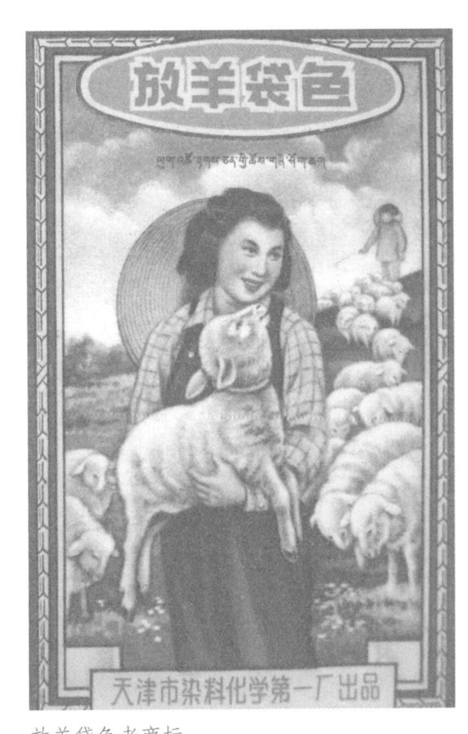

放羊袋色老商标

包。再看闺女，白衬衣配绿色裙，戴着红领巾，手里握着一瓶片色。她们兴高采烈的样子，像是从商店刚出来正走在回家的路上。其实，片色是袋色的改良品种，像大号药片一样，每10片装在小玻璃瓶中，家庭储藏更为方便一些。按照当时的习惯要求，每片可以染好1尺白市布。

旧年的津产袋色还有小乐园、代代红、曙光等品牌。小乐园牌袋色的包装袋上画着幼儿园里的孩子们正在玩过家家的情景。代代红牌、曙光牌袋色于1973年在天津市工商局注册，存档样标贴在8开大小的商标注册证上，并加盖钢印。故纸流传至今，当为天津工业与文化发展的亮点与见证。

人人爱“北京”

以前没有互联网，罕见电视机，那年代的人们了解新闻、获取知识主要靠报纸和收音机，且后者更具有便捷与广泛性。1965年毛泽东主席为广播事业题词“努力办好广播，为全中国和全世界人民服务”。这一指示对我国收音机制造业产生了超乎想象的巨大动力。笔者收藏有近百份自新中国成立之初至改革开放前后的各种收音机说明书、广告单等，细细解读，大致可管窥广播与收音机的发展脉络，其中的天津故事更值得一说。

“北京”收音机隆重上市

直到新中国成立之初，收音机在许多百姓心目中仍是个“神秘的话匣子”，当时，我国的电子工业很不发达，国内的电子管收音机大多是德国、美国、日本产品，或是进口元件的组装机。

1951年3月1日是中国电子工业值得纪念的日子，我国第一个专业电子管厂——南京电工厂成立了，11月20日，我国第一套国产收音机电子管在该厂研制成功。

天津是我国电子工业的重要基地，也是广播事业的发祥地之

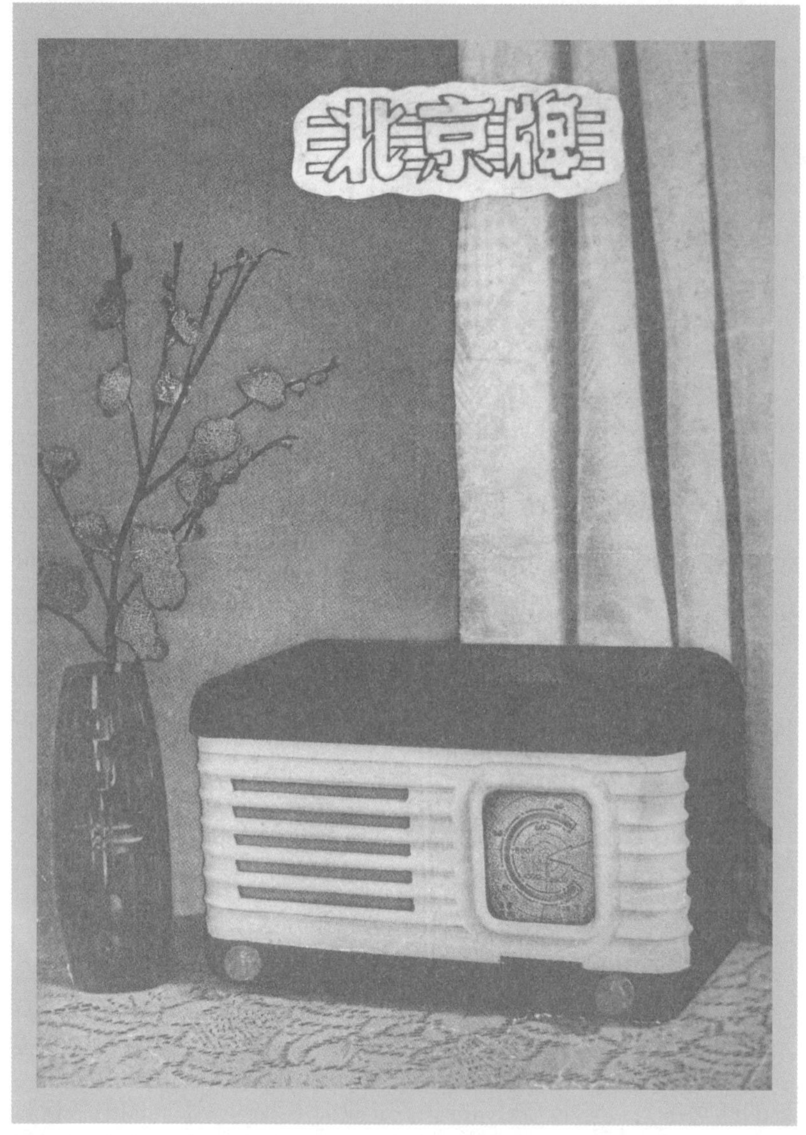

第一代北京牌收音机广告

一。1953年国营天津无线电厂（712厂）借鉴外国产品，设计投产了工农之友牌两灯中波段收音机，其元器件通过替代改良，大大降低了成本。1955年该厂又以进口莫斯科人牌收音机为蓝本，成功研制出北京牌206型四灯来复式超外差式收音机。这款收音机当时售价80多元，相当于一个普通百姓两三个月的工资。

所谓超外差式收音机是指输入信号和本机振荡信号产生一个固定的中频信号的过程。如果把收音机收到的广播高频信号都变换为一个固定的中频载波频率（仅是载波频率发生改变，而其信号包络仍然和原高频信号包络一样），然后再对此固定的中频进行放大、检波，再加上低放级，就构成了超外差式收音机。

笔者收藏了一张它的说明纸，其上可见机器外观是深棕色电木壳的，体积小巧，结构简约。这台收音机虽为四灯机（灯数量即真空管、电子管数量，越多越高档），然广告纸背面特标出一句："其实效与一般五灯机相同，能收听各地广播电台的中波和短波广播。"它一上市便大受欢迎，畅销南北。

据一位天津老人回忆，他家在1956年的新年破天荒地添置了一台"北京"收音机。栗子皮色的外壳油光锃亮，摆在桌上十分气派，旋钮一开说唱全来，真是"大道正声从天降，金音玉韵皆入怀"。就是从这时起，丰富的广播内容为他的作文增添了许多题目。广播与这位少年学子成了良师益友，相伴一生。

当时的广播教学节目也让另外一位天津中学生记忆犹新。他记得，当年正赶上英语广播讲座开播，他于是下决心学好英语。他家的那台北京牌收音机音质洪亮，他一直收听英语讲座，跟着收音机学音标，模仿发音，学词汇，学唱英文歌，电台老师自编自演的配乐英文短剧《草原英雄小姐妹》曾给他留下了深刻的印象。

中国电子工业在不断发展，1958年3月11日第一台国产半导体收音机在上海试制成功，1959年国产晶体管收音机也首次实现了商品化。

说明书折射辉煌

位于河西区陈塘庄的天津市电讯器材厂于1962年“建立在国内先进技术指标基础上”新研制出海河牌356型五灯交流收音机，说明书封面上写着“性能良好，音质优美，结构牢固，式样美观”字样。大致受当时印刷条件所限，说明书采用的是丝网版，用黄绿红黑四色印刷。其印刷网目精细，颜色厚实，至今触摸起来仍能感觉出字体凸起。

天津长城无线电厂较早也曾推出过丝网印的B43型收音机说明书。在暗红色的封面上，左上角印着“人民，只有人民，才是创造世界历史的动力”，右上是“长城牌”三个字，右下画着主角——超外差式半导体四（晶体）管收音机。另外，长城牌B402型晶体管收音机说明书的封面是大红色的，远景为黄色的巍峨长城图，近景画着收音机。掀开内页，上方的毛主席题词红色大字映入眼帘。这样的设计与当时的许多种说明书如出一辙，有的则使用的是毛主席手书字样，更显气势。

长城牌交直流半导体管702型台式收音机稍后面市，说明书封面也为红色，还特别印上了黄色立体拼音字母，显得洋气了些。

进入70年代，收音机还可谓天津家庭客厅里耀眼的陈设，当时电视机尚属稀缺，茶余饭后，一家老少守着收音机听听，真是其乐无穷。

笔者手边有两版70年代初的天津市渤海无线电厂（河西区怒江道）出品的工农兵牌收音机的说明书，小张是301型三晶体管超外差（便携）式的，大张为601型三波段六晶体管收扩音机的。

两张封面雷同，淡蓝底色上凸显著名的工农兵雕塑（1968年建，在北京东单公园），顶端可见毛主席题词，下方的红色三角形上标“工农兵”三个字。

“华夏第一屏”诞生

1958年3月，我国第一台国产电视机——北京牌820型电子管黑白电视机在天津诞生，并实地接收信号试验成功，首次实现了中国人在电视节目中的播报：第一个是女声二重唱，最后一个是动画片《小猫钓鱼》，新中国电视事业由此诞生，天津各界无不欢欣鼓舞。

笔者所见此电视机的说明书广告特色鲜明，画面左下方摆着两台木壳电视机，屏幕上是京剧演出的画面。背景是当时的著名建筑——1954年9月竣工的北京展览馆（旧称苏联展览馆），楼顶塔尖周围还画着“信号圈”，广告下端写着“国营天津无线电厂出品”。时间到了1981年，北京牌860—1型电视机获得全国评比一等奖，这一信息也出现在同时期的广告上，其上还特别注明“中国第一个生产黑白、彩色电视机的厂家”，显示厂址为河北区东七经路15号。

不久，在860—1型的基础上又生产出860—3型31厘米（12英寸）全频道集成电路黑白电视机，广告称“主要电光声性能指标已达到或超过了国内外同类产品”。从此，“华夏第一屏”更为名扬海内外。

后记 也算逸事

这本书中有《“李逵”和“李鬼”》和《细说“克隆术”》两段，编书审校二文时顺势想起读过的一篇文章《“有人翻印，功德无量”》。诚然，盗版历来令人深恶痛绝，据文述，上述八个字出现在鲁迅于1936年斥巨资自费编选出版的《凯绥·珂勒惠支版画选集》的版权页上。与一般常见的“版权所有，翻印必究”之类的字样别有不同，又相映成趣，这双引号中的八个字耐人寻味，亦可见鲁迅为传播进步文化的良苦用心。

联想到拙作《再见老广告》一书。书是2004年出版的，大32开全彩色印刷，在当年尚属精美。书籍上市后很快成为社会生活史研究、老广告收藏研究、广告学研究等领域的热门读物，销路还不错。我没有考察详细数据的机会和时间，但在此后一年多的时间里不断到出版社办事，常见的出版社告示栏贴着“每月销量排行榜”，《再见老广告》多次名列前三。说实话，当时自己心里还是挺得意的。同年4月，中央电视台拍摄了有关笔者与老广告收藏的专题片，没想到播出后无形中为相关收藏增添了一份热度，故纸价格首度明显看涨。

大致是2006年中期，有书友说他看到了“模棱两可”的《再见老广告》。不会是遇到了“李鬼”吧？但转念一想，或许不会。因为常人都晓得作为一本文史社科、收藏文化类的冷门书，盗印会有多大利润呢？

我索性去自寻“李鬼”，权当市场调研，探探究竟。在一家小书店看到“再见”，打开来看，我心里五味杂陈。那书变成了普通32开，比正版小了一圈，封面也是借正版扫描的，明显偏色。更露马脚的是内页，已全部改为黑白印刷，错字多，推测是全文扫描后用软件转化的，或是打字员赶工所致。黑白印刷成本降低不少，但盗版的价钱与原版的27元定价只差5.2元。店家在封底贴签为“15元”，不划价。

我问店家，这书进了多少本？从哪里进的货？答曰50本，现在还剩下10多本。至于询问渠道，招来匪夷所思的目光，自然讳莫如深。人家坚持说不知盗版、正版与否，反正好销就是了。

我在第一时间向出版社反映此事，人家好意问我，知道是哪里印刷哪里搞的吗？我无语。想来，这恐怕不是一个读书人写书人力所能及的。难道我应该拿出稿费来请律师？

厌烦盗版，也无力、无心再关注《再见老广告》的市场情况，但后来发现，书中的内容被不少研究者所征引，书的名字也经常出现在同类或相关书籍尾页的“参考资料”书目中，就连一家著名的传媒大学的广告专业教材中也照录了多处原文。另外，好心人还将《再见老广告》列为“大学生广告学专业必读的100本书”等类似的名录中……不知其中是否也掺杂着些所谓“有人翻印，功德无量”的意味。

我一直把正版与盗版的《再见老广告》紧挨着放在自己的书架上，时常望见，一大一小，一彩一墨，也算“有趣”。时常自问，如果下一部书再出现盗版又如何？维权成本并不低，自己准备好了吗？

话回2006年。权且算个文化研究与收藏的“品牌”吧，“故纸温暖”自那年4月创设以来，经过工作室的不懈努力，并践行“温暖不是一个人的手炉”与“书传善缘，播种温暖”的理念，加上众多媒体陆续宣传报道，我也不断撰文发表、诠释，“故纸温暖”受到各方关注与好评，我的粉丝越来越多，“故纸温暖”越来越广为人知，确实值得高兴。

比如前些年，有搞影视与纸品收藏的文化人，以“故纸温暖”之名搞起老期刊展览。其实，此人早先与我故纸温暖工作室交流过一些藏品，进而知道、喜欢上了“故纸温暖”，他曾于2011年9月撰文发表于官方纸媒，文中道：“‘故纸温暖’曾经是我的一位收藏同好的网名，也是我没有公开说出来的真切感受……”我们之间后来没有联系，所以我事先并不晓得人家用“故纸温暖”的名字搞了展览，不然出于旧念会帮助宣传一下。

藏书家王志在2011年第5期《悦读时代》发文《故纸温暖——由国庆与〈老广告里的岁月往事〉》，开篇说：“不知主办方（注：指上述展览）为何用‘故纸温暖’做这个展览的名称，但‘故纸温暖’字眼却使人感到非常亲切……因为由先生早在2006年中期开始就在多家网站注册了‘故纸温暖’网名，并不乏影响。”

这些年来，国内文化界近百位重量级学者都为我与工作室题写了“故纸温暖”四字，各具神采，成为我不断前行的重要动力。

同时，拙著也在国家版权数据库中固化了“故纸温暖”四字。近时，故纸温暖工作室标识推出，提升了“故纸温暖”的亮点，同时陆续有文化机构、专业团队前来接洽，商谈发展、合作事宜。

再说有搞收藏的一同好，于2020年5月15日在网络公众号上搞起“故纸温暖——老期刊封面展”，称“扫码回复‘故纸温暖’即可获得……资料”等。此举，我事先不知，活动当然与我无关。也视为好事吧，因为人家无偿为我打了广告嘛。我看到广告后对他说：“希望你有更好的创意与发展。”

作家朱晓剑撰《故纸温暖传书情》刊于2020年5月18日的《天津日报》上，晓剑兄写道“在我印象里，国庆兄低调内敛有爱心”，这实在过誉了，惭愧。看来再低调也挡不住“故纸温暖”已然成了“热靶子”，好啊！总比没人关注强吧。如此，我心中真切感到的是欣慰与自豪：一介草民凡夫俗子，扪心自问——你还想咋？

也许话有些扯远了。说到底，特别希望这本书能为您带来悦读的感受，如果真有那么一点点，当是编者、笔者最高兴的事。

由国庆

2023年3月27日